# 新キャピタリズム時代の 企業と金融資本市場 『変革』

「サステナビリティ」と「インパクト」への途

加藤 晃
野村資本市場研究所サステナブルファイナンス3.0研究会
［編著］

一般社団法人 金融財政事情研究会

Transformation of Corporations and Capital Markets in the Era of New Capitalism

# はじめに

　昨今、世界の資本市場において、株主第一主義からステークホルダー主義への移行が活発に議論されている。たとえば、米国における主要企業の経営者団体であるビジネスラウンドテーブルは2019年8月、企業経営にあたり、従来の株主第一主義の考え方から脱却し、株主だけではなく、顧客、従業員、サプライヤー、地域社会を含むすべてのステークホルダーに対して価値を創出するとの声明を発表した。

　また一方で、2022年6月時点で日本を含めた約130カ国が2050年までの温室効果ガス排出量実質ゼロ（ネットゼロ）にコミットするなか、企業も脱炭素経済社会を見据えた経営に取り組むことが、不可欠となっている。

　こうしたなか、企業にとっていかに環境への取組みや社会価値を向上させていくかが喫緊の課題となっている。他方、企業経営の特徴や、抱える課題、ESG（環境・社会・ガバナンス）に係る取組みについては、国・地域によって状況が異なることが多い。そのため、国内においては、日本の実情をふまえた対応を検討することが重要である。

　こうした観点から、野村資本市場研究所は2021年9月、「サステナブルファイナンス3.0（SF3.0）研究会」を設立し、座長を加藤晃東京理科大学大学院教授にお願いした。本研究会は、学識者、企業、運用機関、金融機関、有識者等で構成され、全7回にわたり、サステナブルファイナンスと企業経営・企業価値の考え方の変化に焦点を当てた議論を行った。その根底には、サステナブルファイナンスが進展を続ける時代にあたり、企業自らがどのように取り組み、また実践していくべきかとの問題意識があった。

　本書の各章の執筆にあたっては、加藤座長に執筆および編集の中心になっていただくとともに、委員、オブザーバー、有識者が研究会で行われた議論の内容を参考にして執筆を行った。また、論点を補完する目的で、野村グループの委員および専門家が中心となり、補論の執筆を行った。

　市場関係者とこうしたテーマに関心をもたれる多くの方々に、本書を広く

ご活用いただけることを心より願っている。また、本書が資本市場におけ
る、企業経営のあり方、金融の果たすべき役割に係る議論への貢献を通じ
て、サステナブルファイナンスの健全な発展に資することにつながれば、こ
れに勝る喜びはない。

　本研究会に多忙のなかご出席を賜り、さらに本書の執筆にご協力いただい
た加藤座長をはじめ、委員、オブザーバー、有識者の方々に、この場をお借
りして感謝の意を表明したい。書籍の出版にあたりご尽力いただいた、金融
財政事情研究会の花岡博様にも厚く御礼を申し上げる次第である。


　　2022年11月


野村資本市場研究所

取締役社長　**飯山　俊康**

## サステナブルファイナンス3.0研究会参加者

・第7回（2022年3月23日）
　　　久禮　由敬　（PwCあらた有限責任監査法人　パートナー）
　　　盛　　浩之　（PwCあらた有限責任監査法人　ディレクター）


# サステナブルファイナンス3.0研究会の歩み


（敬称略）

第1回（2021年9月27日）
　①西山賢吾：コーポレートガバナンス改革の「成果」と「課題」
　②柳良平：ESGの「見えざる価値」を企業価値につなげる―「柳モデル」による
　　ESGと企業価値の実証―
第2回（2021年10月22日）
　①藤井良広：「サステナブルファイナンス」攻防
　②北川哲雄：サステナブルファイナンス時代の到来と企業（投資）価値評価―
　　今、資本市場に起こっていること―
第3回（2021年11月22日）
　①名和高司：パーパス経営―新SDGsと志本主義経営　30年先の視点から経営を
　　捉える―
　②田中亘：株主主権とサステナブル経営
第4回（2021年12月23日）
　①諸富徹：資本主義の非物質化、脱炭素化と経済成長
　②松原稔：機関投資家のE（環境）、S（社会）課題の取り組み
第5回（2022年1月25日）
　①安藤聡：サステナブル経営時代の役員報酬
　②安間匡明：社会・環境解決型資金の流れ　インパクト投資
第6回（2022年2月16日）
　①小澤ひろこ、加藤茂博：人的資本経営の報告に対する関心の高まりと課題
　②加藤晃：サステナブルファイナンス3.0に向けて
第7回（2022年3月23日）
　①久禮由敬、盛浩之：ESG開示と保証―トラスト確保の現状と展望―


（各回ともオンラインによる開催）

# 略 語 集

| 略語 | 正式名称 | 日本語訳 |
|---|---|---|
| AI | Artificial Intelligence | 人工知能 |
| AICPA | Association of International Certified Professional Accountants | 米国公認会計士協会 |
| ARO | Asset Retirement Obligation | 資産除去債務 |
| ARP | Acid Rain Program | 米国酸性雨対策プログラム |
| CAB | Climate Awareness Bond | 気候変動への認知を高める債券 |
| CalPERS | California Public Employees' Retirement System | カルパース（カリフォルニア州職員退職年金基金） |
| CalSTRS | California State Teachers' Retirement System | カルスターズ（カリフォルニア州教職員退職年金基金） |
| CBI | Climate Bonds Initiative | 気候債券イニシアチブ |
| CBS | Climate Bonds Standard | 気候ボンド基準 |
| CCS | Carbon dioxide Capture and Strage | $CO_2$の回収と貯留 |
| CDE | Community Development Entity | 地域開発機関 |
| CDFI (s) | Community Development Financial Institutions | 地域（コミュニティ）開発金融機関 |
| CDP | CDP（旧：Carbon Disclosure Project） | CDP（旧：カーボンディスクロージャープロジェクト） |
| CDSB | Climate Disclosure Standards Board | 気候変動開示基準委員会 |
| CEO | Chief Executive Officer | 最高経営責任者 |
| CERCLA | Comprehensive Environmental Response, Compensation, and Liability Act | 包括的環境対策・補償・責任法（通称スーパーファンド法） |
| CFO | Chief Financial Officer | 最高財務責任者 |

| 略語 | 正式名称 | 日本語訳 |
|---|---|---|
| CFPB | Consumer Financial Protection Bureau | 米消費者金融保護局 |
| CGC | Corporate Governance Code | コーポレートガバナンス・コード |
| CGS | Corporate Governance System | コーポレートガバナンス・システム |
| CHRO | Chief Human Resource Officer | 最高人事責任者 |
| CoE | Cost of Equity | 株主資本コスト |
| COO | Chief Operating Officer | 最高執行責任者 |
| COP | Conference of the Parties | 国連気候変動枠組条約締約国会議 |
| COVID-19 | Coronavirus Disease 2019 | 新型コロナウイルス感染症 |
| CRA | Community Reinvestment Act | コミュニティ再投資法 |
| CSDD | Corporate Sustainable Due Diligence Directive | コーポレート・サステナビリティ・デューデリジェンス指令 |
| CSR | Corporate Social Responsibility | 企業の社会的責任 |
| CSRD | Corporate Sustainability Reporting Directive | EU 企業サステナビリティ報告指令 |
| CSV | Creating Shared Value | 社会価値と経済価値が両立する共通価値の創造 |
| DCF | Discounted Cash Flow | キャッシュフローの割引現在価値 |
| DD | Due Diligence | デューデリジェンス（適正評価手続） |
| DJSI（World） | Dow Jones Sustainability (World) Index | ダウ・ジョーンズ・サステナビリティ・（ワールド）・インデックス |
| DX | Digital Transformation | デジタルトランスフォーメーション（変革） |

| 略語 | 正式名称 | 日本語訳 |
|---|---|---|
| EBIT | Earnings Before Interest and Taxes | 利払前・税引前利益 |
| EBITDA | Earnings Before Interest, Taxes, Depreciation and Amortization | 利払前・税引前・償却前利益 |
| EBRI | Employee Benefit Research Institute | 米従業員給付研究所 |
| EEI | Employee Engagement Index | 従業員エンゲージメント指数 |
| EER | Extended External Reporting | 拡張された外部報告 |
| EFRAG | European Financial Reporting Advisory Group | 欧州財務報告諮問グループ |
| EIB | European Investment Bank | 欧州投資銀行 |
| ELD | Environmental Liability Directive | 環境債務指令 |
| EPS | Earnings per Share | 1株当り利益 |
| ESG | Environment Social Governance | 環境、社会、ガバナンス（企業統治） |
| EU ETS | European Union Emission Trading Scheme | 欧州連合域内排出量取引制度 |
| EU GBS | EU Green Bond Standard | 欧州グリーンボンド基準 |
| EVA | Economic Value Added | 経済的付加価値 |
| FAIRR | Farm Animal Investment Risk and Return | 機関投資家の畜産業・養殖業イニシアチブ |
| FASB | Financial Accounting Standards Board | 財務会計基準審議会 |
| FDR | Fair Disclosure Rule | フェア・ディスクロージャー・ルール |
| FSB | Financial Stability Board | 金融安定理事会 |
| GAAP | Generally Accepted Accounting Principles | 一般に公正妥当と認められた会計基準 |

| 略語 | 正式名称 | 日本語訳 |
|---|---|---|
| GABV | Global Alliance for Banking on Values | 「価値を大切にする金融」実現を目指すグローバル同盟 |
| GAFA | Google, Amazon, Facebook, Apple | グーグル、アマゾン、フェイスブック（現・メタ）、アップル |
| GDP | Gross Domestic Products | 国内総生産 |
| GFS | Green Fund Scheme | グリーン・ファンド・スキーム |
| GHG | Greenhouse Gas | 温室効果ガス |
| GIIN | Global Impact Investing Network | グローバル・インパクト投資ネットワーク |
| GM | General Manager | ゼネラルマネジャー |
| GNI | Gross National Income | 国民総所得 |
| GP | General Partner | 無限責任組合員 |
| GPIF | Government Pension Investment Fund | 年金積立金管理運用独立行政法人 |
| GRI | Global Reporting Initiative | グローバルレポーティング・イニシアチブ |
| GSG | Global Steering Group for Impact Investment | インパクト投資を推進するグローバルなネットワーク組織 |
| GSIA | Global Sustainable Investment Alliance | 世界持続可能投資連合 |
| HBS | Harvard Business School | ハーバード・ビジネス・スクール |
| HLEG | High-Level Expert Group | EUサステナブルファイナンスに関するハイレベル専門家グループ |
| HR | Human Resources | 人事 |
| HSA | Health Saving Account | （税制優遇付きの）医療貯蓄口座 |
| IAASB | International Auditing and Assurance Standards Board | 国際監査・保証基準審議会 |

| 略語 | 正式名称 | 日本語訳 |
|---|---|---|
| IASB | International Accounting Standards Board | 国際会計基準審議会 |
| IBRD | International Bank for Reconstruction and Development | 国際復興開発銀行 |
| ICI | Investment Company Initiative | 米国投資協会 |
| ICMA | International Capital Market Association | 国際資本市場協会 |
| ICSID | International Centre for Settlement of Investment Disputes | 投資紛争解決国際センター |
| ICT | Information and Communication Technology | 情報通信技術 |
| IDA | International Development Association | 国際開発協会 |
| IEA | International Energy Agency | 国際エネルギー機関 |
| IFC | International Finance Corporation | 国際金融公社 |
| IFRIC | International Financial Reporting Interpretations Commitee | 国際財務報告解釈委員会 |
| IFRS | International Financial Reporting Standard | 国際会計基準／国際財務報告基準 |
| IFSI | Investing For Sustainable Impact | 持続的インパクト投資 |
| IIRC | The International Integrated Reporting Council | 国際統合報告評議会 |
| ILO | International Labour Organization | 国際労働機関 |
| IMA | Institute of Management Accountants | 米国管理会計士協会 |
| IMM | Impact Measurement and Management | インパクト測定・マネジメント |

| 略語 | 正式名称 | 日本語訳 |
|---|---|---|
| IMP | Impact Management Project | インパクト・マネジメント・プロジェクト |
| IOSCO | International Organization of Securities Commissions | 証券監督者国際機構 |
| IPCC | Intergovernmental Panel on Climate Change | 気候変動に関する政府間パネル |
| IPO | Initial Public Offering | 新規上場 |
| IPPC | Integrated Pollution Prevention and Control | 統合的汚染防止管理指令 |
| IPR | Inevitable Policy Response | 気候変動シナリオ策定プログラム |
| IR | Investor Relations | 投資家向け広報（インベスター・リレーションズ） |
| ISA | International Standard on Auditing | 国際監査基準 |
| ISAE | International Standard on Assurance Engagements | 国際保証業務基準 |
| ISO | International Organization for Standardization | 国際標準化機構 |
| ISSB | International Sustainability Standards Board | 国際サステナビリティ基準審議会 |
| IT | Information Technology | 情報技術 |
| IWAI | Impact-Weighted Accounts Initiative | インパクト加重会計イニシアチブ |
| JICA | Japan International Cooperation Agency | 国際協力機構 |
| KPI | Key Performance Indicator | 重要業績評価指標 |
| LID | Lead Independent Director | 筆頭独立取締役 |
| LMA | Loan Market Association | ローンマーケットアソシエーション |

| 略語 | 正式名称 | 日本語訳 |
|---|---|---|
| M&A | Mergers and Acquisitions | （企業の）合併・買収 |
| MIGA | Multilateral Investment Guarantee Agency | 多国間投資保証機関 |
| MTP | Massive Transformative Purpose | 野心的な変革目標／壮大で変革的な志 |
| MVA | Market Value Added | 市場付加価値 |
| NFRD | Non-Financial Reporting Directive | 非財務情報開示指令 |
| NGO | Non-Governmental Organizations | 非政府組織・団体 |
| NISA | Nippon Individual Savings Account | 少額投資非課税制度 |
| NOx | Nitrogen Oxides | 窒素酸化物 |
| NPO | Non-profit Organization | 非営利組織・団体 |
| NPV | Net Present Value | 正味現在価値 |
| OECD | Organization for Economic Co-operation and Development | 経済協力開発機構 |
| PBC | Public Benefit Cooperation | パブリック・ベネフィット・コーポレーション |
| PBR | Price Book-value Ratio | 株価純資産倍率 |
| PCAF | Partnership for Carbon Accounting Financials | 金融向け炭素会計パートナーシップ |
| PE | Private Equity | プライベートエクイティ |
| PER | Price Earnings Ratio | 株価収益率 |
| PI | Profitability Index | 収益性指数 |
| PRI | Principles for Responsible Investment | 責任投資原則 |
| PRP | Potentially Responsible Parties | 潜在的責任当事者 |
| PRTR | Pollutant Release and Transfer Register | EU汚染物質排出および移動登録制度 |

| 略語 | 正式名称 | 日本語訳 |
|------|---------|----------|
| PX | Personal Transformation | パーソナル・トランスフォーメーション |
| ROA | Return on Asset | 総資産利益率 |
| ROE | Return on Equity | 自己資本利益率 |
| ROIC | Return on Invested Capital | 投下資本利益率 |
| RSPO | Roundtable on Sustainable Palm Oil | 持続可能なパーム油のための円卓会議 |
| SASB | Sustainability Accounting Standards Board | サステナビリティ会計基準審議会 |
| SBTi | Science Based Targets initiative | サイエンスベースド・ターゲッツ・イニシアチブ |
| SDGs | Sustainable Development Goals | 持続可能な開発目標 |
| SEC | Securities and Exchange Commission | 米国証券取引委員会 |
| SF | Sustainable Finance | サステナブルファイナンス |
| SFDR | Sustainable Finance Disclosure Regulation（2021）／Regulation on Sustainability related Disclosure in the Financial service sector（2019） | EUサステナブルファイナンス開示規則（2021年)／EU金融機関等対象サステナビリティ関連開示規制（2019年) |
| SIIF | Social Innovation and Investment Foundation | 社会変革推進財団 |
| SIMI | Social Impact Management Initiative | 一般社団法人社会的インパクト・マネジメント・イニシアチブ |
| SLB | Sustainability Linked Bond | サステナビリティリンクボンド |
| SLL | Sustainability Linked Loan | サステナビリティリンクローン |
| SOx | Sulfur oxides | 硫黄酸化物 |
| SPT | Sustainability Performance Target | 社会・環境課題に関するKPI（重要業績評価指標) |

| 略語 | 正式名称 | 日本語訳 |
|---|---|---|
| SR | Shareholder Relations | シェアホルダー・リレーションズ |
| SRI | Socially Responsible Investment | 社会的責任投資 |
| SSP | Shared Socioeconomic Pathway | 共通社会経済経路 |
| SX | Sustainability Transformation | サステナビリティトランスフォーメーション |
| TCFD | Task Force on Climate-related Financial Disclosures | 気候関連財務情報開示タスクフォース（作業部会） |
| TNFD | Taskforce on Nature-related Financial Disclosures | 自然関連財務情報開示タスクフォース（作業部会） |
| TOPIX | Tokyo Stock Price Index | 東証株価指数 |
| TSR | Total Shareholder Return | 株主総利回り |
| UNEP (FI) | UN Environment Programme (Finance Initiative) | 国連環境計画（金融イニシアチブ） |
| UNGP | UN Guiding Principles on Business and Human Rights | 国連ビジネスと人権に関する指導原則 |
| UoP | Use of Proceeds | 資金使途先 |
| VOC | Volatile Organic Compounds | 揮発性有機化合物 |
| VRF | Value Reporting Foundation | バリュー・レポーティング（価値報告）財団 |
| VUCA | Volatility, Uncertainty, Complexity, Ambiguity | 変動性、不確実性、複雑性、あいまい性 |
| WHO | World Health Organization | 世界保健機関 |
| WMO | World Meteorological Organization | 世界気象機関 |

# 目　次

## 第 1 章

## サステナブルファイナンス時代の到来と企業価値評価
### −いま資本市場で起こっていること−

北川　哲雄

## 第 2 章

## サステナブルファイナンスの歴史的変遷と今後

藤井　良広

## 第3章

## 株主主権下のサステナブル経営

田中 亘

## 第3章 補論

## 米国のベネフィット・コーポレーション

橋口 達

## 第4章

## 「新SDGs」と「パーパス：志本主義」経営
### ―30年先の視点から経営をとらえる―

名和 高司

## 第 5 章

## サステナブル経営時代の役員報酬
### －オムロンの事例より－

安藤 聡

## 第 6 章

## ESGの「見えざる価値」を企業価値につなげる
### －「柳モデル」によるESGと企業価値の実証－

柳 良平

## 第 6 章 補論

### 持続可能な社会の一助となりうるインパクト加重会計

江夏 あかね

## 第 7 章

### 機関投資家の責任投資と環境、社会課題への取組み
#### ―りそなアセットマネジメントの事例より―

松原 稔

## 第 7 章 補論1

### ESG評価にみる国内企業のESGへの取組みの現状と課題

富永 健司

## 第 7 章 補論2

### 情報提供者からみた開示拡充への「期待」と「懸念」
#### ―投資家は、情報開示の海に飲み込まれてしまうのか―

山本　裕子

## 第 8 章

### 人的資本の報告に対する関心の高まりと課題

小澤　ひろこ、加藤　茂博

## 第 8 章 補論

### 従業員のファイナンシャル・ウェルネス向上

野村　亜紀子

## 第 9 章

### サステナビリティ情報開示と保証
### ―トラスト確保の現状と展望―

久禮 由敬、盛 浩之

## 第 10 章

### 資本主義の非物質化、脱炭素化と経済成長

諸富 徹

# 解　題

―コーポレートガバナンス改革から
企業・金融資本市場の「新しい地平」へ―

　本書は2021年9月～2022年3月までに計7回開催した「サステナブルファイナンス3.0研究会（以下、SF3.0研究会）」での報告と議論をふまえて作成された。本研究会の名称にも使われる「サステナブルファイナンス（以下、SF）」という言葉は、Schoenmakerらが著した『サステナブルファイナンス原論』のなかに出てくる。同書によれば、持続可能で包括的な経済の実現に向け重視されるのは、（伝統的な）財務的価値の最大化から、環境的インパクト、社会的インパクトを視野に入れた財務的価値最大化（SF1.0）、三者の統合的価値の最適化（SF2.0）、さらには財務的価値を視野に入れた環境的インパクト、社会的インパクトの最適化（SF3.0）へと移行するという。そして、SF3.0の時代においては、社会的インパクトや環境インパクトが、財務インパクトより重要視されるなど、その姿は現在の枠組みとは大きく異なるものになることが想定されている（第1章図表1-1を参照）。

　現実の世界に目を向けると、われわれを取り巻く環境や社会課題と、その解決に向けた、「サステナビリティ（持続可能性）」が世界の耳目を集めるとともに、企業の活動においては、「株主主権」に対する疑問が提示され、「マルチステークホルダー主権」への意識が高まってきた。そうしたなかで、2019年8月に、米国の経営者団体であるビジネス・ラウンドテーブルが「企業の目的に対する声明（Statement on the Purpose of Corporation）」のなかで、顧客や従業員、取引先、地域、株主への配慮を打ち出した。この声明は、米国企業による「株主第一主義からの決別」と、「マルチステークホルダー主権への転向」を示唆するものではないかとして注目を集めた。

　ここで、わが国の状況に目を転じてみよう。日本において「サステナビリティ」が関心を集めるまでの「経路」には2つの特徴があるといえる。1点

目はサステナビリティへの関心を集める端緒となったESG（環境、社会、企業統治）の各要素のうち、日本ではまず「G」、すなわちコーポレートガバナンスが取り上げられたことであり、2点目は、「G」について、日本では第二次安倍内閣のもとで、コンプライアンス（法令遵守）よりもむしろ「成長戦略の一環」として取り上げられたことである。

　そして、ここまでのコーポレートガバナンス改革の「成果」と「課題」については第12章で詳述するが、結論を先取りすると、社外取締役の選任や総還元の拡大などの成果はみられる一方、課題としてはROE（自己資本純利益率）や現預金の積上りがある。

　特にROEについては、これを重視する姿勢が「株主至上主義」や「短期主義」を生み出したとして批判の対象になることがある。しかし、企業がマルチステークホルダーに配慮し、その期待に応える前提として、その原資としての高い収益力、すなわち「稼ぐ力」は必須である。さらに、企業活動は「ゴーイングコンサーン（継続企業）」が前提であるので、その点では「サステナビリティ」という考え方自体は企業活動と矛盾するものでもない。

　そのように考えると、他のステークホルダーのことを考えず、株主がただ自分たちのことだけを考える、企業に「物言い」をするような「株主絶対主義、株主至上主義」は行きすぎであるにしても、「株主主権」と「マルチステークホルダー主権」は対立するものではなく、両立するものと考えられるであろう。その一方で、環境や社会的な課題など、地球全体としての「サステナビリティ」がこれまで以上に重視される時代に入り、「持続的な経済社会の実現」に向けた、社会的、公益的価値の追求を推し進める流れが強まっている点では日本も例外ではない。

　こうした世界的な動きは、「SF3.0」が示唆する「社会的インパクトや環境インパクトが、財務インパクトより重要視される」方向とも考えることができる。しかし、社会的、公益的価値の追求を推し進めることが企業価値の向上、投資家からみればリターン（投資収益）の改善・向上、さらには持続的な経済成長につながるのだろうか？　また、「マルチステークホルダーへの貢献」の評価、すなわち、伝統的なリスク、リターンで計測される財務的

価値と同じようなかたちで、社会的、公益的価値の計測や評価、「インパクト」という新たな軸を導入できるだろうか？ 導入できるのであれば、どのように「インパクト」の評価、計測を行うのであろうか？

このように新しい時代へのトランジション（移行・変革）に向け、多くの検討課題やそれに関する議論があるという状況を鑑み、野村資本市場研究所では、持続可能な経済成長や社会の実現に向けて、中長期的な視点で今後の企業のあり方や金融、金融資本市場の果たすべき役割、貢献について理論的支柱の構築に向けた議論や研究が必要と考えた。そして冒頭に述べたように7回にわたってSF3.0研究会を開催し、ファイナンス、経済学、法学、経営学、経営実務等、幅広い観点から議論を重ねてきた[1]。そして、今回、これらの議論をもとに、企業・金融資本市場の「新しい地平」に焦点を当てた本書を執筆する運びとなった。

本研究会の名称は「SF3.0研究会」であるが、この研究会は『サステナブルファイナンス原論』を研究する会ではなく、「SF3.0」に象徴される新しい時代の企業や金融資本市場のあり方を考えることを主眼に、上述のように幅広い視点を取り入れ、議論を行った。そして、報告者に対して、各回（本書「サステナブルファイナンス3.0研究会の歩み」を参照）の発表内容をもとに、研究会での議論やその後の状況変化などを盛り込むかたちで執筆をお願いした。

同会での議論は、新しい時代に向けての提言など、なんらかの「結論」を出すことに力を注ぐよりも、むしろ研究会で取り上げた各論点について、各界の第一人者の報告をもとに議論することを心がけた。そこでは、現在各所で議論されている新しい時代の「姿」がはたして最適解であるのかについて、いろいろな角度から光を当て、検討することにより、さまざまな論点や課題を浮き彫りにすることを主眼にしてきた。

よって、本書で展開される各論に対する考え方は研究会としての統一した意見や見解ではなく、基本的には各著者の考えに基づくものである。そのた

---

1　SF3.0研究会の開催日時や議題などについては「サステナブルファイナンス3.0研究会の歩み」を参照。

め、本書全体としてみたときの「まとまり」はあまり感じられないかもしれないが、本書は企業・金融資本市場の「新しい地平」に向かうための道標になるという研究会を貫く「柱」を意識して執筆されている。よって、読者は、本書全体を読んで、新しい時代における望ましい企業や金融資本市場の姿を自ら考えるうえでの基本に据えるという使い方も可能であろうし、また、読者が個別に関心のあるテーマを扱う章にフォーカスして読み、各テーマにおける認識を深めるとともに、読者自身の視座を構築するなどの使い方もできるであろう。

　本書が新しい時代の企業や金融資本市場に関心のある幅広い読者に受け入れられ、読者が各テーマについて理解を深めるとともに、新しい時代に向けた読者個々の視座の獲得に役立てば著者一同幸甚である。

西山　賢吾

# 第 1 章

# サステナブルファイナンス時代の
# 到来と企業価値評価
## ―いま資本市場で起こっていること―

北川　哲雄

## 1.1　自生的制御からモニタリングの時代へ

　近年、わが国資本市場で起こっていることにつき、筆者は「自生的制御」の時代から「モニタリング」時代に移ってきていると表現したい。

　2014〜2015年のダブルコード（日本版スチュワードシップ・コードおよびコーポレートガバナンス・コード）の進展、2015年のGPIF（年金積立金管理運用独立行政法人）のPRI（責任投資原則）署名、同じくGPIFによる、2017年から開始したESG投資の本格化、2018年に施行されたフェア・ディスクロジャー・ルールなどが大きくこの変化に影響を与えているように思える。もちろん資本市場においてさまざまな規則・規制が自主的ルールまで含めてそれ以前にも必要に応じて制定されてきたが、これらは時代の流れを大きく変えたエポックメーキングなものであったと評価できよう。

　これらの結果、企業活動における社会価値創造への貢献を織り込む（その程度はさまざまであるが）ESG投資が活発となった。また、コーポレートガバナンス・コード（以下、CGC）は2度の改訂を経て企業に対して「経営指南」をまことに親切に叙述している。CGCは2015年版では「積極的投資」と「資本収益性の重視」をもとに企業化精神の促進を意図したものになっていたが、2018年と2021年の改訂では、それに加えてサステナビリティへの配慮も謳っている。

　一方で日本版スチュワードシップ・コード（以下、SC）は機関投資家に対して企業に対するモニタリングを積極的に行うように指示している。機関投資家に対して企業との対話や議決権行使を通じて直接影響を及ぼすことを促している。

　また、フェア・ディスクロージャー・ルール（以下、FDR）の制定により企業側はアナリストとポートフォリオマネジャーへの個別的情報開示（one on one meeting等）に対し神経質になった。一方で情報開示ニーズは高まるばかりである。上場企業のほとんどが従来から提出しているファイナンスレ

ポート（財務情報が中心であるが非財務情報も含む）、企業価値報告書（統合報告書あるいはアニュアルレポートと称している）およびサステナビリティ関連報告書（CSR報告書あるいはESG報告書と称している場合もある）は最近かなり充実しているかの印象を受ける。統合報告書については一部新聞報道によれば発行機関数が700を超え、国別では世界最大級の状況となっている。

　筆者はこれらの動向により資本市場が社会全体によって「モニタリング」を厳しく行う時代に入ってきたと解釈している。

　それ以前について筆者は、資本市場は「自生的制御機構」のなかにあったとみている[1]。一部の先進企業の経営者にとってはまことに「喧噪でお節介」な時代がやってきたと思われる。ほんの10年くらい前まで経団連の中枢を占める有力企業の経営者のなかには自社の取締役会に社外取締役を入れることに明らかに反対のスタンスをとっていた例も多かったことが思い出される。

　時代の趨勢に押し流されたということか。さまざまな実証研究がアカデミアでなされ始めているが、筆者自身は、コーポレートガバナンス・システムの緻密化およびサステナビリティ活動の活発化は社会あるいは狭義の企業価値向上・社会的ステータスの向上にとっての必要条件の１つとはなりうるが、唯一無二の必要十分条件とはなりえないと考えている。

　偉大なる社会実験ではあろうが過剰な期待は禁物であるということになる。その理由は次節以下の記述で説明することにする。

　さて、以前の自生的制御の時代とはどのような時代か。企業の発信情報のプライマリーな利用者は当然アナリスト（セルサイドおよびバイサイド）であろう。彼らは長年同一セクターの分析を行う。コンテクストを読み込んでいる、すなわちこれまでの調査対象企業について過去から現在までの経緯を理解し、かつ現時点までの経営者の理念・頭のなかにある戦略をかなり弁えている人たちである。

　したがって、アナリストはプロフェッショナルであるが、彼ら自身の能力

---

1　北川哲雄（2007）『資本市場ネットワーク論－IR・アナリスト・ガバナンス』（文真堂、第１章）。

はセルサイドアナリストの場合、顧客であるバイサイドすなわち機関投資家が評価することになる。どんなに優れたアナリストレポートを作成していても、それが社会的に開示されることはない。筆者はバイサイドにいたことが長かったが、いまでも所属した運用機関のライブラリーに保存されている当時のセルサイドアナリストによる珠玉のレポートを読み返してみたいと思う。

バイサイドアナリストの場合、同じ機関投資家内でのファンドマネジャーに評価される。ファンドマネジャーの運用成果は運用委託者に報告される。年金基金と呼ばれるアセット・オーナーにはもちろん詳細に、投資信託の場合は、全体の運用成績のみ一般に開示されることとなる。

セルサイドアナリストの評価はバイサイドアナリストあるいはファンドマネジャーが行う。セルサイドの評価自体はバイサイド（機関投資家）によって行われる。

ただ、日本経済新聞社（日経ヴェリタス）によってセルサイドアナリストランキングが1987年から開示されている。これは機関投資家にアンケートをとった一種の表彰制度である。米国のInstitutional Investor誌では1971年から行われている。

企業の情報開示については日本証券アナリスト協会（すなわちアナリスト側）が1992年より、業種セクター別のランキングを開示している[2]。調査全対象企業の評価が公表されていることが特徴となっている。

企業の情報開示活動の評価およびアナリストの分析能力の評価はかなりのレベルで公平に行われてきたとみることができる。筆者はこのような資本市場の実態をかつて「自生的制御機構」が整っていると評したことがある[3]。

資本市場においてIR担当者も、アナリストも、ファンドマネジャーも皆プロフェッショナルであり、コミュニケーションは自生的に、しかも深く行

---

2　北川哲雄（2013）「アナリストとゲートキーパー機能」（証券アナリストジャーナル2013年8月号、29-41頁）。
3　北川哲雄（2017）「アナリスト活動の普遍性と革新性」（日本証券アナリスト協会『価値向上のための対話』日本経済新聞出版、105-120頁）。

われてきた。皮肉なことにアナリストは少なくとも10年ほど前までは企業の
アニュアルレポート（統合報告書）を熱心に読むことはなかったと思われる。
書かれている内容はすでに彼らの頭のなかにあったからである。それゆえ企
業側もいま一歩力が入っていなかったと思う。

　フォーマル、インフォーマルな開示事項以外にも個別ミーティングでアナ
リストとして業績予想上必要な事項は確認（各社のフェア・ディスクロー
ジャー方針の範囲内で）できる可能性もあるからだ。

　しかし、2018年施行のFDR以降、アナリストおよびポートフォリオマネ
ジャーとの個別ミーティングはかなり制限を帯びたものになったと推定され
る。FDRでも個別ミーティングを禁止しているわけではないが、その運用
の仕方は窮屈で、ミーティングを行うこと自体が面倒になった点は否めな
い。モザイク情報を駆使して企業価値を懸命に算定しようとするアナリスト
の意欲を削ぐという副作用をFDRが生んでしまった面もあるのではないか。

　その一方で企業は情報開示を大幅に強化した。皮肉なことに筆者が大学の
教員として企業分析の授業のため関心のある企業のウェブサイトに入るとす
ると、現在、おそらくアナリストにとってある程度[4]必要十分な情報に溢れ
ているように思われる。

　まさしくそのような状況下、ESG投資が活発化し、企業側はサステナビ
リティ情報開示の充実にも努めることになる。

　そして、これが重要な点なのであるが、ダブルコードがパッシブ投資家に
対しても企業価値創造に寄与するための体制整備を促し始めたことも、開示
の充実に寄与した。

　すなわち、パッシブ運用者もファンダメンタルズ分析に興味を抱かなけれ
ばならない（アクティブ運用者ほどの成熟性を備えたアナリストを多数急に抱え
ることは容易ではないし大変なコストと時間がかかるわけではあるが、それはと
もかく）ことになった。もちろんサステナビリティ情報にも（むしろファン
ダメンタルズ分析よりもサステナビリティ活動の解析に重点を置くパッシブ運用

---

4　ある程度とは、アナリスト初心者にとっては親切な資料が開示されているという意味
　である。

者が多いゆえ）興味を抱かなければならない。

　それゆえに、企業の情報開示は、それまでの限られたコンテクスト（文脈、内容）を十分に把握した成熟したアナリストではなく、アナリストのいわば初心者を対象に、わかりやすい開示を意識し始めた。企業は、かつての熟達した投資家にはいささか退屈な「長編大河ドラマ」のようなアニュアルレポートや統合報告書の制作を意識するようになった。

　自生的制御にあった「企業⇔ファンダメンタルズ・アナリスト⇔アクティブ投資家」の関係はいまや「企業⇔アナリスト（現在、ファンダメンタルズ・アナリストおよびESGアナリストに大別される）⇔アクティブ投資家・パッシブ投資家・ESGアクティブ投資家⇔アセット・オーナー」と範囲を広げ、広範囲に、時には連鎖し、かなりオープンにモニタリングが行われうるようになった。オープンというのは、たとえば、機関投資家による議決権行使結果の理由を付帯しての開示である。また、対話（エンゲージメント）の内容についての開示も散見されるようになってきている。

---

## 1.2　サステナブルファイナンス・企業価値・社会価値

　サステナブルファイナンスとは何かをわかりやすく説明しているのは（実にさまざまな説明の仕方があり辟易している向きも多いと思われるが）、Schoenmakerの示した図表1－1ではないかと思われる。

　Finance-as-usualとは財務価値の最大化を目指すものであり、投資時間軸は「短期」と規定している。Sustainable Finance 1.0は一応、社会へのインパクト（S）と環境へのインパクト（E）を考慮するも主眼は財務価値の最大化を優先するという考え方であり、投資時間軸は「短期」と規定している。このレベルではESG投資手法としてExclusion（除外）が中心となる。たとえば「環境」や「人権」等の社会的諸問題に対して一定の水準以下の活動を行っている企業は投資対象リストから外されるという事態が想定される。

**図表1-1　サステナブルファイナンスの類型化**

| 類型 | 創造される価値 | 要因の順位 | 最適化 | 時間軸 |
|---|---|---|---|---|
| Financial-as-usual（通常の財務） | 株主価値 | F | Fの最大化 | 短期 |
| Sustainable Finance 1.0（SF1.0） | 洗練された株主価値 | F＞SとE | SとEを視野に入れたFの最大化 | 短期 |
| Sustainable Finance 2.0（SF2.0） | ステークホルダー価値（トリプルボトムライン） | I＝F＋S＋E | Iの最適化 | 中期 |
| Sustainable Finance 3.0（SF3.0） | 公益的な価値 | SとE＞F | Fを視野に入れたSとEの最適化 | 長期 |

注：Fは財務的価値、Sは社会的インパクト、Eは環境的インパクト、Iは統合価値。
出所：Schoenmaker（2019）邦訳p. 26。

　2.0はステークホルダー全体の価値を最大化する段階であり、時間軸は「中期」となる。2.0はESG要素を意思決定に組み込み統合価値を模索する段階であり、ESG投資手法としてESG Integrationが重要となると指摘している。

　そして、3.0に至ると財務的価値を視野に入れながらも社会・環境へのインパクトをより優先する、すなわちCommon Good Value（社会善）をもたらすことを優先する投資手法ということになる。いわゆるグリーンボンドやソーシャルボンドなどの金融商品は3.0となる。

　このフレームワークを企業の情報開示の視点で考えてみよう。図表1-2はすでに多くの読者が接したことがあろうと思われる有名な開示フレームワークの概念図である。

　最も外部にあるのは①で、「広汎なステークホルダーへの経済・社会・環境に対する組織による重要なインパクトを報告する」目的となっている。次いで外部にある②は、「当該組織の価値創造のためにマテリアルなトピックスを報告する」目的となっている。①にかかわる代表的な設定機関はGRI

図表１－２　情報開示目的の類型化

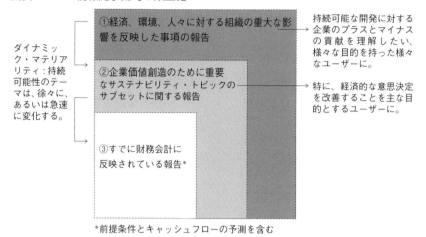

ダイナミック・マテリアリティ：持続可能性のテーマは、徐々に、あるいは急速に変化する。

①経済、環境、人々に対する組織の重大な影響を反映した事項の報告

②企業価値創造のために重要なサステナビリティ・トピックのサブセットに関する報告

③すでに財務会計に反映されている報告*

持続可能な開発に対する企業のプラスとマイナスの貢献を理解したい、様々な目的を持った様々なユーザーに。

特に、経済的な意思決定を改善することを主な目的とするユーザーに。

*前提条件とキャッシュフローの予測を含む

出所：World Economic Forum and Deloitte（2020）*Statement of Intent to Work Together Comprehensive Reporting,* p. 4（一般社団法人社会的インパクト・マネジメント・イニシアチブ（SIMI）グローバルリソースセンター邦訳）。

（Global Reporting Initiative、グローバルリポーティング・イニシアチブ）ということになる。②は昨年（2021年5月）まではIIRC（The International Integrated Reporting Council、国際統合報告評議会）とSASB（サステナビリティ会計基準評議会）が代表的な設定機関であった。

　IIRCは統合報告フレームワークを提示してきた機関として有名であり、わが国における統合報告書作成ブームに大きな影響を与えている。SASBはセクター別のサステナビリティ情報開示基準を設定していることでも有名である。

　周知のように2021年6月両者は統合されVRF（Value Reporting Foundation、価値報告財団）となり、さらにVRFは2022年7月にIFRS Foundation（International Financial Reporting Standard Foundation、国際財務報告財団）に統合された。②についてはまことに電光石火のごとく統合が進んだ。アルファベッドスープのごとくといわれた設定機関は相当統合化が進んだようである[5]。

　なお、③は従来からある財務情報を意味する。そこから②は将来財務に連

なる非財務情報を意味すると考えてもよいかもしれない。統合報告書で強調されて記述されているパーパス・経営理念・経営方針・財務報告（財務諸表関連以外の情報－売上げの明細、詳細なセグメント情報等々）は非財務情報と分類されるがそれらも含むことになる。

　さて、図表1－2で気になる言葉はダイナミック・マテリアリティである。その論議に移る前に、シングルマテリアリティとダブルマテリアリティについての説明をしておかなければならない。①は主に広汎なステークホルダー向けの報告を念頭に置いたものであり、②と③は主に投資家向けの報告を念頭に置いたものである。企業の情報開示は目的適合性を念頭に置いて作成される。シングルとは①のみ、または②のみに焦点を当ててそれぞれ目的に沿ってマテリアリティを抽出するものである。ダブルとは、①および②について分けて類似のテーマであっても目的が異なるため別途マテリアル（開示資料）を作成していることを単に意味している。

　さて、ダイナミック・マテリアリティは時の変遷により可変であることを示している。①②③それぞれのなかで変化することももちろん前提とされている。さらに、図表1－2では①から②へ、②から③へと矢印が引かれている。筆者の解釈では、①から②へは社会的なゴールとして提唱された事項が当該企業にとってハードロー的にも、ソフトロー的にも注視すべき事態となる場合を示している。ダイバーシティの進展は長らく社会的スローガンにとどまっていたが、いまや、将来の企業価値創造において必須なものとして認識されてきている。このような場合、同じ事象が①から②へ移行したと称することができる。

　「コインの裏表」のようなものと筆者は表現しているが、経営者が企業価値関連性をもつ重要なもの、すなわちマテリアルなものと判断したときには①のあるテーマが②にもなるということではないか。

　このあたりの実際の開示はテクニカルにはなかなかむずかしい面もあると思う。①における社会的ゴールに関して、実際のハードロー的規制が明確に

---

5　北川哲雄（2022）「すべての道はIFRSに通ず－サステナビリティ情報開示統合化の意義」（『CSR企業白書2022』東洋経済新報社、56－62頁）を参照。

なった場合（環境でも人権においても）、②において企業が対処すべき課題となるので、マテリアリティを考慮しつつ記述することが必要となることもある。この場合、①と②の開示は内容的には変わりないことにもなる。

　②から③への矢印は財務情報（将来財務ではなく過去財務）における影響を示していることになるが、それが現実に何を意味するかは実は不明である。考えられるのは「環境投資」に費やした金額が財務諸表にどのような影響を与えたかを示すものなどが考えられよう。

　図表1－3は企業側が目的に応じて3つのタイプの報告書を作成する必要性が出てきたことを意味している。

　ファイナンスレポートは③、企業価値関連報告書は②、サステナビリティ報告書は①であり、日本の多くの企業は内容の精粗はともかく発行している。

　ここで上述のサステナブルファイナンスのタイプとの関連で述べると、図表1－4のようになる。

　ここでおそらく読者が不思議に思うのは、3.0においてファイナンスレポートが、参考にすべき報告書として入っている点にあると推定される。これはたとえば「ソーシャルボンド」を発行する企業において、その資金調達

図表1－3　企業報告三本化の必要性

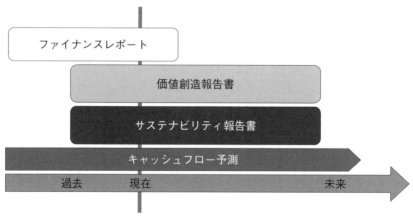

出所：筆者作成。

図表1－4　サステナブルファイナンスとレポーティング目的・名称

| サステナブルファイナンスの段階 | レポーティング目的 | レポーティング名称 |
|---|---|---|
| Finance-as-usual（通常の財務） | タイプ②および③ | FRおよびVR |
| Sustainable Finance 1.0（SF1.0） | タイプ①および<br>タイプ③ | FRおよびSR<br>（＋VR？） |
| Sustainable Finance 2.0（SF2.0） | タイプ①および<br>タイプ② | FRおよびVR<br>（＋SR？） |
| Sustainable Finance 3.0（SF3.0） | タイプ①および<br>タイプ③ | FRおよびSR<br>（＋VR？） |

注：レポーティング名称は次のとおり。FR：ファイナンスレポート、VR：企業価値報告
　　書、SR：サステナビリティ報告書。
出所：筆者作成。

がある種の「社会貢献債」だとしても企業自身のゴーイングコンサーンを前
提にしているからである。実は1.0も2.0も3.0においても精緻に考えれば、
3つのタイプの報告書が必要となると思われる。

　また、サステナブルファイナンスにおける論議で留意すべきこととして、
1.0⇒2.0⇒3.0が「あるべき姿として」とらえるのは間違っており、少なく
とも2.0と3.0はこれからも併走していくと考えるべきと筆者はみている。さ
らに、もう1つ留意すべき点として、時間軸につきFinance-as-usualおよび
1.0を短期、2.0を中期、3.0を長期と規定しているのは明らかに事実誤認で
あることを指摘しておきたい。2.0までの段階においても投資家の投資時間
軸が長期である場合もあることは長期アクティブ投資家の名誉のために指摘
しておかなければならない。

## 1.3　コーポレートガバナンス・システム改革の行方

　ダブルコードの進展はわが国資本市場に何をもたらしたのか。私見によれ
ば各コードとも2回の改訂を経て、ますます精緻化してきている。

2015年の最初のCGCを基本にして実にさまざまな項目がアドオン（付加）されている。筆者はこれを、エスカレーションあるいは過激なナンバーズゲームとも評している。コーポレートガバナンス・システムの要諦は取締役改革にあることはいうまでもない。

　2010年当時、独立社外取締役をせめて１人は入れるべきではないかということが話題となった。それが２人となり、３人となり、いま、全取締役の３分の１は必要ではないかという議論が出てきている。おそらく次回か次々回以降のコード改訂には「過半」という案が出てきそうである。

　このようなエスカレーションは今後も続き、３年ごとの改訂においてお祭りのような騒ぎになることが予想される。筆者自身はそのつど新しい時代にあった新しいコードをゼロベースでつくるくらいの気構えで関係者は取り組むべきであろうと思う。「企業観」という最も基本的な問題がそもそもあいまいであることが、CGCが論理的体系としてやや不完全なままで消化不良を起こす原因となっているように思える。なぜそのような論議が起きず思考停止のままコードの改訂が行われようとしているのか不思議でならない。

　それはさておき、筆者の予想ではあと２回くらいの改訂を経て、上場企業はその良し悪しにかかわらず実質「指名委員会等設置会社」への移行を余儀なくされることになると思う。エスカレーションの成れの果てとしてそのようになるのではないか。昔、アナリスト時代にas the final resultと頻繁に発言する先輩（外国人）がいたが、「結局のところ、あるべき姿に帰着する」といった文脈で使用していた、と記憶している。いま、彼のその言葉を思い出した。閑話休題。

　取締役会議長は社外取締役か、少なくとも非執行の社内出身の取締役（おそらく前社長の会長が多いことになると思うが）が就任することが求められるであろう。後者の場合、社外取締役の代表者がリード・インデペンデント・ディレクター（LID：筆頭独立取締役）として任命されることになろう。そして、ここでまた念の入った仕組みが必要となるが、議長およびLID自身は他の社外取締役によって評価を受ける必要が生じる。これは取締役会評価の一環として厳密に行われることになる。

毎回の取締役会の議題は、社外取締役も入ってというより、むしろ社外取締役が中心となって決定するという体制を敷くことが前提となる。さらに、取締役会においては５つの委員会をもつことが必須となろう。指名委員会、報酬委員会、監査委員会の３つは現行の指名委員会等設置会社において必須であり、監査等委員会設置会社、監査役設置会社においても、多くの会社で任意の指名・報酬委員会を設置している。

　しかし、今後これら３つの委員会だけでなく、さらに２つの委員会（どのような名称の委員会を設置するかは企業が自由に決定することができるが）が必要となると思われる。それはサステナビリティ委員会とイノベーション（サイエンス）委員会といったものではないか。サステナビリティ委員会は取締役会として企業のサステナビリティ活動をモニタリングする役割を担う。日本企業ではサステナビリティ委員会をあくまでも社内の執行側の委員会として設置し、取締役会には報告するという形態をとることが多い。いわば間接モニタリングといったものではあるが、筆者自身は多くの欧州企業にみられる取締役会内での設置が必須となると思う。図表１－５は英国の医薬品企業AstraZenecaの例である。

　日本企業のサステナビリティ活動への取組みは欧州先進企業に10年遅れた。これをキャッチアップするのに、取締役会におけるサステナビリティ委員会の設置は必要なことと思われる。

　イノベーション（サイエンス）委員会の設置を筆者が謳うのは、多くの日本人の識者の間でもかなり奇異に思われるかもしれない。筆者自身は必然性をもっていると思う。図表１－６は英国の医薬品企業GSKの2017年当時の委員会構成である。「サイエンス委員会」が５つの委員会の１つとして存在する。

　医薬品企業にあって長期的研究開発の動向をどのように把握し戦略を設定するかは将来の企業価値創造に大きな影響を与えることはいうまでもない。もちろん設定するのは執行側となるが、それをモニタリングする必要があるということである。考えてみると至極当たり前のことである。業種によっては「イノベーション委員会」あるいは単純に「事業評価委員会」ないし「長

図表1-5　AstraZeneca　サステナビリティ委員会の組織構図

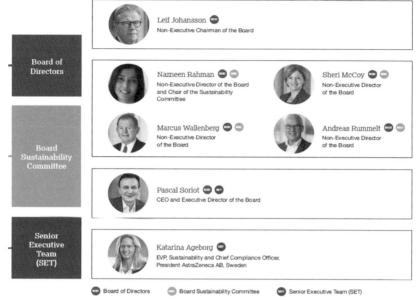

出所：AstraZeneca（2021）*Sustainability Report*, p. 8.

図表1-6　GSKの5つの委員会

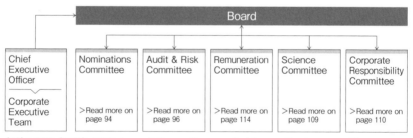

出所：GSK（2017）*GSK Annual Report Do more feel better, live longer*, p. 88.

期事業戦略委員会」という名称を使用することがある。

　ここで留意しなければならないのは上記の2社の例では各委員会の構成員は全員社外取締役であるという点である。5つの委員会で各委員会3～5人の委員を必要とすると膨大な数の社外取締役を選任する必要があるが、2～

3の委員会を兼務することが多く、10人程度の社外取締役が選任（うち１人は委員会議長）されているケースが多い。なお、執行側の兼任取締役は２〜３人の企業が多い。

前回のCGC改訂の議論で話題になったのは取締役会のスキルマトリックスの提示であるが、執行兼任の取締役のスキルまで表記されている。これは何ともコトの本質を理解していない開示である。必要なのは社外取締役のスキルマトリックスである。執行側のスキルマトリックスに抜かりはないかをみるのが社外取締役の役割であり、このような混乱を起こさせる情報開示を投資家は批判すべきである。しかし、このような情報開示をみて、日本の機関投資家のなかには「進んだ開示をしている」と絶賛する向きもあるようだ。

さて、上記の５つの委員会の設置を前提とすると、わが国における社外取締役におけるスキルマトリックス議論において問題なのは、サステナビリティとイノベーション（研究開発あるいは当該事業経営をモニタリングする役割を担う人財）に関するスキルをもった人が含まれているか否かが重要なのに、それがかなり無視されている点である。

さらに、５つの委員会をキャリアとして申し分のない社外取締役で満たしていたとしても、それで機関投資家は満足してはいけない。

企業の情報開示姿勢としては、各委員会の活動状況を株主招集通知、あるいはアニュアルレポートを通じて少なくとも年１回は報告、開示しなければならない。それをもとに機関投資家は実のある対話を行わなければならない。

ここまでの論議に加え深めるべきテーマとして、「取締役会事務局」の活性化がある[6]。取締役会の運営主体が社外取締役に移るとすると取締役会の議事、各委員会との調整等につき、議長を中心にかなり綿密に計画する必要がある。取締役会・各委員会とも事前説明を各取締役に行う必要もあり、そのスケジュール調整だけでも相当ハードな仕事である。英国では取締役会事

---

6　富永誠一「ガバナンスの一翼を担う取締役会事務局の重要性と機能強化」（証券アナリストジャーナル2022年４月号、41−51頁）。

務局のヘッド（事務局長）はカンパニー・セクレタリーと呼ばれるが、それは会社に雇用される立場にありながら独立性・公平性を要求される重要な仕事である。

　また、上記で述べた指名委員会等設置会社に移行するときに留意することの1つに「監査委員会」の布陣の問題がある。監査等委員会設置会社においても監査役会設置会社においても、その半分程度のメンバーは社内出身者が常勤で活動しているケースが多い。他方、指名委員会等設置会社における監査委員会の布陣は会計・監査の専門家による社外取締役で占めることになるが、それに対して異を唱える向きがわが国では指名委員会等設置会社でもあると聞く。その論拠は、社内の会計・監査実務に精通した元CFOや経理部長が常勤として勤務することがふさわしいというものであるが、筆者にはそうは思えない。形式的に指名委員会等設置会社に移行しながら監査委員会の委員長が元CFOであった企業において長年の不正会計が発覚し、それを起点として苦境に立たされた名門エレクトロニクス企業があることは周知のとおりである。

　いまは先進的なガバナンスシステムを有していると評価される名門精密企業において10年ほど前に発覚した不正会計は、CFO経験出身のCEOが1990年代から代々隠ぺいしていた事実が発覚したものである。

　そう考えると、監査委員会は全員社外が望ましい。当然会計・監査に秀でた人がなることが望ましい。ただ、内部統制、会計監査との関係で三様監査の一翼を担うとすれば、社外取締役でありながら半常勤、あるいは常勤の社外取締役が監査委員会に必要になる（1人の場合は当然監査委員長ということになる）。わが国においても監査役会設置会社において常勤社外監査役が置かれている例がある[7]が、これなどは1つの先行例である。

　以上、CGCについてのこれから予定される変化について筆者の大胆な予想を述べた。過去のエスカレーションの状況をみると論理的帰結としてそのようになる。

---

7　筆者の知る限り、たとえばAGC（監査役会設置会社）において常勤監査役2名のうち1名は社外出身者である。

まずは2010年に書かれた英国コーポレートガバナンスの「１丁目１番地」で示された「議長とCEOの分離」[8]が焦眉の課題であろう。

## 1.4　資本市場の変化と新たなプレイヤーの誕生

　1.1で述べたように資本市場においてESG投資はブームとなっており、一過性ではなくさらに過熱化していく様相を呈している。こういったなか、10年前にわが国にはなかったプレイヤーが資本市場に続々と出現した。

　10年前の主要プレイヤーは1.1で述べたように、企業の開示担当者（IRオフィサー）、セルサイドアナリスト、機関投資家（バイサイドアナリストおよびポートフォリオマネジャー）であった。ESG投資という言葉はわが国ではまだ普及しておらず、機関投資家は大別してアクティブ投資家およびパッシブ投資家（もちろん他の分類方法もあるが、ここでは便宜上このように規定する）が活躍し、どちらかといえばアクティブ運用がまだまだ主流であった。

　しかし、今日はパッシブ運用が主流である。また、あらゆる運用手法においてESG（サステナビリティ活動）を考慮することが必須であり、機関投資家はすべてESG投資家としての資質を備えなければならないこととなった。いまや、大手機関投資家はパッシブ・アクティブ両方の運用を行うとともに、ESG投資家としての資質をももたなければならないこととなった。従来はポートフォリオマネジャーとアナリストが主役であったが新たなプレイヤーが機関投資家内においても出現した。具体的にはESG調査部、責任投資部といった新たな組織のもとにESGアナリスト、ガバナンスオフィサーという新たなプレイヤーが資本市場に出現したことになる。

　かつて企業側で投資家とのコミュニケーションを行うのはアイアールオフィサー（IRO）であったが、新たにサステナビリティオフィサーが出現し

---

8　Financial Reporting Council, *The UK Approach to Corporate Governance*, FRC Research Paper, 2010 October, p. 11.

た。

　従来企業のなかにはCSR部というセクション名があり、そこで企業のCSR活動を総括する責任者（CSR部長という役職で呼ばれることが多い）がいるが、これとサステナビリティオフィサーとは役割が異なる。ESG投資の拡大とともに企業のサステナビリティ活動につき情報開示を十全に行い、ESGアナリストとコミュニケーションを図る人材がサステナビリティオフィサーである。

　また、サステナブルファイナンス3.0（SF3.0）時代に即応した金融商品としてソーシャルボンドやグリーンボンドの発行が盛んになってきたが、これらの債券発行においては一般の債券発行と異なるかたちで専門性をもつESG債券格付機関が台頭してきている。ESG債券格付アナリストというプロフェッションも生まれてきた。既存の債券格付機関に所属する一般債券格付アナリストとは当然分析視点が異なる。一般債券格付アナリストがもっぱら発行企業全体の財務リスクを算定し発行債券の安全性を判断するのに対し、ESG債券格付アナリストは発行企業が目論む「環境」や「社会」へのインパクトを主眼に分析し格付を行う。

　ここで忘れてならないのはESG評価機関の存在である。機関投資家がESG投資を本格的に進める場合、自前でリサーチ能力をもつことは必須であるが、複数の評価機関のデータ・レポートを参照にする。個人がこれらを利用するにあたっては多額の金額が必要となるが、大手機関投資家にとっては造作もないことである。そして、ESG評価機関内には膨大な数のインハウスESGアナリストが存在する。

　さて、ここで企業のサステナビリティオフィサーとESG評価機関のインハウスESGアナリストの間には近年、極度の緊張関係がある。企業の情報開示に基づきESG評価機関はESG活動の評価を詳しく行い、それによりレーティングを付与することが多い。ESG評価機関のなかには公表情報のみならずアンケート等でより詳細な個別開示を求めるところもある。

　彼らの評価は機関投資家によって本来参考情報として利用されるべきものである。彼らの情報を利用する機関投資家がそれらを、どのように投資意思

決定に使用しているかは実は定かではない。

　本来、機関投資家がESG評価機関の評価を参考にすることはかまわないが、アクティブ運用であろうともパッシブ運用であろうとも、機関投資家自身が付加価値のあるESGに関する調査活動を行うことを有力なアセット・オーナーは要求している。なお、一部アセット・オーナーは有力ESG評価機関の評価をもとにESG投資を実質自家運用しており、この状況は企業情報開示およびサステナビリティ活動そのものの進展に大きな影響を及ぼしていることを付言しておく。

　また、今日多くの機関投資家は有力な議決権行使助言会社によることなく独自の議決権行使基準を設定しているが、ESG評価においてもこれと同じことが各機関投資家に要求されることになる。

　そのほか、純粋なESG情報ベンダーも多く存在している。また、サステナビリティ関連の企業向けのコンサルテーション業務を行う企業も隆盛化している。しかも、統合報告コンサルタント、TCFD開示コンサルタント、ガバナンスコンサルタントと分野も専門化してきている。

　サステナビリティ関連でいえば、まだまだある。ESG（サステナビリティ）情報開示基準設定機関（1.2で触れたGRIやISSBなど）もそうであるし、サステナビリティ報告書に一定の保証（Assurance）を与える第三者保証機関もある。

　サステナビリティ関係のNGO（非政府組織）・NPO（非営利組織）もどんどん生まれてきている。国連や中央銀行などの活動も活発化している。彼らもプレイヤーとして認識すべきであろう。

　ガバナンス関連でいえば、取締役会議長や社外取締役ももともと存在したが、いままさに脚光を浴びているプレイヤーということになろう。

　圧倒的に少ないこれらの人材を育成するサステナビリティ専門教育機関や専門人材紹介会社はこれから台頭してくるのではないかと推定される。

## 1.5 サステナブルファイナンス時代の企業価値評価とは

　前節までで現在資本市場で生起しているさまざまな問題に光を当ててみた。一言でいえば、サステナビリティの問題が企業経営に大きな影響を与え、投資家やアセット・オーナーもESG投資の隆盛に伴って評価体制を整え対処している。

　企業にとってステークホルダーから指摘されるサステナビリティ課題の多くは外部性の取込み（環境規制への対処などはそうである）であるとともに、自社の価値創造に関係する課題にもなりうる。

　昨今、企業パーパスを経営者（CEO）が設定する際にサステナビリティ課題への対処につきどのようなスタンスをとるかが重要となる。企業によってはパーパスの設定につきコンサルタントにも調査を依頼し、多大なエネルギーとコストを使っているところもあるようだ。

　筆者自身はきわめてシンプルに考えている。そのロジックは次のようにきわめて単純であるべきである。

　①　どのような事業会社も業種を問わず社会的意義のある事業を営んでいる（はずである）。

　②　本業である事業の価値を発展させることは昔もいまも、これからも最重要事項である。

　③　一方で外部性の問題にも敏感に反応しなければならない。その場合種々の規制動向を先取りするという気構えが必要である。これに対処するためのインハウス・スペシャリストが社内にいるべきである。

　④　種々の規制のなかには無論、事業価値に多大な関係をもつ（本業の発展につながる）ものも多い。

　⑤　したがって、本業を懸命にこなすことによって社会価値につながるというストーリーを描けるか否かが重要である。経営者自身がそれを腹の底から体得しておかなければならない。そうであるか否かは経営者メッ

セージを読めばすぐわかる。

一言でいえば図表1－7の4）にあるように本業による事業価値創造（ファンダメンタルズ価値の増大）とサステナビリティ活動が同心円化していることが望ましいということである。わが国においては2）と3）の企業がまだまだ多いような気がする。さすがに1）の企業は少数となりつつある。

各事業会社はすべからく同心円化を目指すべきである。非常に単純な話ではあるが、いまの時代、なぜか大変複雑かつ大仰な話となっているようである。

それでは同心円化を企業経営者が意識し始めたときに資本市場において企業価値評価をどのように進めるべきかを述べたい。

そのためには1.1の議論に戻るが、まずファンダメンタルズ分析を緻密に行う「スーパーアナリスト」の存在が必要である。具体的には10年程度の業績予想を緻密に行えるアナリストが必要である。10年という時間軸の設定がここでは大変重要である。

サステナビリティ課題にも当然注意深く対処しなければならない。

「スーパーアナリスト」による企業評価では、アナリストの頭のなかで考え抜かれ発酵したアイデアを将来財務諸表の予想に落とし込むことになる。

一方で、これからの企業価値評価においては「スーパーアナリスト」の存在だけでは足りず、フラグメンタル[9]評価の精緻化も必要と思われる。

フラグメンタル評価の最たるものは、悪評の高い「ボイラープレート型評価」である。機関投資家の議決権行使において、社外取締役の人数が2名以上であれば代表取締役の選任に「賛成」で、2名未満であれば「反対」であ

**図表1－7　事業会社のサステナビリティ活動へのスタンス**

A＝ファンダメンタルズ価値、B＝サステナビリティ活動
1） Not only A but also a bit of B （CSR時代？）
2） Not only B but also a bit of A （低PBRかつ高ESG企業）
3） Both A and B （八方美人経営？）
4） A and B are almost in Concentric Circles （同心円）

出所：筆者作成。

るとか、取締役会の出席率75％以上であれば取締役の再任に「賛成」であり、75％未満であれば「反対」である等の対応が「ボイラープレート型評価」の例としてあげられる。ここでは、なぜ社外取締役の数が2名以上が望ましく、また、取締役会への出席率が75％以上が望ましいかという合理的な説明はない。

　一方、取締役会評価においても、設問によるアンケート方式の評価に対し、取締役会活性化についての本質的問題を指摘できないのではないかという批判がある。環境・社会の開示項目の評価についても紋切り型で表面的な数値目標、結果等を機械的に問うものが多いという批判もある。

　筆者はアンケートによる設問式の意義はあくまで補助的なものと考えるが、その一方で全体として意味の乏しいものばかりとも思わない。「工夫」次第であると思われる。一見機械的に進んだとしても、「定量」把握から重要な「定性評価」結果を引き出すことも可能である。そのためには、アカデミックな世界における「質的研究」の1つである「定性的インタビュー」の方法論を適用することが1つのヒントとなるであろう。

　たとえば、基本的に設問は4択、5択で進めつつ、インタビューで聞くことがベターである事項は「記述」してもらう（100～300文字程度）ことが考えられる。その場合、「記述」項目への記載がない場合は「評価全体」を行わないとする強いメッセージが必要となる。

　そして、いまから促進されるサステナビリティ情報開示（IFRS財団の動向が最も注目されることになる）によって巨大なデータベースができる。ここから生まれる知見も大変有用な投資意思決定資料になることが期待される。

　このように考えると、これからの時代に企業価値評価を実践するにあたっては、「スーパーアナリスト」と、データサイエンスの知見をもつ「データアナリスト」との併存が理想ではないだろうか。「スーパーアナリスト」の場合であれば、これまでファンダメンタルズ分析を中心に行ってきたアナリストは、ESGに対しても深い知見をもたなければならない。逆に、ESGア

---

9　断片化していて、単独ではほとんど意味をなさない情報。

ナリストはファンダメンタルズ分析ができるようになってはじめて一人前といえる。

　一方、「データアナリスト」の場合は、フラグメンタルな判断はもちろんフラグメンタルなままでは意味がないため、スーパーアナリストと協働し意味内容を描出しなければならない。これを経てフラグメンタルな情報の集積はアウフヘーベン[10]されることになる。一部の最先端を行く機関投資家はすでにこのような問題意識をもち動き出しているようである。

---

10　議論を深めてより高い次元のものとすること。止揚。

# 第 2 章

# サステナブルファイナンスの
# 歴史的変遷と今後

藤井　良広

## 2.1 サステナブルファイナンスの源流

### 2.1.1 「Sin Stocks」からの脱却

サステナブルファイナンスについての定義は多様である。だが、歴史的な展開をふまえると、その源流は18世紀、あるいはそれ以前からの米国での取組みにまでさかのぼる。投資に際して、宗教的に禁じられるアルコール、ギャンブル、タバコ、兵器等の製造に関する企業株「Sin Stocks」を排除する取組みがそうした源流の1つである。こうした動きは、第二次世界大戦後の米国において、1960年代の公民権運動やベトナム反戦運動等の高揚のなかで、差別的な企業や軍需産業企業等への投資停止、株主行動等へと発展した。1970年代には南アフリカのアパルトヘイト政策への抗議から、同国に進出している米国企業への投資排除の活動等も引き起こした。

これらの動きから広がったのが、社会的責任投資（Socially Responsible Investment：以下、SRI[1]）である。1971年には米国で初のSRI型投資信託（Pax World Fund）が登場している[2]。Schoenmakerらの「サステナブルファイナンス原論[3]」はサステナブルファイナンス1.0の定義を、これらの「Sin Stocks」を回避しながら財務的利益の最大化を目指すアプローチとしている。Sin Stocksへの投資を排除する金融の動きは、別途、Ethical Investment（倫理的投資）とも呼ばれた。明らかに投資先企業の社会性、さらに企業行動の倫理性を投資判断に組み込む金融行動といえる。

### 2.1.2 先行した「環境銀行」

投資行動としての源流とは別に、欧米それぞれで1970年代前後に立ち上が

---

1 最近はSRIを「Sustainable Responsible Investment」と呼ぶ向きもあるが、本稿では歴史的経緯をふまえて、従来どおりの「Socially」とする。
2 Pax World Fundを運営していたPax World Managementは2018年にImpax Asset Management Groupに統合された。
3 Schoenmaker（2019）.

ったのが、銀行の融資行動に社会性、環境性を求める実践活動である。1970年を前後して、欧州でオランダのトリオドス銀行、ANS銀行、ドイツのGLS銀行、米国ではショアバンク等が立ち上がった。これらの「環境銀行」は、コミュニティベースの中小企業活動やスタートアップ、環境負荷の少ない事業等を意識して金融的に支援するミッションと活動で共通した[4]。

　この時期に欧米で「環境銀行」設立が相次いだ背景には、1972年にスウェーデン・ストックホルムで国際連合人間環境会議が開かれたこと、ローマ・クラブの「成長の限界」報告、米国でのアスベスト訴訟、反戦運動の盛り上がり等の社会変革への対応があったといえよう。各地で市民や元金融マン等が立ち上げたいくつかの「環境銀行」は、従来の銀行システムの変革を目指した。こうした動きを受けて、わが国でも1990年代から2000年にかけて、各地で非営利の金融機関であるNPOバンク等が立ち上がった。

　通常、銀行等の金融機関は資金の出し手（預金者）と、資金の利用者（企業）の間に立つ。資金の出し手は仲介する銀行等に資金の使い道を委ねて、自らは資金使途を考慮する必要がない。ところが、これらのコミュニティバンクは、資金の出し手に資金の行き先をみせることで、預金者（投資家）の金融活動への参加意識を高めるとともに、環境・社会分野への投融資に伴うリスクもシェアしてもらうビジネスモデルを開発した。前述した軍需産業や、アパルトヘイト支援企業等への資金の流れを拒否するファイナンスの構築を目指した。

　今日的にいえば、資金の出し手による金融活動へのエンゲージメントといえる。「Sin Stocks」への資金の流れをEthical Investmentだけでなく、資金の出し手と環境銀行の経営者の連携によって、融資の場面からも排除しようという、ある種、理念的な試みでもあった。それらの試みのいくつかは成功し、いくつかは失敗した。

---

4　藤井（2007）に詳述。

## 2.1.3 環境銀行の苦闘と発展

　たとえば、1988年設立のドイツのエコバンクは、2000年頃に破綻する。融資先のエコショッピングセンターの倒産のあおりで不良債権を抱え、行き詰まった。同行は同じドイツのGLSが営業譲渡のかたちで承継した。米国では、1973年創立のショアバンクが、リーマンショックの影響で2010年8月に破綻している[5]。

　ショアバンクは、コミュニティの低中所得者向けのアフォーダブル住宅（手頃な価格の住宅）ローンを提供し、住宅取得と雇用の安定、コミュニティ再生を全米の各地で広げてきた。1989年の東西冷戦終了後には東欧諸国の移行経済化に資するかたちでコミュニティバンキングの指導・普及に努め、途上国支援ではバングラデシュのマイクロファイナンスのグラミンバンクの立ち上げ支援等、グローバルに「資金使途先がみえる金融」を展開した。

　しかし、注力していた米国内のコミュニティでの低中所得者向け住宅ローン市場が、サブプライムローン業者に食い荒らされ、財務基盤が悪化していたところに、リーマンショックの打撃をもろに受けたことが致命傷となった。環境・社会の非財務要因を重視した金融活動を展開するうえでも、財務の安定・健全化が欠かせないことを立証したかたちでもあった。

　一方、トリオドス銀行やANS銀行等の欧州の環境銀行は、リーマンショックの打撃をほとんど受けず、その後も順調に展開している。トリオドスは、グローバルに広がるコミュニティベースの金融機関を網羅するGlobal Alliance for Banking on Values（以下、GABV）を設立している[6]。金融機関にとって必要となる資金力の強化を、個々のコミュニティバンクの肥大化によってではなく、コミュニティバンク相互のネット化で補う考えに基づく。

　ANSは2015年のパリ協定に歩調をあわせるかたちで同年に、金融機関の投融資ポートフォリオが抱える温室効果ガス（GHG）排出量の測定と情報開示を進める「金融機関の炭素会計パートナーシップ（Partnership for Carbon

---

5　藤井（2021）。
6　GABVには2022年5月末現在、日本から第一勧業信用組合が参加している。

Accounting Financials：以下、PCAF)」を14のオランダの金融機関とともに立ち上げた。PCAFは金融機関の各投融資資産が抱えるGHG排出量を把握し、会計的に開示する取組みだ。集めた資金の流れの先を明確にするというコミュニティベースの金融機関本来の使命に沿った取組みでもある。

　ANSの取組みは当初、「Dutch Carbon Pledge」と呼ばれたように、オランダ国内の取組みだった。だが、2018年に、GABVの米メンバーであるAmalgamated bankが12の米金融機関を主導するかたちで参加、さらに翌年には28のGABVメンバー金融機関が参加するなど、瞬く間に主要国の金融機関の間にも広がり、グローバルな取組みに発展した。日本も3メガバンクをはじめ13金融機関が参加して「PCAF Japan coalition[7]」を2021年11月に設立している。

## 2.1.4　官民連携システム

　サステナブルファイナンスの形態の1つに、官民連携金融（blended finance）がある。その草分けとなるのが、これもオランダのグリーン・ファンド・スキーム（Green Fund Scheme：以下、GFS）だ。GFSはオランダ政府と同国金融界の連携で1992年に始まり、いまも機能している。

　GFSでは、各金融機関が通常の勘定とは別に、環境関連の融資・預金の勘定（「グリーンバンク」と呼ぶ）を設ける。同勘定での預金（あるいは投資信託購入）にかかる金利は市場金利より幾分低い。その一方で、同預金に対する所得税は非課税扱いされる。このためGFS勘定を設定した金融機関は通常よりも低コストでの資金調達ができる。金融機関はこれらの資金を原資に、風力発電や有機農業、森林保全等の適格環境事業に低金利での優遇融資を実施する。預金者は低金利だが預金への非課税メリットを前提に、「資金の出し手」として、政府が認定した適格環境事業をファイナンスする金融機関を支える。

　GFSは発足から四半世紀を経過するが、投融資額は累積で50億ユーロに達

---

7　https://carbonaccountingfinancials.com/newsitem/the-partnership-for-carbon-accounting-financials-pcaf-launches-japan-coalition#newsitemtext

している。同国の政権が保守政権にかわると、所得税非課税措置の見直し議論が起きる。だが、同制度がその後も継続している理由を考えると、「資金の出し手」の国民が銀行に預けた預金だけでなく、政府が示す非課税措置という税の使い方についても、「税金の出し手」として賛同しているためと思われる。

　GFSの教訓は、政策を立案する政府の役割と、リスク評価を担う金融機関の役割、資金を提供する預金者（投資家）の役割を連携させることで、サステナブルなファイナンスが続くという点だ。

## 2.1.5　米国のCRAとCDFI

　コミュニティの再活性化のための官民連携システムといえるのが米国のコミュニティ再投資法（以下、CRA）と、同法と連動するかたちで発展している地域開発金融機関（Community Development Financial Institutions：以下、CDFI）プログラムだ。

　CRAは1977年10月にジミー・カーター民主党政権下で成立した「住宅及び地域社会開発法」によって定められた。当初は、低所得の先住民族が居住地近隣の金融機関から融資差別を受けることに対応し、金融機関に地域住民への融資を義務づけることを目指した。金融排除（Financial Exclusion）への対応であり、金融当局は各金融機関が地域コミュニティにどれだけ資金供給をしているかをチェックし、金融監督上の格付とは別に、地域貢献を評価する格付を付与する。同格付が低い金融機関に対しては、店舗の出店や、M＆A等の展開に際して、制限を加える。実際にそうした「制裁」が発動されたこともある。

　CRAと連携するかたちで展開してきたのが、1994年の「リーグルコミュニティ開発規制改善法」により、財務省に設立されたCDFIファンドだ。財務省は、地域の金融機関（銀行等を含む）で地域コミュニティの再生や低所得者へのファイナンス支援等に取り組む金融機関を審査して、CDFI認証を付与する。認証された金融機関はCDFIファンドから無コストの資金供給を受けるほか、CRAで地域貢献を求められる商業銀行からの投融資も受ける

ことができる。銀行はCDFIへの投融資についても、地域貢献の1つとして評価されるためだ。前述のシカゴのショアバンクもCDFIの認証を得ていた。投資家がCDFIに投資すると、その分が税額控除の対象になるインセンティブ政策（New Markets Tax Credit：以下、NMTC）も導入されている。NMTCの受け皿としてCDFIとともに、CDE（地域開発機関）も財務省によって認定される（図表2-1）。

　CDFIファンドの役割は、直接的にはCDFIやCDEへ無コスト資金を供給する点だ。だが、CDFIやCDEは財務省から公的に認定されることで、ファンドの資金供給額を大きく上回る投融資資金を金融機関や投資家から受ける信用力を付与される。金融機関や投資家側も、財務省が認定したCDFIやCDEについては、安定した支援先として投融資できることになる。

　米国でもCDFIファンドについては、公的資金拠出の是非をめぐり政治的論争になることもある。こうしたことも考慮してか、ファンドを通じた公的資金の供給額よりも、公的認証の付与によって民間資金の流れをつなぐ点に

図表2-1　米CDFIファンドの仕組み

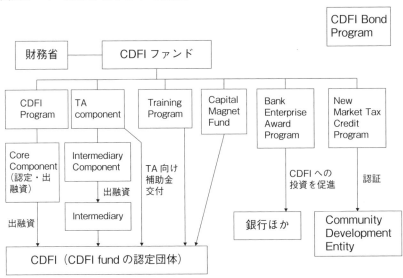

出所：筆者作成。

ウェイトがシフトしている。

米CDFIによる官民連携スキームは、その後、英国も導入した。だが、英国の場合、公的なCDFIファンドは制度発足当初に導入されたが、財政負担の議論から継続されず、CDFIへの公的認定・ラベリングを軸とする仕組みとなっている。CDFIを軸とした民間資金の還流を支えるのはコミュニティを重視する民間金融機関や地域住民が中心になっている。

## 2.2　サステナビリティ情報開示の源流

### 2.2.1　スーパーファンド法のインパクト

サステナブルファイナンスの基盤となるのが、企業のESG、サステナビリティ分野の情報開示である。目下、IFRS財団が設立した国際サステナビリティ基準審議会（以下、ISSB）が、サステナビリティ情報と気候変動情報の共通の開示フレームワーク案を準備している。早ければ2022年末にも成案となり、2023年には稼働するとみられている。企業が、自らが抱える環境、社会分野のマテリアル（重要な）情報を共通基準に基づいて開示することは、サステナブルファイナンスの資金の流れを確保する基本的要件となる。

ISSBの取組みは、金融安定理事会（FSB）の気候関連財務情報開示作業部会（以下、TCFD）が2017年6月に公表した報告[8]に基づいている。企業の財務報告書に環境関連情報を盛り込む動きをさかのぼると、米国の公認会計士協会が1996年に公表した環境修復負債の会計指針（SOP96-1）や、財務会計基準審議会（以下、FASB）による資産除去債務会計のFAS143等に行き着く。

米国では1980年に同国の環境政策の転換点になったとされる「スーパーファンド法（The Comprehensive Environmental Response, Compensation, and

---

8　Task Force on Climate-Related Financial Disclosures（2017）.

Liability Act：CERCLA)」が登場する。1970年代後半にニューヨーク州ナイアガラ滝近くのラブ・カナルの街で、埋め立てられていた廃棄化学物質による住民被害事件が発生、同様の有害廃棄物埋め立て処理が全米2万カ所にも及ぶことが判明したことが、同法制定の発端となった[9]。これらの土壌汚染による住民の健康被害防止と、汚染地の迅速な浄化を図るために立法化された。

　スーパーファンド法では、当初、潜在的責任当事者（Potentially Responsible Parties：以下、PRP）として有害物質を廃棄した原因者企業だけでなく、当該企業に融資した金融機関、汚染発覚時点の当該不動産・施設の所有者・管理者、有害物質の輸送や廃棄に関連した事業者も連帯責任を負うという厳しい内容だった。その後、PRPの厳格性は同法の改正によって緩和されるが、企業はこうした環境債務の有無を財務報告書において取り扱うことを迫られることとなった。

　ちなみに、欧州連合（以下、EU）でも米スーパーファンド法をモデルとした環境債務の浄化法を制定する動きが起きた。だが、各国・各企業の間では、米国スーパーファンドの核となった除去費用を拠出するファンド（企業負担）設置への懸念が強く、結局、ファンド化は見送られた。かわりに2004年に土壌汚染だけでなく生態系保全等を含む汚染者原則による環境債務指令（Environmental Liability Directive：ELD）が導入されている。

## 2.2.2　ジェンキンスレポート

　米国の会計基準では、環境債務に限らず、企業にとって将来の支出を伴う偶発損失事象を認識・測定する基準として1975年に偶発事象会計（FAS5）が適用されている。これによって、スーパーファンド法等による環境修復義務を負う企業における、それらの義務に伴う将来支出の推計・開示のために定められたのが、米国公認会計士協会（以下、AICPA）が1996年に制定したSOP96-1である。

---

9　藤井（2005）。
10　The AICPA Special Committee on Financial Reporting（1994）.

AICPAは同基準の作成に際して、1991年に「ジェンキンス委員会[10]」を設立した。FASBの元議長のエドムンド・ジェンキンス氏を委員長とした同委員会は、3年間の議論を経て1994年に報告書を公表した。同報告に基づき、1996年にSOP96-1が示されている。同基準の特徴は、不確実性の伴う環境修復費用の見積りに際して、将来の支出見積りを段階的に行い、見積りについての将来の修正も認める弾力的な負債計上のアプローチをとる点だ。この点は、気候変動の企業経営に及ぼす影響を複数のシナリオ分析やストレステストで検証する現在の気候財務情報開示の考え方にも通じるといえる。

　次いで、FASBは過去債務だけでなく、将来の環境債務を現在の財務報告書に開示させるための検討を1994年から開始した。検討結果として2002年に公表されたのが将来の環境債務の認識・測定のためのFAS143だ。企業が抱える長期資産の閉鎖・除去に際して生じる法的債務を、「資産除去債務(以下、ARO)」としてとらえるアプローチである。

　対象設備は、原発施設の廃棄、石油・ガス生産施設の解体・除去、鉱山施設の閉鎖・埋め立て・除去、危険廃棄物保管施設の閉鎖・閉鎖後の管理等。これらの長期資産の閉鎖・除去に際して必要となる費用を推計し、現在の企業価値に反映させる手法である。SOP96-1は過去の汚染の浄化費用、FAS143は将来の除去費用の推計開示だ。2005年には、資産除去債務のうち、除去する時期や手法が不確実なものの会計処理の指針としてFIN47が示されている。

　これらの資産除去債務の会計処理の考え方は、温暖化対策で早期除去を求められる火力発電所や石炭鉱山等の閉鎖費用や、あるいは座礁資産(Stranded Assets)等の推計にも応用できる。IFRSのIASB(国際会計基準審議会)ではFASBのようにAROとしての独立の基準は示していないが、IAS37(引当金、偶発負債および偶発資産)および、IAS16(有形固定資産)において、長期資産の閉鎖・除去に伴う将来の環境債務の会計処理を定めている。

## 2.2.3　気候リスク情報開示は米SECが先行

　企業が抱えるカーボンリスクを財務諸表に反映させる試みの嚆矢は、2010

年2月に公表された米証券取引委員会（以下、SEC）の「気候変動ガイドライン」だ。米企業がSECに提出する財務報告書（以下、10-K）では、非財務情報についての開示も、Regulation S-Kによって求められている。それを受けて、同ガイドラインは、各国・各州の法規制の影響のほか、気候変動による物理リスク上昇などの企業のリスク要因、$CO_2$排出量の多い商品に対する市場の需要動向等を、10-Kの経営者による財務・経営成績分析等で開示を求める内容とした。

　前年の2009年に民主党のバラク・オバマ大統領が就任し、環境・気候変動問題への取組みを積極的に打ち出していたほか、米議会でも$CO_2$排出権取引制度法案が提案されるなどの環境対応に積極的な社会情勢でもあった。排出権取引制度が導入されると、企業は自らが抱える気候変動リスクをカーボンクレジットの価格を通じて、定量的に把握・開示できる。SECの当時の委員長のメアリー・シャピロ氏は、FASBによるカーボンに対する会計ルールが定まらない段階でも、企業の財務状況を把握する執行機関の視点から、財務報告書への気候リスク記載を求めたわけだ。

　しかし、オバマ政権が連邦議会を掌握し切れなかったことから、米国版排出権取引法案は宙に浮き、SECのガイドラインも機能しないままとなった。カーボンクレジットを会計的に把握する作業は、IASBも2014年12月に、EUの排出権制度が2015年4月から始まる直前に、国際財務報告解釈委員会（IFRIC）の「解釈指針第3号（IFRIC3）」を発表した。しかし、同指針では、企業に割り当てられる排出権の扱いをめぐって、会計上のミスマッチが生じることが判明[11]した。そのため、実際のEU域内排出権取引制度（以下、EU ETS）の取引評価に活用されないまま、撤回されている。

　シャピロ氏が主導したSECのガイドラインは2022年3月、ゲーリー・ゲンスラー現SEC委員長が新たに気候情報開示ルール案を公表し、息を吹き返すかたちとなった。SECの新開示案は、IFRSのISSBの開示案と同様、TCFDの勧告内容に立脚している。そのTCFDの2017年6月の報告の作成に際して

---

11　村井（2011）。

は、シャピロ氏が実質的な影響を及ぼしたとされている。2010年のSECガイドラインは、TCFDの勧告を間に挟むかたちで、10年超の時間を経て、IFRSとSECの両方のフレームワークの原点になったともいえるのだ。

## 2.2.4　EUの非財務情報開示指令（NFRD）

EUの非財務情報開示への取組みは、1990年代から2000年代にかけてEU各加盟国ベースで広がった。各国は、企業の環境パフォーマンスや環境マネジメント体制等の状況を環境報告書や財務情報への追加開示等のかたちで開示することを義務化する国内法を相次いで整備した。会計法（ノルウェー、スウェーデン）、環境管理法（オランダ）、会社法（英国）、環境計算書法（デンマーク）等だ。これらをEUレベルで統合するかたちで発展していく。

EUは2002年にIFRSのIASB基準を域内で採用する「IAS適用規則」を採択する。財務情報開示の共通ルール化を受け、次の焦点として非財務情報の基準となるのが2014年の非財務情報開示指令（以下、NFRD）だ。各国ベースでのCSR（企業の社会的責任）の観点での国別情報開示ルールの共通化要請の高まりを受けたかたちだった。

企業の環境負荷情報開示を義務化するEUの制度としては、1996年の「統合的汚染防止管理指令（以下、IPPC）」、2003年の「EU現代化指令」、2006年の「EU汚染物質排出および移動登録制度（以下、PRTR）」等がある[12]。このうち、IPPCは企業の新規または既存の製造設備から生じる空気、水質、土壌に対する排出を管理、監視、報告し、汚染等を最小化する最新技術（BAT）の採用を、事業の許可条件に盛り込むことをEUの共通基準とするものだ。この指令に基づいてEU加盟国は、自国企業の設備認可等に際しての関連データを欧州委員会に提出する情報開示を求められる。

従来の会計指令を改正した「EU現代化指令」では、企業の財務状況等を理解するうえで必要な場合、年次報告書および連結財務諸表において、非財務情報を開示対象に含めることを企業に要請するとした。開示を要請する項

---

12　川原（2013）。

目には、環境および従業員課題等の環境・社会課題に関する情報と、それらに関連する重要業績評価指標（KPI）も含めた。この指令が、NFDRに発展していくのだ。

PRTR（Pollutant Release and Transfer Register）制度は、企業が取り扱う有害な化学物質や廃棄物を、企業の事業所外に移動する場合、排出量や移動量を国に届け出て、それを国が集計・公表する仕組みだ。対象化学物質と対象事業分野を指定して、情報開示をする。わが国にも導入されている。

これらの個別環境情報開示関連法と、EU現代化指令を軸とし、さらに「EU新会社法指令2013」を一部改正するかたちで、2014年にNFRDは制定された。同指令では、従業員500人以上で社会的影響度の高い企業（上場企業、銀行、保険会社）に対して、環境、社会、従業員、腐敗防止、贈収賄防止の各分野についての事業対応やリスク等の開示を求めている。

EUの法体系のうち指令は、EU各国に直接、一律に適用されるのではなく、同指令に基づいて各国が国内法制度を整備する手順を踏む。ところが国によって、法制化の遅れが常態化している。NFRDでは2017年までに国内法制の整備を完了するとしていた。だが、間に合わない国が多く出た。このため、2019年12月に発足したウルズラ・フォンデアライエン委員長率いる欧州委員会は、NFRDの規則（規則はEU全体に一律適用される）への切替えを一時宣言した。

実際は、サステナブルファイナンスの展開と、IFRSのISSB設立というグローバルベースの情報開示共通化の流れが高まったことから、EUの非財務情報開示のフレームワークも、NFRDの一方向への改正・強化から、金融機関・同商品に絞ったSFDR（Sustainable Finance Disclosure Regulation）、企業向けのCSRD（Corporate Sustainability Reporting Directive）、非財務のガバナンス手順を定めるCSDD（Corporate Sustainable Due Diligence Directive）等へと開示分野と対象を見定め、より精緻化・多様化する方向に変わっている。

## 2.2.5 民間主導の自主的非財務情報の開示活動

ISSBやSEC等の気候・サステナビリティ情報開示の先駆けとして展開するのが、民間の非営利団体主導の情報開示のフレームワークだ。非財務情報開示の国レベル、法的レベルの基準や枠組みの整備が試行錯誤するなかで、企業や投資家、さらには環境・社会分野のNGO・NPOの要請を受けるかたちで、民間の自主的取組みが進展してきた。

その先頭を切るかたちで1997年に走り出したのが、米環境NGOのセレス（Ceres）等によって設立されたGRI（Global Reporting Initiative）である。セレスは1989年3月に米アラスカ沖で発生したエクソンの石油タンカー、バルディーズ号の座礁事故による原油流出で周辺の生態系が大きく影響を受けたことを受け、環境団体と企業が連携して立ち上げたNGOだ。

セレスは企業活動に環境配慮を盛り込む必要性を強調、そのための環境・

**図表2-2　GRIスタンダードの構成図**

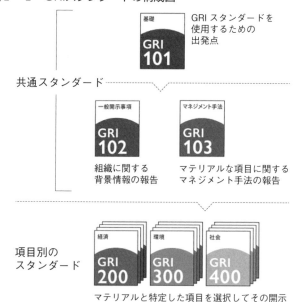

出所：GRIスタンダードの日本語版（2021年改訂前）。GRIサイトより引用。

社会評価のためのガイドライン作成に自ら乗り出し、GRIを立ち上げた。GRIは1999年に最初のサステナビリティ・レポーティング・ガイドライン原案を世に問うて以来、数度の改訂を重ね、2016年以降は「GRIスタンダード」として開示している（図表2-2）。

　GRIは開発した開示ルールを企業が無料で使用することを認めており、民間主導の「国際公共財」でもある。ISSBの発足に伴い、次にみるCDP（旧・カーボンディスクロージャープロジェクト）や気候変動開示基準委員会（以下、CDSB）、統合報告フレームワークを策定する国際統合報告評議会（以下、IIRC）、サステナビリティ会計基準審議会（以下、SASB）等はなんらかのかたちでISSBへの統合や調整等を求められ、組織自体を大きく変貌させていった。しかし、GRIだけは、環境・社会分野の情報開示の国際共通基準として、ISSBが示すサステナビリティ・気候情報開示においても、従来どおりに、企業が活用する測定・開示ツールとして扱われている。

　ISSBへの展開の流れのなかで、最も変貌したのが、SASBだろう。SASBは先にみたSECのシャピロ時代に公表された気候ガイドラインと関連している。SECガイドラインが結局は、企業によって活用されないことをみた1人の女性コンサルタント（ジーン・ロジャース氏）が、2011年、サンフランシスコの自宅を拠点にして、民間ベースで産業別開示基準の開発に取り組むNPOを立ち上げた。それがSASBである。6年がかりの作業の結果、2018年11月に11産業77業種の非財務情報の開示項目と、開示のための方法論を公表した[13]。

　SASBは、たとえば、気候リスクについても、すべての産業・企業が同じマテリアル（重要）なリスクを負うわけではないので、産業・業種別の環境・社会的要因の影響度を把握・評価しているのが特徴だ。組織的にはSASBは途中で、米メディアのBloombergが運営を担うかたちとなり、その後の大変貌につながっていく。

　Bloombergの経営者のマイケル・ブルームバーグ氏は、TCFDの座長を担

---

13　SASBの作業には筆者も、金融分野とメディア分野のワーキンググループにボランティアとして参加した。

った。そのTCFD勧告がISSBやSEC気候開示ルール案等の土台として取り込まれるなかで、SASB自体もISSBの気候ガイドライン案に取り込まれていった。組織的にも、ISSBの設立が打ち出された段階でSASBは、まず統合報告書のフレームワークをつくる国際統合報告評議会（IIRC）と合併し、Value Reporting Foundation（以下、VRF）の設立を決めた。そのVRFは、2022年8月にはIFRS本体に組織的に統合された。VRFはSASBとIIRCを傘下に抱えながら、ISSBのサステナビリティ情報開示基準の産業・業種別ルールづくりの担い手になったわけだ。

CDPは2000年に発足した英国の老舗格の非営利情報開示団体だ。CDPはGRIの開示手法をモデルとしながら、企業に環境分野ごとの情報を求める質問状を送付し、そこで得たデータをスコア化する手法を開発した。回答企業を8段階に格付することで、企業の環境レベルの「見える化」を促進した。同時に、気候情報開示のフレームワークを開発するCDSB（気候変動開示基準委員会）の事務局機能も代行した。ISSBの発足に伴い、CDSBはISSBに吸収されたが、CDP自体は、企業や自治体の環境格付業務を展開するとともに、サイエンスベースド・ターゲッツ・イニシアチブ（以下、SBTi）等の活動と連携した独自の活動を進めている。

これら気候情報関連の民間の自主的活動の多くは、基本的にISSBに吸収統合されたが、これで民間の自主的情報開示取組みの役割が終わったわけではない。企業の温暖化対策の取組みを評価するSBTiのほか、企業の低炭素・脱炭素への取組みを評価するトランジション・パスウェー・イニシアチブ（TPI）、さらにはTCFDの次の環境・社会的な情報開示イニシアチブとして期待される自然資源・生態系保全の財務評価でのTNFD（Taskforce on Nature-related Financial Disclosures）イニシアチブに絡む、自然情報開示関連での民間取組みも広がっている。

ISSBによる情報開示の国際共通化の進展とそれに伴う各国での法的整備が進む一方で、環境・社会等の非財務情報は、あくまでも財務情報とは異なり、不確実性がどこまでも漂う。そうした非財務要因のマテリアルな影響の把握、評価、開示には、引き続き、民間の知恵と野心が求められる領域が広

がっているといえそうだ。

## 2.3 財務と非財務を結びつける 金融のフレームワーク

### 2.3.1 ESGボンドの始まり

　サステナブルファイナンスの資金調達手段として活用されるのが、グリーンボンド等のいわゆるESG債である。企業が一般的に資金調達手段として利用する債券発行に際して、資金使途を環境分野に絞った債券を発行することで、ESG投資家の投資需要を満たし、資金の流れを大きく変えようという試みだ。

　第1号のグリーンボンドは、2007年に欧州投資銀行（EIB）が発行した株リンクインデックスボンドとしてのClimate Awareness Bond（CAB）である。同ボンドの金利は株式指数に連動する仕組みだった。次いで翌2008年に世界銀行（IBRD[14]）がスウェーデンのスカンジナビア・エンスキルダ銀行（SEB）と共同で33億5,000万スウェーデンクローネ建て（約392億円）のグリーンボンドを発行した。

　これら国際公的開発銀行によるグリーンボンド発行は、2007年末にインドネシアで開かれた国連気候変動枠組条約第17回締約国会議（COP17）で、途上国が温暖化対策に取り組むことに合意したことを受け、途上国の温暖化対策に対する国際的な資金調達手段の1つとして打ち出された。これらのボンドは欧米の機関投資家を中心に売却され、発行体の公的金融機関はこの後も定期的に途上国向けの資金調達を続けていく。

　世銀はグリーンボンドの発行に際して、投資家に「グリーン性」を明確に

---

14　国際復興開発銀行（IBRD）、国際開発協会（IDA）、国際金融公社（IFC）、多数国間投資保証機関（MIGA）、投資紛争解決国際センター（ICSID）の5機関で世界銀行グループを構成している。世界銀行（World Bank）はIBRDとIDAで構成される。https://www.worldbank.org/ja/aboutを参照。

みせるため、4つのプロセスを整備した。①プロジェクト選定基準の決定、②プロジェクトの選定プロセスの確立、③資金の分別管理、④発行後のモニタリングと報告、である。世銀は自らの第1号のグリーンボンド発行に際して、これらの4つのプロセスを遵守すると同時に、第三者レビューも受けた。国際公的機関だが、第三者の目での評価を付することで、投資家の信頼感を高めるねらいだ。現在のグリーンボンド発行の基本の手順はこの時以来、続いているともいえる。

ただ、しばらくは、グリーンボンド発行は公的機関の発行するものに限られていた。民間企業の発行が本格化するのは、欧米の複数の金融機関が共同で2014年1月に、独自のグリーンボンド原則（以下、「GBP」）の4項目を公表し、その後、GBP策定の事務局を担う世界各国の金融機関が加盟する国際団体である国際資本市場協会（以下、ICMA）が民間企業の発行支援を展開したことが大きい。

ICMAの4原則は、①調達資金の使途、②プロジェクトの評価と選定のプロセス、③調達資金の管理、④レポーティング、である。先の世銀の原則をふまえて、①の部分を世銀の「プロジェクト選定基準の決定」から、「資金使途先（Use of Proceeds：UoP）」に切り替えることで、投資家に資金使途が、よりみえやすく示せることになった。

グリーンボンドの基準としては、ほかに英非営利団体Climate Bonds Initiative（以下、CBI）が気候ファイナンスの独自基準として「Climate Bond Standard：以下、CBS」を設定している。いずれも、いまもグローバル市場でのグリーンボンド基準として発行体に活用されている。違いは、ICMAのGBPは簡便で、発行体にとって適合しやすさが評価される一方、CBIのCBSは資金使途先のタクソノミー、クライテリアも設定しており、それらに適合するボンドは「グリーン性」の品質が相対的に高いとの評価を得られる点とされる。

グリーンボンドの発行は、GBPの登場を先取りするかたちで、2013年以降、毎年増大している。ICMAはグリーンボンドだけでなく、調達資金を住宅や公的設備、従業員対策等の社会的事業に充当するソーシャルボンド、環

境と社会の両面を対象とするサステナビリティボンド、資金使途先を事業ではなく、事前に定めた環境・社会パフォーマンスの改善を条件として企業の一般資金とするサステナビリティ・リンク・ボンド等のガイドラインを次々と開発している。

　ボンドだけではない。国際的なシンジケートローンの業界団体であるローンマーケットアソシエーション（LMA）、アジア太平洋ローンマーケットアソシエーション（APLMA）、ローン・シンジケーション＆トレーディング・アソシエーション（LSTA）の３団体が、融資に際しても資金使途先を環境・社会事業とするグリーンローンやソーシャルローン等の原則を公表している。いずれもGBPがモデルである。

　ICMA等の市場基準については課題も指摘されている。基本的にボンドの場合は発行体の発行しやすさ、ローンの場合は借り手の借りやすさを重視するかたちとなっているため、ボンドへの投資家や、ローンを供給する金融機関の投資家からすると、グリーン・ウォッシング等の懸念が課題になる可能性がある。

　そこでEUはESG債の資金使途の明確性を高めるため、環境・社会事業のタクソノミー整備のほか、法的なグリーンボンド基準（EU GBS）の設定作業を進めている。いずれも2022年中に具体化することが期待されている。ESG債市場で法的基準に基づく発行が始まると、既存の市場基準に準拠するボンド等との間で、投資家の評価に差がつく可能性も出てきそうだ。

## 2.3.2　交通信号の「タクソノミー」

　EUがサステナブルファイナンス行動計画の軸として据えたグリーン＆サステナビリティ・タクソノミーも、環境・社会の非財務関連事業へのファイナンスをわかりやすく誘導するための手段の１つである。タクソノミーのリストに分類される事業については、グリーン性、ソーシャル性が確保されることになるため、ESGを評価する投資家にとって利便性が増す。

　タクソノミーは本来、生物やIT分野等で、多様な情報やデータ等を分類する方法として使われる。それを、サステナブルファイナンスの世界でも、

対象となるグリーン&サステナブルな事業の分類に活用するものである。

タクソノミーというとEUの開発が有名だが、この分野で最初にタクソノミーを始めたのは英CBIである。2013年に「Climate Bond Taxonomy」を開発している。現在、エネルギー、輸送、水、ビルディング等の8分野について、対象事業を列挙している。たとえばエネルギー分野では、太陽光、風力等9事業を分類しており、そのなかには化石燃料も含む。

CBIのタクソノミーの特徴は、事業のグリーン性について、「自動的に適合」「指標に該当する場合は適合」「適合不可」「さらなる作業が必要」の4段階に分類し、それぞれに「グリーン」「オレンジ」「赤」「グレー」の色を付している点だ。同団体では信号機方式と呼んでいる。交通信号のように、青（グリーン）だと通行、黄（オレンジ）は注意しながら通行し、赤は通行不可。グレーは信号にはないが、事業として扱うにはさらなるグリーン化作業が求められるということのようだ。

たとえば化石燃料の場合、基本的に赤かグレーの判定だが、二酸化炭素回収・貯留（CCS）付きの石炭火力・石油火力発電はオレンジとしている。天然ガス火力はCCSの有無にかかわらずグレー扱いだ。ガスの場合、二酸化炭素（$CO_2$）だけでなく、メタン等の漏えいへの対策等が必要との判断とみられる。

EUでタクソノミーに取り組んだのは、2016年10月発足の欧州委員会の「サステナブルファイナンスに関するハイレベル専門家グループ（以下、HLEG）」である。同グループは2018年1月に最終報告を公表した。そのなかで、非財務情報開示の強化、EUグリーンボンド基準の制定等とともに、サステナブル・タクソノミーの設定を提言した。同提言にタクソノミーが盛り込まれたのは、HLEGメンバーにCBI代表のショーン・キドニー氏が入っていたためとみられる。

EUタクソノミーはCBIのタクソノミーをモデルにしているが、微妙に異なる。まず、CBIはグリーン適合不可の「赤」事業や、評価作業が未整備な「グレー」の事業も網羅している。これに対してEUは「オレンジ」事業は含んでいるが、基本的にグリーン事業にフォーカスしている。その結果、

HLEGの報告を受け継いだ技術専門家グループ（TEG）の最終報告（2020年3月）に基づき、2022年2月に、欧州委員会が示した対象事業を列挙する法案（委任法案）では、天然ガスや原発を「移行事業」として盛り込んだことから、EU全体を揺るがす議論に発展した。しかし、同年7月に欧州議会、同理事会でそれぞれ了承され、2023年から適用される予定である。

### 2.3.3　カーボン・プライシングの進展

　財務と非財務の評価が統合され、バランスするためには、環境・社会の各要素も財務的な価格で示されることが望ましい。しかし、ESG要因は評価できても、それらに財務的な価格をつけるのは容易ではない。そうした価格づけの試みとして展開しているのが、カーボン・プライシング制度である。

　カーボン・プライシング制度としては炭素税と排出権取引制度が知られる。このうち炭素税は、英経済学者で厚生経済学を確立したアーサー・セシル・ピグー氏が1920年代に提唱した外部不経済への課税論で示される。企業が生産に伴う廃棄物等を処理せずに外部に排出して汚染を発生させ、社会に負担をかける「外部不経済」が生じる場合、企業の私的費用と社会的費用が一致しない。このため、その差額分を企業の生産に課税して社会的費用を回収する考え方で、「ピグー税」と呼ばれる（図表2－3）。

図表2－3　ピグー税の考え方

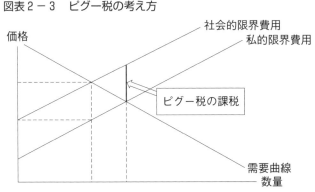

出所：筆者作成。

炭素税は企業のGHG排出を「外部不経済」として、排出に伴う社会的費用分を企業に課税する考え方だ。炭素税は1990年にフィンランドが世界で最初に導入した。暖房用や自動車の燃料等の化石燃料の消費に対して課税するかたちをとっている。徴税した資金は一般会計に充当している。フィンランドのほか、スウェーデン、デンマーク、フランス、スイス、ポルトガル等が炭素税を導入している。

日本は2012年に地球温暖化対策のための税を導入した。同税もピグー税の一種だが、資金使途は一般会計ではなく、温暖化対策事業に振り向ける。課税対象は石油石炭税に上乗せするかたちとしている。炭素税は資金使途を一般財源化することで、財政当局にとっての「大きな税収源」の確保を目指すとされる。

もう一方の排出権取引制度の理論的根拠は、米経済学者ロナルド・コース氏の1960年の理論が源流だ。情報が完全で取引費用を無視できるならば、外部不経済の発生者とその被害者の間で自発的な損害賠償責任ルールを設けることで、効率的な資源配分ができるとの主張だ。「コースの定理」と呼ばれる。この考えをもとに、$CO_2$の排出量超過企業と、排出量過少企業の間での取引を認めることで、全体としての最適な排出量水準を達成しようというの

図表2－4　排出権取引の基本的な仕組み

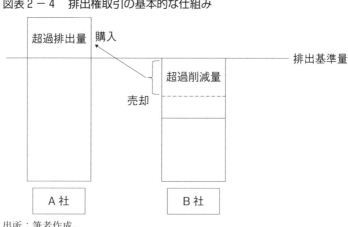

出所：筆者作成。

がCO$_2$排出権取引制度だ（図表2 - 4）。

　取引制度の制度設計を提唱したのが、カナダの経済学者、ジョン・デールズ氏だ。同氏は1968年、政府が維持すべき環境水準を定め、その達成に必要な総量規制を市場全体にかけたうえで、総量を分割した排出権を市場参加者に配分（販売）するキャップ＆トレード（C＆T）方式を提案した。同提案に基づく最も成功した取引制度とされるのは、米国の酸性雨対策プログラム（ARP）だ。当時、米中西部諸州の火力発電所が排出する二酸化硫黄（SO$_2$）が、雨とともに米北東部に降り注ぎ、河川汚染や農地汚染などの社会問題を引き起こしていた。酸性雨汚染は隣国のカナダにも及んだ。

　こうしたことから米政府は、SO$_2$の発生源の電力会社に対して無償で排出権を配分するとともに、実際の排出量が排出枠を上回った場合は罰金を科す制度を1995年から導入し、2005年以降は顕著な削減を達成した。米国での排出権取引制度の対象は大気汚染物質だけでなく、水質汚染浄化や、自然保全のための開発権の売買等、多様に展開されている。温暖化対策で2005年にEUがEU ETSを導入したのは、米国で源流となった取引制度を真似た格好なのだ。「発案・実践」した米国でも、CO$_2$排出権取引制度を目指す複数の連邦法案が提案されたが、民主党と共和党の対立によって、成案をみないまま、今日に至っている。

　わが国では、カーボン・プライシング制度をめぐって、炭素税か排出権取引制度かという論争が続いている。炭素税は政府が必要な税収を確保するために税率を決められるメリットがある一方で、最適な税率の設定が困難である点と、景気のよい企業は炭素税を払っても操業拡大を選択する可能性があり、排出量削減効果に限界がある点が課題とされる。

　排出権取引制度の場合は、排出量全体を抑制する総量規制の設定と、段階的な排出削減が可能になる一方で、市場価格が乱高下すると取引が成立しづらくなる点もある。ただ、グローバルなプライシング・レベルを確立するには、国ごとに税率が異なってしまう炭素税よりも、CO$_2$の総量削減と、共通の価格で取引できる取引制度のほうが適しているといえる。

　サステナブルファイナンスの情報開示の基準・ルール等で国際共通化の方向感が出るなかで、サステナブルファイナンス理論の源流にも触れてみよう。環境金融、サステナブルファイナンスの理論的分析の流れをさかのぼると、すでに本稿で取り上げたオランダでの先駆的な環境銀行や、官民連携によるグリーン・ファンド・スキーム等の実証分析を軸とした文献が、2001年にJan Jaap Bouma、Marcel Jeucken、Leon Klinkersの3氏の共同編集による「Sustainable Banking」(Greenleaf Publishing)、Marcel Jeuckenの「Sustainable Finance & Banking」(Earthscan Publishing)の2冊、発表されている。いずれもオランダの研究者による。

　両書とも、環境汚染を引き起こす企業の活動が、基本的に金融機関からファイナンスを受けることを前提としていることから、金融機関の貸し手責任を指摘する一方で、そうした銀行が提供する金融商品(投融資を含め)を利用する企業が汚染のつくり手となって汚染者負担を負うことから、貸し手責任と汚染者責任とのはざまに、サステナビリティの解を求めるかたちだ。両書の著者に名を連ねるJeucken氏は、執筆当時はトリオドス銀行で資産運用を担当、その後、ラボバンクのエコノミスト、エラスムス大学の講師等も務め、Schoenmakerらの「サステナブルファイナンス原論」にもアドバイザーとして名を連ねている。Bouma氏は当時、エラスムス大学の准教授で環境マネジメント、環境会計分野を専門として活動してきた。これらの著作では、「サステナブルファイナンス1.0」のフレームワークを分析すると同時に、すでに同3.0への展望も含めている。

　「環境銀行」分析の源流としては、2004年にCeline Loucheの「Ethical Investment」(PhD dissertation, Erasmus University)がある。オランダのトリオドス銀行を軸に、英国の倫理ファイナンス等を総合的に分析している。米国のショアバンクについては、1988年のRichard P. Taub「Community Capitalism」（Harvard Business School Press）がある。

　SRIあるいはEthical Investmentの源流としては、1991年に世界初のSRI株価指数の「ドミニ400」を立ち上げたドミニ・ソーシャル・インベストメンツの主宰者、Amy Domini氏がコンサルタントのPeter Kinder氏と共同執筆した「Ethical Investing」（Addison-Wesley）がある。Kinder氏は1984年に「Investing for Good: Making Money While Being Socially Responsible」（HarperCollins）も発表している。

　環境要因の評価を財務的にとらえることを提唱した著作としては、カナダのSonia LabattとRodney R. Whiteの「environmental finance」（Wiley, 2002）がある。同著は企業の財務諸表に環境のリスク・コストを反映させることの重要性を強調し、ISSB等の取組みの「先駆け」になったともいえる。両者は2009年には「Carbon Finance」（Wiley）もまとめている。気候対策を金融面から取り上げた著作としては、同年に米ニューヨーク大学のRichard B. Stewart、Benedict Kingsbury、Bryce Rudykの各教授が編集した「Climate Finance」（New York University Press）が発表されている。同書では国際的な気候ファイナンスを展開するために、民間金融だけではなく、官民連携によるブレンデッドファイナンスの展開を求めている。

　FASBが取り組んだ過去、将来の環境負荷を現在の企業の財務諸表に取り込むSOP96-1やFAS143、FIN47等の歴史や影響、連携等を包括的に扱った文献には、Greg Rogers氏の「Financial Reporting of Environmental Liabilities and Risks after Sarbanes -Oxley」（Wiley, 2005）がある。排出権取引を扱った文献は多数あるが、同制度のそもそもからの展開を、歴史的、地理的にまとめた文献としては、経済協力開発機構（OECD）が1998年に手がけた排出権取引制度の国際研究ワークショップをもとにした「Implementing Domestic Tradable Permits for Environmental Protection」がある[15]。小林節雄、山本壽両氏による同書の翻訳書『環境保護と排出権取引』も発行されている。

---

15　Organization for Economic Co-operation and Development（2000）.

わが国に環境経済学の文献は多数ある。だが、環境金融・サステナブルファイナンスに照準をあわせた理論的な著作はまだ少ない。拙著の『金融で解く地球環境』（岩波書店、2005年）や『環境金融論』（青土社、2013年）は、そうしたなかで、わが国での理論的な源流の1つと自負している[16]。

## 【参考文献】

川原尚子（2013）「非財務情報開示に関するEU指令案の評価」「商経学叢」第169号、近畿大学商経学会。

藤井良広（2005）『金融で解く地球環境』岩波書店。

藤井良広（2007）『金融NPO』岩波書店。

藤井良広（2013）『環境金融論』青土社。

藤井良広（2021）『サステナブルファイナンス攻防』金融財政事情研究会。

村井秀樹（2011）「環境リスクの会計的評価」藤井良広編著『進化する金融機関の環境リスク戦略』金融財政事情研究会。

Organization for Economic Co-operation and Development（2000）. *Implementing Domestic Tradable Permits for Environmental Protection*（経済協力開発機構『環境保護と排出権取引―OECD諸国における国内排出権取引の現状と展望』技術経済研究所、2002年）。

Partnership for Carbon Accounting Financials（2021）. *The Partnership for Carbon Accounting Financials (PCAF) launches Japan coalition.*

Task Force on Climate-Related Financial Disclosures（2017）. *Recommendations of the Task Force on Climate-related Financial Disclosures.*

The AICPA Special Committee on Financial Reporting（1994）. *Meeting the Information Needs of Investors and Creditors.*

Schoenmaker, D.（2019）. *Principles of Sustainable Finance,* Oxford（加藤晃監訳『サステナブルファイナンス原論』金融財政事情研究会、2020年）。

---

16　藤井（2005）（2013）。

# 第3章

# 株主主権下のサステナブル経営

田中 亘

### 3.1.1 株主主権の内容

株主主権（shareholder supremacy[1]）とは、株式会社のガバナンスのあり方に関する会社法の原則である。一国の法制度全体が株主主権となっているものではなく、会社法以外の法制度が株主主権でないことは、いわば当たり前のことである。たとえば、環境規制を考えるときに、株主の利益を最大にするために望ましい規制が何かを考えることはないのである。したがって、株式会社のガバナンスのあり方に関する法制度、つまり会社法について、それが株主主権なのか、もし株主主権であるとしてそれが望ましい制度なのかが問われるのである。

これから述べるとおり、米国でもまた日本でも、基本的に、会社法の制度は株主主権になっているといってよいと思われるが、会社法において株主主権とは、主として2つの原則から構成されている。

1つは、株主が会社経営に対する法的なコントロール権をもつということである。これはもちろん、株主が直接に会社を経営するということではなく、主に、実際に会社を経営する主体である取締役を選ぶ権利（選任および解任の権利）を株主が有していることを意味する。そのほかに、定款の変更や組織再編など、会社にとって特に重要な決定をするときに株主総会の決議が必要になるといったかたちで、株主のコントロール権が確保されている。

もう1つの原則は、取締役が、株主の利益を第一に（primarily）図る義務（米国法で信認義務〔fiduciary duty〕と呼ばれる）を負うということである。つまり、取締役の信認義務の受益者は、株主だということである。

---

1 shareholder primacy は、株主至上主義、株主第一主義、あるいは株主利益最大化原則とも訳されるが、本稿では、最もわかりやすい表現として、「株主主権」を用いることにした。なお、本稿は、本テーマについて筆者が最近公表した論考（田中（2019）（2020abc））に基づいている。

ただし、上記の意味における株主主権には次の2つの例外がある。

① 法令遵守義務は、株主利益を図る義務に優先する。たとえば、取締役が、環境規制に反して、こっそり$CO_2$を出し続けて株主の利益を図ることはできない。

② 会社が債務超過の場合は、債権者の利益が株主の利益に優先する[2]。株主は有限責任であるため、会社が債務超過のときまで取締役は株主の利益を図るべきであるとすると、たとえば、債権者の利益を犠牲にして一か八かの投機をすることが取締役の義務になるといった、明らかに社会的に望ましくない帰結をもたらすことがある。このため、会社法のルールとしても、会社が債務超過の場合は株主主権には制約が課されているわけである。

以下、一般的には株主主権がとられていると考えられている米国（特にデラウェア州）法についてまず説明し、その後で、日本の状況について説明したい。

## 3.1.2 米国法の株主主権

米国の場合、州によって会社法が異なっているが、概していえば、州法上、取締役の義務は、株主の利益を図ることだとされている。ただし、これは会社法の教科書には必ず言及されていることだが、その義務の履行の仕方については取締役に広い裁量が認められている。

すなわち、取締役は、それが長期的に会社の利益を増加させると誠実（good faith）に判断する限り、投資の実施、製品の値下げ、従業員の賃上げといった、それ自体としては株主以外の者の利益になる行為をすることができる。その適否は、経営判断原則（business judgement rule）によって審査され、株主の訴訟による攻撃をほぼ免れる[3]。

ただし、これは、取締役の株主に対する義務が無内容であることを意味しない。取締役が、長期的にも株主の利益にならないのに株主以外の者の利益

---

2　Hansmann and Kraakman（2001），p. 442.
3　Allen and Kraakman（2016），p. 286.

を図っているという事実が認められれば、取締役の信認義務の違反となる。

　代表的な裁判例を2つあげておく。1つは、20世紀初めに下された著名な判例であるFord Motor事件判決である[4]。Ford Motor 社は、それまで定期的に行ってきた株主への配当を停止する決定をした。同社の社長であるHenry Ford氏は、停止の決定の理由として、同社はそれまで「利益を稼ぎすぎた」ので、今後は自動車の価格を下げ、「大衆と利益を分かち合う」意向であると表明していた。これに対し、少数株主であるDodge氏が株主代表訴訟を提起したところ、ミシガン州最高裁判所は、同社の取締役が上記のような理由で配当を停止したことは、取締役の信認義務に違反すると判断した（同社に対し、配当の支払を命じた）。同裁判所によれば、「会社は株主の利益を第一の目的として管理、運営されるのであって、取締役はその目的を実現する手段については裁量をもっているが、目的そのものを変更する裁量はもっていない」。

　もう1つの裁判例として、デラウェア州で2010年に判決が下されたeBay事件[5]がある。デラウェア州は、面積こそ小さいものの、米国の上場会社の過半数が同州の法律に準拠して設立されていることから、会社法の領域では圧倒的に重要な州である。eBay事件は、そのデラウェア州が、現在においても株主主権であることを確認した裁判例として、重要な意味をもつ。

　eBay事件は、その舞台になった会社の名前からcraigslist事件とも呼ばれている。craigslist社は、全米最大のインターネットのコミュニティサイトを運営している非上場会社で、この会社の議決権付株式の約3分の2超は、創業者のジムとクレイグが保有し、残りはeBayが少数株主として資本参加するかたちで保有していた。このコミュニティサイトは、ごく一部のサービスのみを有料とするだけで、会社の管理、運営の経費をすべてまかなえていた。大部分のサービスは無償で提供され、誰でもこのコミュニティサイトに書き込みができた。そして、ジムとクレイグは、将来も無償でサービスを提供する方針であった。つまり、自分たちはコミュニティの利益のためにこの

---

4　Dodge v. Ford Motor Company, 204 Mich. 459, 170 N.W. 668（Mich. 1919）.
5　eBay Domestic Holdings, Inc. v. Newmark, 16 A.3d 1（Del. Ch. 2010）.

事業を運営しているのであって、そもそも株主利益のために事業を運営しているわけではないということである。これに対して、eBayは経営改革を要求していた、という背景事情がある。

　この状況下で、craigslistの取締役会は、eBayによる株式買増しの試みを阻止するためにライツプラン（買収防衛策）を設置した。eBayが株式を買い増すとライツが発動し、eBayの保有株式が希釈化するという仕組みである。craigslistの株式の大部分は創業者がもっているので、一見するとライツプランを導入する理由はなさそうであるが、会社側の主張によれば、創業者が株式を保有している間は問題ないとしても、2人のうちどちらかが死亡し、相続が起きたときにeBayが株式を買い集める可能性があり、それを阻止するために防衛策が必要である、ということであった。これに対してeBayが同社とその取締役を相手取って、ライツプランを消却するように求めて提訴した。

　デラウェア州衡平裁判所（同州の一審裁判所）は、取締役の信認義務違反を肯定し、ライツプランの消却を命じた（その後、eBay の保有株式はcraigslist社が買い取るという内容の和解が成立したようである）。この判決の理由づけを少し詳しく検討したい。

　craigslist社は、買収防衛策に関するデラウェア州の最高裁判例であるParamount Communication v. Time判決[6]を引用し、同判決は、取締役会は「企業文化」を守るために防衛策を行使することを認めており、したがって本件でも、craigslist社は地域社会に貢献するという同社の「企業文化」を守るために、防衛策を導入できると主張した。これに対し、裁判所は、「Time事件判決は、企業文化それ自体を保護すべき価値と認めたものではない」「株主以外の者の利益を促進、保護または追求することは、どこかの時点において株主価値に結びつかなければならない」[7]と述べて、craigslist社の主張を排斥した。本件でいうと、craigslist社の企業文化（コミュニティの利益

---

6　Paramount Communications, Inc. v. Time Inc., 571 A.2d 1140（Del. 1989）.
7　"Promoting, protecting, or pursuing nonstockholder considerations must lead at some point to value for stockholders."（eBay, 16 A.3d at 33）.

に奉仕すること）は、将来のどの時点においても、株主価値に結びつくものではない。したがって、このような企業文化を守るという目的で導入された同社の防衛策は、正当な目的を有するとは認められない、ということである。

　なお、米国では、2019年に米国主要企業の経営者団体であるビジネスラウンドテーブルが「会社の目的についてのステートメント」（以下、ステートメント）を発した[8]。このステートメントは、会社の主たる目的は株主利益を図ることであるとしていた従前の宣言を見直して、消費者、従業員、取引先、地域社会といった他のステークホルダーの利益を重視する立場を打ち出したことで、日本でも話題になったと思う。もしもこのステートメントの趣旨が、将来的に株主価値に結びつくことがなくても他のステークホルダーの利益を図るというものであるとすれば、少なくともいま紹介したようなデラウェア州法のもとでは、違法とされるおそれがあるということになる。

　もっとも、ステートメントは、最後の項目で、「長期的な株主価値を図ることにコミットする」と宣言している。それより前の項目で、さまざまなステークホルダーの利益を図るとしている部分は、すべて、長期的な株主価値を図るためという最終的な目的のためにそうするのだと述べているものと解するなら、それは、米国会社法が昔から採用してきた立場となんら変わりがないことになる。

　そうだとすると、2019年のステートメントには何の意味があるのか、必ずしもはっきりしない。米国でも、著名なコーポレートロイヤーから、ステートメントは法的にみると不正確であるうえに不必要であるとの批判が寄せられている。つまり、もしも長期的株主価値を図るということが、他のステークホルダーの利益を図るという目的と並列的にあげられているにすぎないとすれば、それは米国法（少なくともデラウェア州法）によれば誤りなので、不正確になる。他方、他のステークホルダーの利益を図ることは、長期的株主価値を図るためにそうするというだけであれば、そんなことは米国会社法に

---

**8**　Business Roundtable（August 2019）.

おいて昔から認められていたことなので、不必要である、というわけである[9]。

　ステートメントに対する批判的な分析は、会社法学者からも提起されている。Bebchuk and Tallarita（2022）によると、ステートメントに署名した米国企業の大半は、自社のガバナンスガイドライン（Governance Guideline）において、長期的株主価値（long term shareholder value）の追求を会社の目的に掲げており、2019年のステートメント公表後もそれを変えているわけではない。この論文の著者の1人であるLucian Bebchukは、非常に影響力のある会社法学者だが、このような事実に基づいて、ステートメントは見せかけ（for show）にすぎないといった、かなり厳しい見方をしている。

### 3.1.3　日本は株主主権か

　株主主権をめぐる米国の状況は以上のようだとして、日本はどうだろうか。日本の場合、取締役が株主に対して義務を負うことを明示的に定めた法令の規定は、実は存在しない。会社法の規定は、取締役は会社に対して（株主に対してでなく）忠実義務や善管注意義務を負うという規定振りになっている（会社法355条・330条、民法644条参照）。

　しかし、株式会社は営利法人であり、営利法人である株式会社の利益を図るということは、その利益の帰属主体である株主の利益を図ることを意味する。したがって、日本法の解釈としても、取締役は、原則として「株主利益の最大化」を図る義務を負うとする解釈が、昔から会社法学説では有力であった[10]。

　そして、最近の裁判例も、基本的にその解釈をとっていると解される。たとえば、2013年に出されたレックス・ホールディングス事件東京高裁判決[11]は、「株式会社は、会社の企業価値を向上させて、……企業所有者たる株主の共同の利益を図る仕組みの営利企業であり、取締役……の会社に対する善

---

9　Pierce（2019）.
10　江頭（2021）、22－23頁。
11　東京高判平成25・4・17判例時報2190号96頁。

管注意義務は、会社、ひいては、株主の共同の利益を図ることを目的とするものである」と判示し、取締役は、「株主の共同の利益」を図る義務があると認めた。これは昔から学説がいってきたことを認めた判決といえる。

また、株主主権を構成するもう1つの要素は、会社経営に対する株主のコントロール権であると述べたが、日本の会社法も、もちろん株主にそうしたコントロール権を認めている。特に、取締役の選任・解任は、株主総会の専決事項である（会社法329条1項・339条1項）。そして、このような株主のコントロール権は法的に保障されなければならないということは、日本の裁判例も認めていると解される。2005年のライブドア対ニッポン放送事件の東京高裁決定は、そういう立場を明確に判示している。同決定は、「誰を取締役としてどのような事業構成の方針で会社を経営させるかは、株主総会における取締役選任を通じて株主が資本多数決によって決すべき問題である」とし、会社の経営支配権争いの場面で、「現経営者が自己の信じる事業構成の方針を維持するために、株主構成を変更することを主要な目的として新株等を発行することは原則として許されない」と判示し、ライブドアによる敵対的買収の試みにあったニッポン放送が、フジテレビに割り当てて行おうとした新株予約権発行の差止めの仮処分を命じた。

このように、法制上は、日本の会社法は以前から株主主権の原則をとっているといってよいと思われる。しかし、その一方で、少なくとも上場会社における実態としては、戦後の大部分の期間を通じて、日本は株主主権ではなかったというのが、多くの人の認識するところであったように思われる。

東京大学経済学部で長く教授を務められた小宮隆太郎氏[12]は、1990年代前半に書かれた論文で、日本企業は、株主利益最大化を目的として経営されておらず、正規従業員の利益の最大化を目的として経営されていると明言している。

このように、法制と実態に乖離がある（少なくとも、歴史的には乖離があった）理由は、次のように説明できる。つまり、たとえ会社法上は、取締役は

---

12 小宮（1993）。

株主の利益を図る義務があるとしても、その義務の履行の仕方には広い裁量が認められる。たとえば、従業員の雇用を維持することも、それが長期的に会社の利益にかなうのであれば、株主の利益を図る行動であるといえる。そして、実際に取締役が、株主の利益を図る義務を尽くしたかどうかは、経営判断原則によって審査されるため、概して取締役は株主による法的責任の追及からは免れることになる。したがって、取締役の義務は、それ自体としては、会社を経営する取締役の行為規範として、それほど強い制約になるものではない。株主主権を構成する2つの要素のうち、より重要なのは、株主のコントロール権のほうだと考えられる。つまり、取締役が株主の利益に沿わない経営を続ける場合、株主はその取締役を辞めさせることができる、ということのほうが、株主主権を確保するルールとして重要であると考えられる。

　ところが、戦後の日本の上場企業においては、銀行や取引先との間の株式持合いや安定株式保有によって、投資家株主のコントロール権は、実質的に制約されていた。投資家である株主は、投資先の会社が株主利益を図るように経営されていないと考えていても、取締役を取り替えることができず、どうすることもできなかったわけである。その結果、小宮教授をはじめ多くの経済学者が指摘するとおり、戦後長期間を通じ、日本の会社（少なくとも上場企業）は、株主主権という会社法の原則どおりには経営されてこなかったと考えられる。

　しかし、近年、このような状況には変化が起きている。状況変化の要因として、株式の保有構造が大きく変わってきたことが重要と思われる。

　図表3－1は、全国証券取引所が毎年公表している、日本の上場会社の投資部門別株式保有比率について、10年ごとの推移を示したものである。外国人（主に海外機関投資家）の株式保有比率と、信託銀行の株式保有比率（おおむね、国内機関投資家の保有比率を近似しているとみられる）が、1990年以降、ほぼ一貫して増加を続け、2020年度には、この2つのセクターの株式保有比率をあわせると50％を超えている。いまや、上場株式の過半は、機関投資家がもっているというかたちになっていることがわかる。

図表３－１　全国上場会社・投資部門別株式保有比率（市場価格ベース）

（年度）　　　　　　　　　　　　　　　　　　　　　　　　　　　　　（単位：％）

| 年度 | 外国法人等 | 信託銀行 | 都銀・地銀等 | 生・保、その他金融 | 事業法人等 | 証券会社 | 個人・その他 | 政府・地方公共団体 |
|---|---|---|---|---|---|---|---|---|
| 1970 | 4.9 | 15.8 | 15.8 | 23.9 | 1.3 | | 37.7 | 0.6 |
| 1980 | 5.8 | 19.9 | 18.4 | 26.2 | 1.5 | | 27.9 | 0.4 |
| 1990 | 4.7 | 9.8 | 15.7 | 17.4 | 30.1 | 1.7 | 20.4 | 0.3 |
| 2000 | 18.8 | 17.4 | 10.1 | 11.6 | 21.8 | 0.7 | 19.4 | 0.2 |
| 2010 | 26.7 | 18.2 | 4.1 7.4 | | 21.2 | 1.8 | 20.3 | 0.3 |
| 2020 | 30.2 | 22.5 | 2.7 4.7 | | 20.4 | 2.5 | 16.8 | 0.1 |

□外国法人等　■信託銀行　■都銀・地銀等　◩生・保、その他金融
■事業法人等　■証券会社　◫個人・その他　■政府・地方公共団体

注：1980年度以前は、信託銀行保有分は「都銀・地銀等」に含められている。
出所：株式分布調査（全国証券取引所）より筆者作成。

　もっとも、これは時価ベースでみた数字であるため、比較的小規模の上場
会社の場合は、機関投資家は少数派で、経営陣や取引先の事業法人が株式の
過半をもっている会社がまだ多いとみられる。とはいえ、日本企業におい
て、特に1990年代後半以降、株式持合いの減少と国内外の機関投資家の持株
比率の増大により、純粋に株式投資のリターンを求める投資家株主のコント
ロール権が増大していることは間違いない。つまり、日本では、法制だけで
なく実態面でも、株主主権に近づいてきている。それに伴って、株主主権の
是非についての議論が、かつてなく真剣に論じられるようになってきたとい
えるだろう。

## 3.2　株主主権とサステナブル経営

### 3.2.1　考えられる3つのシナリオ

　3.1で述べた株主主権の内容に関する理解を前提にして、本節では、株主主権とサステナブル経営の関係について、思うところを述べてみたい。

　巷間、サステナブル経営の意義ないし必要性が盛んに唱えられているが、これと株主の利益、あるいは株主の意思とはどういう関係に立っているのだろうか。考えられるシナリオは次の3つである。

①　サステナブル経営は、株主の利益[13]にかなう。

②　サステナブル経営は、株主の利益にはかなわないが、（多数の）株主の意思にはかなう。

③　サステナブル経営は、株主の利益にも意思にもかなわないが、なんらかの方法で計測した社会全体の利益にはかなう。

　①のシナリオは、たとえば、従業員を大切にする経営をすることによって、従業員のやる気を引き出すとか、あるいは企業特殊的な人的投資をする誘因を与えることになり、その結果、長期的な会社の収益性を高め、ひいては株主の利益にかなう、といったことである。あるいはまた、会社が環境に優しい経営をすることが、環境問題への意識の高い消費者の間で会社の名声・評判を高めることにつながり、ひいてはその会社の財・サービスが広く需要され、株主の利益にかなう、ということである。このように、それ自体は株主以外の者の利益を図る行為（会社経営）が、長期的には株主利益につながることはしばしばあると考えられる。だからこそ、会社法の株主主権という原則は、取締役が株主以外の者の利益を図ること自体を禁じるのではな

---

13　以下では、「利益」とは、もっぱら経済的利益を指すものとする。「利益」に経済的利益だけでなく、精神的利益も含めれば、本文で後述する②のシナリオは、①のシナリオに吸収されることになりそうである。ただ、本稿では、①と②の違いを明確にするために、「利益」を狭い意味で用いることにする。

く、むしろ、長期的な株主利益を図るためであれば、広い範囲でそのような行為をする裁量を認めてきたことは、3.1.2で説明したとおりである。

　これに対し、②のシナリオは、ノーベル賞を受賞した経済学者Oliver Hartが、Luigi Zingalesとの共著論文で展開したシナリオである[14]。今日、多くの株主は、会社が株主の経済的利益の最大化を目的に経営されることを必ずしも望んでおらず、環境保護や他者の人権の擁護などの社会的利益にも配慮して経営されることを望んでいるのではないか。もしもそのように、多くの株主が、公益の増進を自己の選好の一部に組み込んでいるとすれば、環境や社会の利益に配慮した経営は、たとえ株主の経済的利益は最大化しないとしても、多くの株主の意思にはかなうということになる。

　最後に、③のシナリオも考えられる。つまり、サステナブル経営は株主の利益にもその意思にもかなわないが、それでも、社会全体の利益（経済学でいうところの「社会厚生（social welfare）」）―それをどのようにして計測するか、という問題はあるが―にはかなう、といえる場合がありうる。

　もちろん、①から③のうちどれか1つが正解である、という趣旨で述べているのではない。会社が行いまたは行おうとしているサステナブル経営にはさまざまなものがあり、そのなかには、①のシナリオが妥当するものもあるし、②または③のシナリオが当てはまるものもあるだろう、ということである。

　会社法の立場からみると、サステナブル経営が①の限度で行われる限り、株主主権とは両立することは明らかである。これに対し、HartとZingalesが提唱する②のシナリオは、実のところ、これまで会社法学ではあまり考えられてこなかったもののように思われる。もっとも、前に述べたように株主主権を構成する重要な要素は、株主が会社経営に対してコントロール権をもつということであり、そして会社法上、株主のコントロール権は、基本的に資本多数決（株主の保有株式数に応じて議決権が与えられる株主総会の決議）に従って行使される。経済的利益を多少犠牲にしてでも環境や社会に配慮した経

---

14　Hart and Zingales（2017）。同論文のアップデート版として、Hart and Zingales（2021）も参照。

営をすることが、多数派株主の意思にかなっているなら、その意思に応じた経営をすることが、株主主権の原則にかなうともいいうる。そうだとすれば、②のシナリオは、広く解釈し直された株主主権の原則と両立するといえるのではないか。

　これに対し、サステナブル経営が③までいくと、やはり株主主権とは対立するといえる。もちろん、環境や社会に配慮した経営が、法令によって義務づけられている場合（たとえば、一定以上の温室効果ガスの排出を禁じられているなど）には、3.1.1で述べたとおり、株主主権といえども法令遵守義務には劣後するため、たとえそれが株主の利益や意思にかなわなくても、取締役はそうした経営をするべきことになる。しかし、たとえば、気候変動の抑止のためには、現状よりもはるかに厳しい温室効果ガスの排出抑制をすべきである（そうすることが、なんらかの方法で計測した社会的利益の最大化につながる）が、法規制がそれに追いついていない、という場合がありうる。そのような場合に、会社の取締役が、自主的に、現在の法規制よりも厳しい温室効果ガスの排出抑制をしようとすることがありうる。そのような経営は、会社の名声・評判を高めることから株主の利益にかなうこともありうるが、社会全体の利益と株主の利益は一致しない以上（温室効果ガスの排出抑制による利益を得るのは、決して株主に限らない）、長期的にも株主の利益にかなわない可能性は否定できない。また、HartとZingalesのいうように、多くの株主は、社会的利益を自己の選好に組み込んでいるかもしれないが、それでも、社会全体の利益を最大化することが多くの株主の意思決定の目的である、とまではいえないだろう。そうすると、社会全体の利益を増進するという観点からは行うべきサステナブル経営が、株主の利益にも、また株主の意思にもかなわない、という場面が生じることは否定できないことになる。

　もしも③の場合にも、社会全体の利益のために企業はサステナブル経営を行うべきであると考えるなら、株主主権の原則は修正を求められることになる。

　実際、会社法の研究者のなかには、株主主権の原則は修正されるべきだと論じる者もいる。また、別に立法などで修正するまでもなく、既存の判例の

法解釈によれば、株主主権の原則はもともと貫徹されてはおらず、取締役が、社会全体の利益のために、株主の利益ないし株主の意思から離れた経営をすることは、すでにある程度許容されている、と考える者もいる。これは、会社法学でまだ決着をみていない、未解決問題である。

　筆者は、以前に公表した論稿のなかで、③の場合に取締役が株主の利益から離れた経営をすることを一定程度許容すべきである（つまり、株主主権には一定の限界が設けられるべきである）という議論を展開したことがある[15]。ただ、本稿では、その議論に立ち入ることはしないで、別の方向の議論を展開したいと思う。それは、会社をめぐる現在の経済的・社会的状況から、従来は③の問題ととらえられてきたサステナブル経営が、①や②の範囲に属するといえる場合が増えてきたのではないか、つまり、サステナブル経営と株主主権が、対立するのではなくむしろ両立する場面が増えてきたのではないか、ということである。

## 3.2.2　株主主権下のサステナブル経営

　前述したように、近年、日本では、機関投資家株主の台頭により、おそらく戦後最も株主のコントロール権が実質化している（すなわち、実態面で株主主権に最も近づいている）といえる。そして、これは日本だけの現象ではなく、世界的にもそうだと考えられる。

　米国も、法制上は以前から株主主権であったが、実際は、ハーバード・ロースクールのMark Roeが実証したように、"Strong managers, weak owners"であった期間が長い[16]。すなわち、米国では、金融機関による株式保有が厳しく制約されていたこともあって、上場株式の大半は、個人投資家によって分散保有されていた。そのため、（集合行為問題による株主の情報および動機の欠如によって）株主のコントロール権は、実際には行使されることが少なく、経営者が会社を実効支配するというのが、伝統的なコーポレートガ

---

15　田中（2020b）。そこでは、米国でそのような主張を強力に展開したElhause（2005）を支持する議論を行った。
16　Roe（1994）.

バナンスの実態であったとみられる。その状況が変わってきたのは、米国でも意外に遅く、敵対的買収の嵐が吹き荒れた1980年代後半から、機関投資家アクティビズムがみられるようになった1990年代頃にかけてであるとみられる。主要先進国において、株主のコントロール権の実質化は、実は比較的新しい現象である。

　こうして、現代は、おそらく、第二次世界大戦後最も株主主権に近づいている時代であるといえる。このこと自体の是非（望ましいか否か）も、非常に重要な論点であるが、ここでは、株主主権が実質化していくのと同時並行的に、株主が企業に対し、サステナブル経営をかつてないほど強く要求するという現象が起きていることに注目したい。少し先走った言い方をすると、現代は「株主主権下のサステナブル経営」といえる状況になってきているのである。

　株主（特に、機関投資家株主）によるサステナブル経営の要求の例として、世界最大の機関投資家であるBlackRock社によるサステナブル経営に関するエンゲージメントの例をあげよう。

　「米資産運用最大手ブラックロックは地球温暖化防止などの環境対応を巡り、世界の大手企業53社の取り組みが不十分だと公表した。米石油大手のエクソンモービルやシェブロンなどが含まれる。株主総会で会社側の取締役選任議案に反対したり、環境関連の株主提案に賛成したりした」（日本経済新聞朝刊2020年7月16日）。

　「6月の株主総会シーズンを前に、資産運用会社が議決権行使の基準を厳格化している。ブラックロック・ジャパンは気候変動リスクへの情報開示が不十分な場合などに取締役の選任に反対する。女性取締役の登用など取締役会の多様性を求める運用会社も増えている。環境対応と企業統治（コーポレートガバナンス）の両面で企業への圧力が強まっている」（日本経済新聞朝刊2021年6月4日）。

　周知のとおり、BlackRockのCEOであるLarry Finkは、株主主権の批判者で、企業は株主利益だけでなく、ステークホルダーの利益を考えるべきだと公言している。しかし、Fink率いるBlackRockがしている行動は、株主主権

の行使そのものである。すなわち、BlackRock は、株主総会の議決権という、株主に与えられたコントロール権を駆使して、企業に対し、サステナブル経営に関する自らの要求を実行するように迫っているのである。これが、筆者が注目するところの「株主主権下のサステナブル経営」である。

### 3.2.3　なぜ株主はサステナブル経営を求めるのか

　では、なぜ株主はサステナブル経営を企業に求めるのか。これには次の3つの要因があると考えられる。

　1つ目は、別にいまに始まったことではないが、かなり多くの場合、サステナブル経営は株主の利益になるということである。このことは、東京大学で長く商法を講じた鈴木竹雄教授による次の主張に端的に表れている。「株主の立場からすれば、会社が公害の防止を怠ると、将来思わざる莫大な損害賠償責任が発生するうえ、企業のイメージがダウンして営業にも障害を生じ、結局不利益を招くことになるから、それを回避するためには公害の防止につとめざるをえないことになるだけである[17]」。この主張が展開されたのは、企業の社会的責任に関する議論が盛んになり、会社法（当時は商法）に社会的責任に関する規定を設けるべきだとの見解も出されていた1970年代である。鈴木教授は、企業は株主の利益のために社会的責任に配慮する経営をする動機があるから、そのような規定は不要であり、かえってそのような規定を置くと、取締役が社会的責任を果たすためであるとして株主の利益に反する経営をするようになるから有害である、と論じたのである。

　特に上場会社において、サステナブル経営が株主の利益になる理由として、企業の経営政策が株価に反映するということが大きいと思われる。鈴木教授があげた例でいうと、公害の防止を怠った企業が、損害賠償責任を負担したり企業イメージがダウンしたりするといったことは将来のことであるとしても、そのような不利益が発生するリスクを株式市場が認識している限り、そのリスクは、企業の現在の市場株価に反映され、現在の株主に不利益

---

17　鈴木（1975）。

を与える。そのため、企業がそのような不利益を将来生じないように、現在において公害防止などの環境に配慮した経営をすることが、現在の株主にとっても利益になるのである。上場会社が将来もたらす利益や不利益が、投資家の予測を通じて現在の市場株価に反映されるために、現在の株主の利益や不利益ともなる、ということは、上場会社制度の重要な、しかし一般には十分に認識されていない利点であると考える。上場会社は、将来収益を現在の市場株価に反映させることを通じて、将来収益について配慮した経営（つまり、長期志向に基づく経営）をするメカニズムをもともと有しているのである[18]。

　2つ目は、先にHartとZingalesの論文を紹介した際にも触れたように、現代の人々（株主を含む）の多くは、自分の経済的利益だけを考えて意思決定をしているわけではない、ということがある。クリーンエネルギーに対する需要の高まりにみられるように、ますます多くの消費者が、自分の消費決定に環境や社会的な考慮要素を組み入れるようになっている。また、ESG投資の興隆は、多くの投資家が、投資決定に環境や社会的要素を組み入れるようになっていることを示している。多くの人々が、環境や社会的要素を組み入れた消費や投資の判断をするようになるほど、環境や社会に配慮した経営をする企業の財・サービスの需要は高まるし、また、そのような企業は資金調達面でも有利となる。このようにして、サステナブル経営が株主の利益にかなう範囲が広がることになる。

　株主が投資先企業にサステナブル経営を求める動きが広がっている3つ目の要因として、ボストン大学ロースクールのMadison Condonという会社法学者が公表し、会社法学会で注目されている論文を紹介したい[19]。この論文が強調していることは、現代の投資家は、単一企業に投資するのではなく、

---

18　このような上場会社制度の利点は、「株式の流動性が長期志向を生む仕組み」として、田中（2017）で論じた。なお、わが国では、株主主権は企業の短期志向をもたらすということが、半ば当然のように主張されることがあるが、Roe（2018ab）で明らかにされているように、これは実証的支持に乏しい主張である。
19　Condon（2020）。また、同論文の主張を基礎に会社法（特に情報開示ルール）の設計について論じたものとして、Coffee（2021）参照。また、Gordon（2022）も参照。

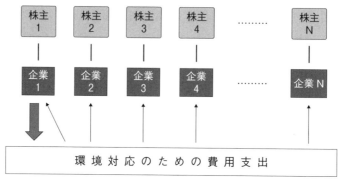

図表3-2 集合行為問題

出所：筆者作成。

巨大運用機関を通じて世界中の企業の株式に投資しているという事実である。零細な個人投資家であっても、インデックスファンドに投資すれば、世界中の企業の実質的な株主になれるわけである。このことが、サステナブル経営との関係で重要になるのは、それによって、従来、経済学において集合行為問題という名前で知られた問題が、解決するとまではいわなくても、相当程度に改善する可能性があるということである。

　図解して説明する。集合行為問題は、図表3-2のような場面を想定している。いま、社会にはたくさんの企業が存在し、各企業の活動が、環境問題、たとえば気候変動の問題に影響を与えるとする（図表3-2の太い矢印は、企業1が環境対応のためにする費用を表し、細い矢印は、その結果としての便益が、全企業に少しずつ及んでいくことを表している）。各企業が、環境に配慮した経営（環境対応）を行わず、その結果、気候変動が抑止できないような水準に達すれば、経済は大混乱に陥り、全企業の不利益になる。一方、各企業がコストをかけて環境対応すれば（たとえば、温室効果ガスの排出抑制のために投資をすれば）、気候変動は抑えられ、全企業の利益になるとする。ところが、個々の企業が環境対応すると、そのコストは個々の企業の負担となる一方、それによる恩恵は、すべての企業が享受することになる。つまり、費用は自社持ちなのに、利益は他社と分け合わなければならない。そのため、個々の企業が環境対応のために費用支出をするインセンティブは、過小

図表 3 - 3　集合行為問題の解決

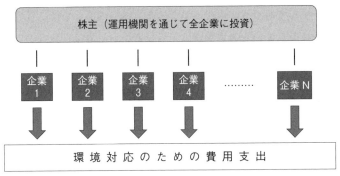

出所：筆者作成。

とならざるをえない。これが、典型的な集合行為問題の状況である。

　注意すべきは、この分析は、各企業の株式がそれぞれ異なる株主によって所有されていることを暗黙の前提にしているということである。しかし、現代の株式所有構造は大きく変化してきている。投資者は運用機関を通じて世界中の企業に分散投資することができる。その結果、現代企業の所有構造は、図表 3 - 2 よりは、むしろ図表 3 - 3 のような構造に近いと考えられる。

　図表 3 - 3 では、すべての投資家が、（運用機関を通じて）全企業の株主となっている。このような状況では、全企業の株主になっている投資家は、全企業をして、環境対応のための費用を支出させることにより、全企業に環境改善の利益を享受させるインセンティブがある。こうして、集合行為問題は、ごくシンプルに解決する。もちろん、現実社会は、図表 3 - 3 の状況よりも複雑であるから[20]、集合行為問題は簡単に解決するとはいえないが、少

---

20　実際には、投資家による企業の所有構造には偏りがあるであろうし（少数企業に集中投資している投資家も存在する）、環境や社会的問題の解決のために貢献できる度合いも、企業によって異なる（たとえば、温暖化ガス削減のためにエネルギー産業に属する企業ができることはきわめて多いが、サービス産業に属する企業にできることはあまりない、ということがありうる）。このことは、どの程度サステナブル経営を行うかについて、各企業やそこに投資する株主同士で利害が対立するという、図表 3 - 3 での分析では捨象された問題を惹起する。Condon（2020）やCoffee（2021）では、これらの問題についても検討されている。

なくとも、図表3 - 2に示したような典型的な集合行為問題の状況よりは、事態は改善するであろう。現代の企業の所有構造のもとでは、世界中の企業に広く分散投資している運用機関は、受益者である最終投資家の利益のためにも、投資先企業に対してサステナブル経営を求める動機がある。

### 3.2.4 株主のコントロール権の再評価

ところで、図表3 - 3で示したような集合行為問題の解決は、株主が会社経営をコントロールしていることが前提になっている。もしも株主ではなく経営者が会社をコントロールしているとすれば、経営者は、基本的に自社の利益にしか関心をもたないだろうと考えられるため、図表3 - 3のような株式所有構造のもとでも、各企業は、自社の利益となるように環境対応の費用支出の決定をすることになる。その結果、環境対応のための費用支出は、依然として過小となる（図表3 - 2の古典的な集合行為問題が存続してしまう）。

以上の考察は、少なくとも気候変動に代表されるような世界規模の環境問題に対処するためには、株主のコントロール権を弱めるのではなくむしろ強めること、つまり株主主権を否定するのではなく支持することが、かえって効果的であることを示唆する[21]。

ちなみに、前述のHartとZingalesの論文は、企業が株主総会の承認を得

---

[21] この点は、田中（2020c）、14 - 15頁で指摘した。実際には、注20で述べたような問題もあり、株主主権も決して完璧ではないが、株主主権を支持するかどうかは、完璧な制度と比較するのではなく、各主体の能力やインセンティブに鑑みて実現可能といえる制度のなかでどれが最もましなものであるかという考慮によって決しなければならない。株主主権を弱めれば、経営者の会社に対するコントロール権が強まるだろうが、そのとき、経営者は、株主主権のときと比較して、社会全体の利益を図るように会社を経営するインセンティブをもっているのかが問われる。環境対応については、おそらくそのようなインセンティブはもたないであろうと思われることは、本文で述べたとおりである。労働者の利益保護などの社会的問題についても、概して自社のステークホルダーの利益にしか関心をもたないであろう経営者は、投資ポートフォリオに属する企業全体に関心をもつ投資家株主よりも、社会的問題の解決のインセンティブにおいて劣るかもしれない。社会的問題はシステミック・リスクに関係するため（たとえば、大量レイオフは社会の不安性を増し、全企業の収益性を低下させる可能性がある）、分散投資した投資家にとってスチュワードシップ活動の重要な主題になりうるとする指摘として、Gordon（2022）、pp. 10, 31 - 35参照。

[22] Hart and Zingales (2017).

て、サステナブル経営を行うという仕組みを構想している[22]。企業が株主総会の承認を得ていれば、たとえ株主の経済的利益を最大化しない経営をしていても、取締役の信認義務には違反しないと解するということである。この構想は、株主が会社経営をコントロールするという株主主権の枠組みのなかで、環境・社会問題を解決すべきであるし、また解決はできるという立場をとるものと評価することができる。

＊本稿は、2021年11月22日開催のサステブルファイナンス3.0研究会における筆者の報告を整理、加筆したものである。当日研究会でコメントをくださった参加者の方々、および速記録を整理してくださった野村資本市場研究所の方々に感謝申し上げる。なお、筆者は、田中（2019）（2020abc）で、株主主権の合理性や限界について考察しており、本稿はこれらの論稿に基づいている。本稿は、科学研究費補助金（基盤Ｃ）課題番号20Ｋ01389の研究成果の一部でもある。

【参考文献】

江頭憲治郎（2021）『株式会社法（第8版）』有斐閣。

小宮隆太郎（1993）「日本企業の構造的・行動的特徴」伊丹敬之＝加護野忠男＝伊藤元重編『リーディングス日本の企業システム1　企業とは何か』有斐閣、277－318頁。

鈴木竹雄（1975）「歴史は繰り返す」ジュリスト578号10頁。

田中亘（2017）「上場会社のパラドックス―流動性が長期志向を生む仕組み」黒沼悦郎＝藤田友敬編『企業法の進路・江頭憲治郎先生古稀記念』有斐閣、35－60頁。

田中亘（2019）「経済教室　脱・株主至上主義の行方（下）日本企業、安易な追随避けよ」日本経済新聞、2019年12月18日、朝刊30面。

田中亘（2020a）「株主第一主義の合理性と限界（上）」法律時報92（5）：123－130頁。

田中亘（2020b）「株主第一主義の合理性と限界（下）」法律時報92（6）：79－86頁。

田中亘（2020c）「株主第一主義の意義と合理性」証券アナリストジャーナル58巻（11）：7－17頁。

Allen, W. T. and Kraakman, R.H. (2016). *Commentaries and cases on the law of business organization, 5th ed.*, Wolters Kluwer Law & Business.

Bebchuk, L. A. and Tallarita, R. (2022). *Will Corporations Deliver Value to All Stakeholders?*, Vanderbilt Law Review 75:1031-1091.

Business Roundtable (2019). *Statement on the Purpose of a Corporation*, August 2019. https://opportunity.businessroundtable.org/ourcommitment/

Coffee, J. C., Jr. (2021). *The Future of Disclosure: ESG, Common Ownership, and Systematic Risk*, Columbia Business Law Review 2021, 602-650.

Condon, M. (2020). *Externalities and the Common Owner*, Washington Law Review 95:1-81.

Elhauge, E. (2005). *Sacrificing Corporate Profits in the Public Interest*, New York University Law Review 80(3): 733-869.

Fried, J. M. and Wang, Ch. C. Y. (2018). *Are Buybacks Really Shortchanging Investment?*, Harvard Business Review 96(2): 88-95, available at https://hbr.org/2018/03/are-buybacks-reallyshortchanging-investment/

Gordon, J. N. (2022). *Systematic Stewardship*, Journal of Corporation Law, 47(3): 627-673.

Hansmann, H. and Kraakman, R. (2001). *The End of History for Corporate Law*, Georgetown Law Journal 89(2): 439-468.

Hart, O. and Zingales, L. (2017). *Companies Should Maximize Shareholder Welfare Not Market Value*, Journal of Law, Finance, and Accounting 2(2): 247-275.

Pierce, M. (2019). *Analysis of the Business Roundtable Statement*, Harvard Law School Forum on Corporate Governance (September 26, 2019), available at https://corpgov.law.harvard.edu/2019/09/26/analysis-of-the-business-roundtablestatement/

Roe, M. J. (1994). *Strong Managers, Weak Owners: The Political Roots of American Corporate Finance*, Princeton University Press.

Roe, M. J. (2018a). *Corporate Short-Termism: In the Boardroom and in the Courtroom*. In Gordon, J. N. and Ringe, W-G. eds., The Oxford Handbook of Corporate Law and Governance, Oxford University Press, 425-448.

Roe, M. J. (2018b). *Stock Market Short-Termism's Impact*, University of Pennsylvania Law Review 167:71-121.

# 第 3 章 補論

# 米国のベネフィット・コーポレーション

## 1 ベネフィット・コーポレーションの概要

　ベネフィット・コーポレーションは、連邦制国家である米国において、各州におけるベネフィット・コーポレーション法に基づき設立される。米国では、2010年４月にメリーランド州で最初のベネフィット・コーポレーションの法律が制定され、2021年10月時点で、37の州およびコロンビア特別区、プエルトリコで法制化されている。

　ベネフィット・コーポレーションの法制化には非営利団体（NPO）であるＢラボが貢献している。2006年に設立されたＢラボはビジネスの力を活用して世界中にポジティブなインパクトをもたらすことを目的としており、認証制度である認証Ｂコープ（Certified B Corp）を運営していることで知られている。Ｂラボは、2008年から各州の州議会に対して、ベネフィット・コーポレーションを法制化するようロビーイング活動を開始し、メリーランド州が法制化を決定した最初の州となった。

　各州におけるベネフィット・コーポレーションの法律の多くは、Ｂラボの依頼により弁護士のビル・クラーク（Bill Clark）氏が作成したモデル法をもとにしている。企業がベネフィット・コーポレーションに転換し、継続する主な要件には、①企業の定款に、企業の目的が一般的な公益（General Public Benefit）の追求であることを明記、②企業の定款に、取締役がビジネスの意思決定において、すべてのステークホルダーを考慮することを明記、③株主に対して社会および環境面インパクトに関するアニュアルレポートを開示す

ることが含まれる。

①の一般的な公益は、全体としての社会および環境に与える重大（material）でポジティブなインパクト、と広く定義されることが多い。

また、一般的な公益に加えて、地域の教育システムの改善といった特定の利益（Specific Benefit）の創出を任意で要求する州もある。③のアニュアルレポートでは、企業は、一般的な公益を創出した度合いやその手法に関して説明する。当該アニュアルレポートは、第三者機関の基準に基づき策定される必要があるが、どのように基準を選択したかに関する説明は必要とされていない。なお、ここでいう第三者機関の基準には、Bラボが提供するBインパクト・アセスメント等が含まれる[1]。

こうした要件を満たすことで、理論的には、企業は、社会的使命に沿った意思決定を行う際に、それが株主の金銭的利益を損なうものであったとしても、法的に保護されるとされている。たとえば、ベネフィット・コーポレーションは、社会的使命を理由に買収提案を拒否したとしても、株主による訴訟を免れる。

## 2 ベネフィット・コーポレーションになる理由

ベネフィット・コーポレーションの最初の法律がメリーランド州において施行された2010年10月から2017年12月までの間に、少なくとも7,704社のベネフィット・コーポレーションが設立、または株式会社等から移行した[2]。ベネフィット・コーポレーション増加の背景には、企業と州のそれぞれのねらいがある。

企業がベネフィット・コーポレーションになる理由としては、会社の価値

---

1　Bインパクト・アセスメントは、ガバナンス、従業員、コミュニティ、環境、顧客の5つのカテゴリーからなる。

2　Berrey（2018）.

観を継続することや、人材の獲得、ブランド認知度の向上等があげられる。著名なベネフィット・コーポレーションの1つであるパタゴニアは、ベネフィット・コーポレーションを会社形態として選択する動機として「会社が売却されたとしても、また、遠い将来においても、会社の価値観を継続することができる」と述べている。また、ベネフィット・コーポレーションであることを対外的にアピールすることで、社会的使命を追求する企業としての認知度が高まり、共感する人材や消費者の獲得が期待できる。さらに、社会的責任投資を志向する投資家が増加していることは、ベネフィット・コーポレーションの資金調達に寄与すると考えられる。

　他方、州政府は、ベネフィット・コーポレーションを法制度化することで、環境および社会に対してポジティブな影響を与えることを望む企業や人材を誘致して、州の経済を活性化させたいものと考えられる[3]。たとえば、保守的なことで知られるカンザス州において、ベネフィット・コーポレーションの法律の策定に貢献した弁護士の1人であるビル・マシューズ（Bill Matthews）氏は、カンザス州が採択した理由は、単純にビジネスフレンドリーな州であり続けるためだ、と述べている。

## 3　デラウェア州におけるベネフィット・コーポレーションと資金調達

　デラウェア州は、他の多くの州と異なり、一般の会社法（General Corporation Law）を修正するかたちで、独自のベネフィット・コーポレーションのモデルを採用している。デラウェア州のベネフィット・コーポレーションはその会社法での名称から、パブリック・ベネフィット・コーポレーション（以下、PBC）と呼ばれる。PBCは、モデル法に基づき設立されたベネフィット・コーポレーションと異なり、株主に対する社会および環境面イン

---

3　ベネフィット・コーポレーションは、米国において一般的な法人であるCコーポレーションと同様の税制に服する。

図表3補－1　PBCの資金調達

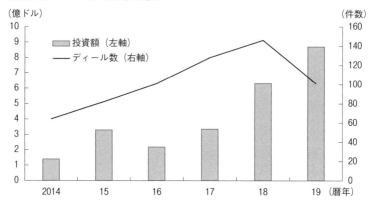

注：PBCである295社を対象に調査。資金調達の内訳は不明。
出所：Dorriff, Hicks and Solomon（2021）.

パクトに関するレポートは開示しなくてよいが、特定の公益の定款への記載
に関しては任意でなく義務である等の違いがある。

　PBCの資金調達の推移は図表3補－1のとおりであり、特に投資額にお
いて増加傾向にあることがみてとれる[4]。そして、投資額の上位を占める投
資家は、ほとんどが利益追求型の伝統的なベンチャーキャピタルであった
（図表3補－2）。

　また、米国法律事務所のフェーガー・ドリンカー・ビドル＆リースによれ
ば、2021年8月時点で上場しているベネフィット・コーポレーションは10社
であるが、すべてPBCである（上場PBC）。この背景には、米国の上場企業
のうち過半数、また米国を拠点とした企業で2020年にIPOした企業の約93％
がデラウェア州の法律に準拠して設立されていることが考えられる。

　このうち、アマルガメイテド・フィナンシャル、ブロードウェイ・フィナ
ンシャル、ヴィーヴァ・システムズは、もともと上場していたところ株主の

---

[4]　図表3補－1と図表3補－2では、PBCとして最初に上場した企業であるローリエイ
ト・エデュケーションがデータから除かれている。理由は、参照論文の筆者が調査を行
った時点で、ローリエイト・エデュケーションがすでに上場してさまざまな投資家から
多額の出資を受けており、PBCの形態の一般的な分析には適さない企業であったためで
ある。詳細は、Dorriff, Hicks and Solomon（2021）を参照のこと。

| 投資家 | 総投資額（100万ドル） | 投資戦略 |
|---|---|---|
| グーグル・ベンチャーズ | 559.4 | 利益追求型 |
| ジェネラル・キャピタリスト | 475.3 | 利益追求型 |
| スライブ・キャピタル | 453.2 | 利益追求型 |
| アリアンツ・エックス | 420.1 | 利益追求型 |
| ソフトバンク・グループ | 420.1 | 利益追求型 |
| アワークラウド | 312.0 | 利益追求型 |
| オミダイア・ネットワーク | 185.1 | インパクト投資 |
| ラーン・キャピタル | 181.5 | 利益追求型 |
| アンドリューセン・ホロウィッツ | 168.3 | 利益追求型 |
| エックスエル・イノベート | 166.8 | 利益追求型 |

注：ＰＢＣである295社を対象に調査。投資戦略は利益追求型とインパクト投資に大別した場合。
出所：Dorriff, Hicks and Solomon（2021）.

承認を経てPBCになった企業であり、それ以外の７社はPBCの状態でIPOした企業である（図表３補－３）。

　上場企業からPBCに転換した初めての事例であるヴィーヴァ・システムズは、製薬会社に代表されるライフサイエンス企業に対して、営業担当者から医師への情報提供活動のデータ分析や販売戦略の立案、薬事申請情報の管理などのソリューションを、クラウドを通じて提供し、新薬開発に要するコスト削減、上市までの時間の短縮化を可能にする企業である。ヴィーヴァ・システムズは、2021年１月、臨時総会を開催し、PBCに転換することを株主に対して提案した。そして、当時の株主であったブラックロックやステート・ストリート、インスティテューショナル・シェアホルダー・サービシーズ等を含めた、議決権の99％を有する株主の支持を受けて、PBCに転換した。ヴィーヴァ・システムズの創業者兼CEOのピーター・ガスナー（Peter Gassner）氏は、ベネフィット・コーポレーションへの転換を検討する株主投票にあたり、PBCへの転換により、同社の価値基準（よいことをする、顧

**図表3補-3　上場PBCの一覧**

| 企業名 | 上場PBCになった時期 | 企業概要 |
|---|---|---|
| アマルガメイテド・フィナンシャル | 2021年3月 | 1923年創業。大規模労働組合のワーカーズ・ユナイテッドが大株主の銀行持株会社 |
| アップハーベスト | 2021年2月 | 2017年創業。植物工場を運営するアグリテック企業 |
| ブロードウェイ・フィナンシャル | 2021年3月 | 1947年創業。銀行持株会社。傘下のシティ・ファースト・バンクは地域社会志向の商業銀行 |
| コーセラ | 2021年3月 | 2012年創業。スタンフォード大学の教授により設立されたオンライン教育プラットフォーム |
| ローリエイト・エデュケーション | 2017年2月 | 1999年創業。世界各地で大学を運営する大学ネットワーク |
| レモネード | 2020年7月 | 2015年創業。保険加入の手続を人工知能で合理化するインシュアテック企業 |
| サステナブル・デベロップメント・アクイジション・ワン | 2021年2月 | 2020年設立。持続可能な世界の実現に資する企業の買収を目的に設立された特別目的買収会社 |
| ヴィーヴァ・システムズ | 2021年2月 | 2007年創業。ライフサイエンス業界を対象としたクラウド基盤のソフトウェア会社 |
| バイタル・ファームズ | 2020年8月 | 2007年創業。小規模な酪農家と契約し、放し飼いで飼育した鶏の卵を販売 |
| ザイマージェン | 2021年4月 | 2013年創業。遺伝子組換微生物を利用し、医薬品等を開発、製造するバイオテクノロジー企業 |

出所：Faegre Drinker Biddle & Reath LLP（2021）より野村資本市場研究所作成。

客の成功、従業員の成功、スピード）ならびにビジネス上の意思決定に対するアプローチと、法的責任とを合致させることができると述べている。

　PBCとして上場したレモネードは、2019年末時点で時価総額が20億ドルを超えるユニコーン企業であったことから注目を集めた。レモネードは、人

工知能を活用することで、保険の契約や支払に要する時間を大幅に短縮する企業である。レモネードの取引初日の株価は新規公開価格の2.4倍まで上昇したことから、公開市場においても一定程度の投資家からの需要があったものと推察される。ただし、インシュアテックという投資家の期待が高まりやすい業種であること、社会にインパクトを与えることを目指す企業で構成される投資信託からの資金流入があったことも、株価上昇の一因と考えられている。

また、2021年の年次株主総会でPBCへの転換を要求する株主提案を受けた上場企業は12社であったが、いずれの企業も2020年にはそうした提案を受けていなかった[5]。PBCへの注目度は高まっており、今後も企業にPBCへの転換を迫る株主提案は増加する可能性が指摘されている。

## 4 今後の注目点

本稿では米国におけるベネフィット・コーポレーションに関して整理したが、カナダやイタリア等でもベネフィット・コーポレーションはすでに法制化されている[6]。そうしたなか、日本政府も、社会課題の解決と経済成長の両立を目指す起業家を後押しするべく、ベネフィット・コーポレーションのような新たな法制度の必要性の有無について、新しい資本主義実現会議に検討の場を設ける予定である[7]。社会がより複雑化するなかで、日本の抱えるさまざまな問題を解決するには、民間企業の主体的な関与が必要との認識に基づいているといえる。

もっとも、スタートアップ企業の育成という観点では、企業の成長ステー

---

5 いずれも承認はされていない。
6 このほか、ルワンダ、コロンビア、ペルー、エクアドルにて法制化されている。詳細は、Galli, Torelli and Tibiletti（2021）を参照のこと。
7 内閣官房（2022）「新しい資本主義のグランドデザイン及び実行計画」および内閣府（2022）「経済財政運営と改革の基本方針2022」。

ジに応じた多様な資金調達の手段が確保されていることが重要になる。その際、利益と社会的課題の解決を同時に追求する企業においては、投資家に対して、よりいっそう丁寧な対話が求められると考えられる。今後、日本において、公的役割を担う民間企業に関して、リスクマネーの出し手である投資家も含めて、どのような制度設計がなされていくのか、注目していきたい。

**【参考文献】**

内閣官房(2022)「新しい資本主義のグランドデザイン及び実行計画」。

内閣府(2022)「経済財政運営と改革の基本方針2022」。

Stoddard, R. (2021). *How Do You Tell a B Corp from a Benefit Corporation?*, B The Change.

Dorff, M. B. (2016). *Why Public Benefit Corporations?*, Delaware Journal of Corporate Law (DJCL), Vol. 42.

Dorff, M. B., Hicks, J. and Solomon, S. D. (2021). *The Future or Fancy? An Empirical Study of Public Benefit Corporations*, Harvard Business Law Review Volume 11, Issue 1.

Yale Center for Business and the Environment, Patagonia (2017). *An Entrepreneur's Guide to Certified B Corporations and Benefit Corporations.*

Berrey, E. (2018). *Social enterprise law in action: organizational characteristics of U. S. benefit corporations*, The Tennessee Journal of Business Law, Vol. 20.

B The Change (2018). *New Guidebook Helps States Create Better Businesses.*

Faegre Drinker Biddle & Reath LLP (2021). *Shareholder Proposals Requesting Conversion to Public Benefit Corporations: A Fleeting Trend or the Future?*

Hall, A. (2021). *Veeva Systems Inc. Breaks Ground with Public Benefit Corporation Conversion Directors & Boards.*

Rachofsky, R. S., James, C. E. and Brannan, C. M. (2020). *Lemonade, Inc.: Harbinger of Future Public Benefit Corporation IPOs?*, THE CLS BLUE SKY BLOG.

Galli, D. Torelli, R. and Tibiletti, V. (2021). *Signaling the Adoption of the Benefit Corporation Model: A Step towards Transparency*, MDPI.

Alicia Plerhoples (2022). *Purpose Driven Companies in the United States.*

[橋口 達]

# 第4章

# 「新SDGs」と
# 「パーパス：志本主義」経営
## －30年先の視点から経営をとらえる－

名和　高司

## なぜいま、「パーパス：志本主義」経営か（Why）

2019年8月、米国ビジネスラウンドテーブルは「株主第一主義」から決別し、顧客、従業員、サプライヤー、コミュニティ、株主の5者に企業が説明責任を負う「ステークホルダー資本主義」を打ち出した。この宣言に象徴されるように、多くの国や地域で従来型の資本主義から脱却し、次世代に向けた新しい原理を見出そうという動きが盛んである。そしてこの動きは、世界的な新型コロナウイルス感染症の感染拡大（パンデミック）により加速している。

筆者はこの動きを、これまでの「資本」、すなわち「カネ（キャピタル）」を主軸にする考えから、「志（パーパス）」を主軸にする考えへの転換ととらえ、資本主義（キャピタリズム）の先にある姿は「志本主義（パーパシズム）」であるとみている。欧米を中心に「パーパス」、すなわち「本来の役割」「存在意義」を最重要視する「パーパス経営」という考えが広がっているが、「パーパス」は日本流にいえば「志」であり、「志」を主軸とした経営が「志本主義経営」ということになる。

「志本主義」時代に向けての世界的な潮流（メガトレンド）をしっかりと押さえることが重要である。それを筆者は、図表4－1に示した「新SDGs」というフレームワークでとらえている。「新SDGs」において、「S」は2015年に国連で採択され、2030年をゴールとするSDGs（持続可能な開発目標）と同じサステナビリティ（持続可能性）である。しかし、SDGsの17の目標をトレースすることにとどまってはならないことは後述する。そして、「D」はデジタル、「Gs」は「グローバルズ」である。新SDGsにおいては、これらS、D、Gsを視座とし、これらの中心にパーパス＝「志」を入れていくことが最重要な経営課題と考える。すなわち、パーパスが軸になり、その周りのSとDとGはそのデリバティブ（派生物）という位置づけとなる。

企業が次世代に向けた目標としてSDGsに取り組むこと自体は結構なこと

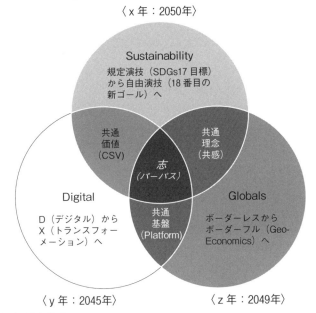

図表 4 － 1　新SDGs－資本主義（Capitalism）から志本主義
（Purposism）へ

〈 x 年：2050年〉

Sustainability
規定演技（SDGs17目標）
から自由演技（18番目の
新ゴール）へ

共通
価値
（CSV）

共通
理念
（共感）

志
（パーパス）

Digital
D（デジタル）から
X（トランスフォー
メーション）へ

共通
基盤
（Platform）

Globals
ボーダーレスから
ボーダーフル（Geo-
Economics）へ

〈 y 年：2045年〉　　　　　　　〈 z 年：2049年〉

出所：筆者作成。

だ。しかし、サステナビリティの実現を、SDGsの17の目標に限定してしま
いがちになってしまう。最近発行企業数が増えている統合報告書をみると、
各社ともどの項目に取り組んでいるかを忠実になぞっているが、その内容は
他社とほぼ横並びである。SDGsが掲げる17の目標はいわば「規定演技」で
あり、これらをきちんと「演じる」だけでは真の競争優位を築きえない。

　SDGsのゴールである2030年の先、2050年を見据えた、各企業の価値観に
基づいた独自の「自由演技」、すなわちサステナビリティの「18番目のゴー
ル」を示すことが必要なのである。高い先見力を誇る企業や団体はこのゴー
ルを示した「18枚目のカード」を掲げ始めている。次世代のゴールを世の中
に先駆けて示し、独自の「自由演技」を演じることが、世界のフロントラン
ナーになる条件である。

　SDGsでは社会課題をいかに解決するかが問われ、企業も社会価値への関

与が問われるようになってきた。ESG（環境・社会・ガバナンス）という観点から、社会や環境に配慮しない企業はリスクがあるとして、投資や融資の対象から外され、企業の将来価値も下がってしまう。ただし、ESGを実行したからといって、リターンがすぐに出てくるわけでも企業価値がすぐに上がるわけでもない。

　私企業である以上、企業価値、経済価値を維持、向上させることが至上命令である。収益に結びつかない社会活動は「余技」でしかない。また、サステナビリティにイノベーション（革新）なく飛びつくと、企業としての真の競争優位は築けず、ボトムラインを毀損し、結局、日本企業の持続可能性が危うくなってしまう。今後は社会価値を高めることで、同時に経済価値を高められるかが、企業経営の本質となる。ハーバード・ビジネス・スクールのマイケル・ポーター教授がCSV（Creating Shared Value[1]：社会価値と経済価値が両立する共通価値の創造）と名づけた概念である。CSVを実現するには、サステナビリティに加え、2つの視座をもつ必要がある。

　1つ目はデジタル、新SDGsの「D」だ。生産性や創造性を1から10、10から100へと1桁上げるためには、デジタルを活用する必要がある。社会課題がこれまで放置されてきたのは容易に収益化できないからだ。社会課題に取り組み、これを収益化していくには実行の仕組み、そして事業モデルで、非連続なイノベーションを実現する必要がある。もっとも、デジタルはもはや当たり前のツールなので、デジタルを使っていかに経営そのものを変革するかという、DX（デジタルトランスフォーメーション）の「X」に力を注いでいかなければならない。

　さらに、社会も環境も通底するなかでは、国内や地域に閉じた取組みでは限界がある。しかし、それは世界の「ボーダーレス化」を意味するものではない。規制や市場の特性は国や地域ごとにばらばらで、個別に細やかな対応が求められる。また、デジタル技術の覇権をめぐる国や地域間の争いは、深刻化の一途をたどっている。こうしたなかでは、国境は当然あるという

---

1　ポーター、クラマー（2011）および名和（2015）参照。

「ボーダーフル」であって、かつ通底している世界がそこかしこに存在することを意味する「グローバルズ（複数の世界）」という複眼的な視点が必要となる。これが２つ目の視座、新SDGsの「Gs」である。このような地政学と国際経済とを組み合わせたジオ・エコノミクス（地経学）への配慮こそが、グローバル経営のかじ取りをするうえでカギとなる。

　時間軸も重要である。SDGsは2030年までのゴールでしかなく、10年後には賞味期限切れとなる。真に持続可能な経営を目指すためには、次世代のアジェンダ（行動計画）を設定すべき時期に来ている。2030年を越え、2050年を１つの到達点として設定していくべきであろう。

　地球上の人々がいまの米国並みの生活水準を目指すと、地球５個分の資源が必要になると試算される[2]。また、国際連合の予測では、現在約80億人いる世界の人口が2050年には100億人に近づく。このような状況において、サステナビリティをめぐっては異次元の取組みが求められる。一方、デジタルの観点からは、人工知能（AI）の権威であるレイ・カーツワイル博士が、AIが人間の知性を超える時点（シンギュラリティ：技術的特異点）として予測した2045年が分水嶺となろう。そのときには生活や仕事のあり方、さらには人間の役割そのものが本質的な変容を迫られる。

　また、地経学の観点からは、2049年が大きな転換点となろう。中国は建国100年を迎えるこの年に向け、「社会主義現代化強国」として世界の頂点に立つことを目指している。その頃には、インドやアフリカ諸国などが人口ボーナスを享受して、飛躍的な成長を遂げると見込まれる。グローバルな地殻変動が確実に進行するのである。つまり、新SDGsでは、2050年を見据え、そこからバックキャスト（将来の視点から現在を考える）して非連続な一歩を踏み出すことが求められているのである。

　先に述べたポーター教授が提唱したCSVでは、社会価値と経済価値を両立させる領域に踏み込んではじめて、社会的課題の解決が事業として成り立つとされている。SDGsに代表される社会課題を解けば、社会価値が生まれ

---

2　Global Footprint Networkによる試算。

る。それをCSR（Corporate Social Responsibility：企業の社会的責任）ではなくてCSVにしていくためには、儲けの構造を考えていかなくてはならない。二律背反になりやすい社会価値の向上と経済価値の実現のためには、ここにイノベーションという視点を組み入れなければならない。そのためには、まさに「新SDGs」という視座こそが必要なのである。

## 4.2　パーパス経営の実例（What）

### 4.2.1　日本企業の事例

次に、パーパス経営を実行している日本企業の事例として、トヨタ自動車、ソニー、ファーストリテイリングを取り上げる。

#### （1）　トヨタ自動車

まず、日本を代表するトヨタ自動車である。豊田章男CEOの言葉「幸せを量産するという志」、これがトヨタのパーパスである。車の量産ではなくて「幸せ」なのである。世間的にはカーボンニュートラルの文脈で、EV（電気自動車）かHV（ハイブリッド車）かといった議論が喧しい。トヨタは当然、EVもHVも生産する。その生産の行く先を「幸せ」という言葉に置き換えている。

2020年、同社はハートマークのアイコンに「さらに、すべての人に感動を」と書いた、「18枚目のカード」を掲げた。「さらに」とはSDGsの17枚のカードに続く（そしてそれらを超えていく）ことを意味する。いかにもトヨタらしく、「感動」を「ワクドキ」と表現する[3]とともに、自社のパーパスを「ハピネス（幸福）の量産」と定義し直した。

図表4－2左側のフィロソフィーコーン、そして右側の「トヨタの木」はトヨタ独特の価値観を示している。トヨタの木の左側の果実は、豊田章男氏

---

[3]　トヨタ自動車「Sustainability Data Book最新版（最終更新2022年1月）」6頁（https://global.toyota/jp/sustainability/report/sdb/）。

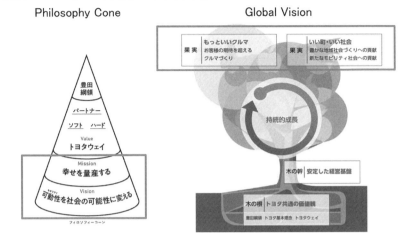

図表4－2　トヨタ自動車の「志本経営」

出所：トヨタ自動車ウェブサイト
https://global.toyota/jp/company/vision-and-philosophy/philosophy/
https://global.toyota/jp/company/vision-and-philosophy/global-vision/より引用。

が言い続けている、「もっといい車をつくろうよ」という理念であり、車を捨てていないのは大事なことである。当然、モビリティ社会という右側の果実も大事だが、それを実現する経路として、車を非常に大事にしているところもいかにもトヨタらしいのである。また、同社のウェブサイトには12のドリームが掲載されている[4]。トヨタ自身が演じる役割は社会システムのアーキテクトだったり、黒子だったりするが、実際に自分たちがそこで能動的に活躍する場として、この12のドリームを具体的に打ち出している。

(2) ソニー

ソニーグループ（以下、ソニー）もパーパス経営で最近非常に注目されている。「感動」がソニーのパーパスである。前CEOの平井一夫氏は2012年に厳しい経営環境下で船出し、再生を手がけていくなかで、ソニーのパーパスを探していた。その際に、この「感動」に気づいた。それを現CEOの吉田憲一郎氏が成文化し、ソニーのパーパスを「クリエイティビティとテクノロ

---

4　https://global.toyota/jp/company/vision-and-philosophy/global-vision/参照。

図表 4 - 3　ソニーの価値創造方程式

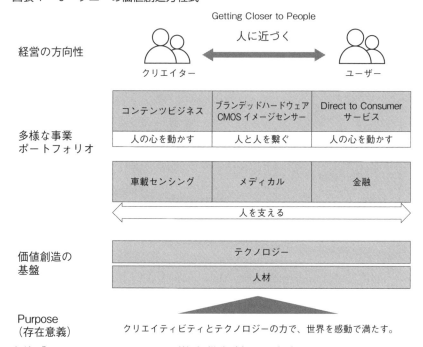

出所：「ソニー Corporate Report（統合報告書）2020」（https://www.sony.com/ja/
SonyInfo/IR/library/corporatereport/CorporateReport2020_J.pdf）。

ジーの力で、世界を感動で満たす」と表現した。

　さらに、そのパーパスを起点とした価値創造方程式を描き、アウトカムを
図表 4 - 3 のいちばん上に書いてある「人に近づく」とした。最近、吉田氏
は「10億人の人の心をつかむ」という言い方をしているが、そのなかには実
はユーザーとクリエイターの両方がいる。ソニー自らがクリエイティブだと
いうだけでなく、クリエイターのコミュニティをうまく活用して、ユーザー
との距離を近づけるという意図が感じられる。

　ソニーの価値創造方程式では、価値創造の基盤としての人材とテクノロ
ジーの双方を明確に資産として位置づけ、6 つの事業ポートフォリオすべて
が B to B を含めて「人」に貢献するものであると謳っている。ソニーの事業

はコングロマリット・ディスカウントの対象ではなく、コングロマリット・プレミアムをつくりうるものだということを語っている。

ソニーは2012年当時、アクティビストであるサードポイントの設立者で現CEOのダニエル・ローブ（Daniel Loeb）氏から、エレクトロニクス部門を強化するためエンターテインメント部門を分社化するよう要請されたが、それではソニーのパーパスを実現できなくなるという説明でこの要求をはねつけ、全社的な経営の立直しに成功した。ソニーがコングロマリット・プレミアムを享受できているのは、パーパスを経営の主軸としたおかげである。

### ⑶　ファーストリテイリング

ファーストリテイリングは「服を変え、常識を変え、世界を変えていく」というパーパスをずっと変えていない。その道具としてのライフウェア（LifeWear）という新しい服のあり方も、変えていない。同社の柳井正代表取締役会長兼社長は2015年の時点ですでにCSV経営を「当然」と表現していた[5]。

現在、ファーストリテイリングは、デジタルを使った新しい産業モデルの構築を始めている。これまでは、ZARAのファストファッションのように、最後の工程で商品を全部スペインの本社に集め、そこから世界中に空輸して、5日後には世界中に送るというバリューチェーン・モデルが世界の成功モデルだった。しかし、想定される温室効果ガス排出量を考えると、環境活動家から「Flight Guilt（飛行機を使うのは犯罪）」との批判を受けかねない。そこで、同社は図表4－4に示した「有明モデル」により、顧客からのオーダーを関係者間で情報共有し、5日後には手元に届けられるようにしようとしているのである。もちろん、生産や物流の裏側のリードタイムを短くするために、世界中のAI（人工知能）やIoT（Internet of Things：モノのインターネット）、ロボティクスの会社が裏側でサポートしている。

ファーストリテイリングで行われている経営者育成では、4つの力が重要であるとしている。それは、志す力を中心に、変革する力、儲ける力、チー

---

5　『DIAMONDハーバード・ビジネス・レビュー（2015年1月号）』ダイヤモンド社に掲載された筆者とのインタビュー。

図表 4 − 4 ファーストリテイリング：デジタル化による新しい産業モデル（有明モデル）

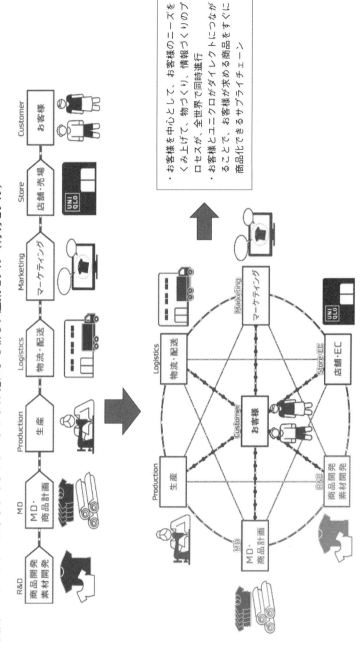

出所：名和高司「デジタル・トランスフォーメーション（DX）戦略」ポーター賞競争力カンファレンス2018（2018年12月6日）講演資料より作成（https://www.porterprize.org/ceremony/2018/lecture.html）。

ムをつくる力である。また、同社が対外的に公表しているマテリアリティ分析によれば、企業のサステナビリティには4つの段階があると、同社はとらえている。まず、①Exploitative（搾取的）な問題企業、②Transactional（利害優先的）な、すなわちコストが見合えばやるという是々非々の対応をする企業、③Responsive（反応が早い）でサステナビリティに対して優等生的に対応する伝統的なCSRを重視する企業、そして、その先の④Transformative（変革的）、すなわち世の中でまだ打ち出されてない新しいイノベーティブなものを仕かけていく企業の4段階である。同社は当然この第4段階を目指している。

## 4.2.2　海外企業との比較

　4.2.1で紹介した日本企業の取組状況を総括しよう。

　図表4－5はマテリアリティ分析の概念図であるが、領域Ⅰの重要度が高いのは当然で、どの企業の統合報告書も領域Ⅰでの取組みを紹介している。領域Ⅱは、世の中の認知度は高くないが、その会社がこだわっている分野ということで、前述したSDGsの「18枚目のカード」、すなわち「規定演技」ではない「自由演技」に当たる。それぞれの企業が最も注目すべき領域であり、領域Ⅱを領域Ⅰに高めていくことこそ、その企業ならではの価値提案に

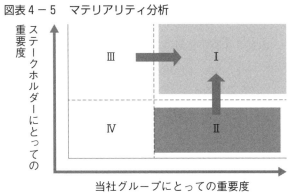

図表4－5　マテリアリティ分析

出所：筆者作成。

なるだろう。

　そして、領域Ⅲは、社会が求めているのに、その会社があまり注意していない分野であり、落とし穴になりかねない。たとえば環境問題や人権問題は、自社やサプライヤーがきちんと対応しているだけでは十分に責任を果たしたことにならない。サプライチェーンの上流、下流双方への注意が領域Ⅲに当たるだろう。

　同時に、時間軸上でしっかりとステップと具体的な方策が語れるかどうかも大事である。たとえば、「2050年にカーボンニュートラル」というゴールは多くの会社で掲げられている。しかし、それをどのような道筋で実施するか、トランジションを描けるかが重要である。たとえば電力でいうと、LNGをどう位置づけるかである。現実解を出すためにはイノベーションが必須であり、時間もコストもかかるが、それらをアジェンダのなかにしっかり組み込み、グリーンウォッシュのような名ばかりのターゲットではなく、現実解をしっかりと語れるようにすることが非常に大事である。

　また、金融機関によるダイベストメント（投融資の引揚げ）についても、単にダイベストすればよいというのではない。全体がよい方向に向かうためのボトルネックを見極め、そのボトルネックをブレークスルーする次世代技術に大胆に投資することが大切である。そして、需要側をどのように啓蒙し、需要側のトランジション（移行・変革）、すなわちマーケットイノベーションも同時に必要となる。すなわち、テクノロジーイノベーションとマーケットイノベーションを両輪で回すことがとても大事である。

　さらには、このような問題を避けるのではなく、アジェンダのなかにしっかりと入れなければならない。実はテクノロジーイノベーションは日本企業の得意な分野、「お家芸」であるので、しっかりとトランジションの道が描ければ、日本がこれをリードできるであろう。くれぐれも思考停止になったり、単なるウォッシングとなったりしないような経営が望まれる。

　次に、パーパス経営の実践について、日本企業と海外企業を比較整理してみたい。図表4－6の色のついた部分が、日本企業または海外企業のほうが他方より優れていると考えられる事項である。

図表4－6　志本経営ベストプラクティス比較

| | 志す (To Be) | 実践する (To Do) | | | 成果を出す (To Impact) | 発信する (To Say) |
|---|---|---|---|---|---|---|
| | | 戦略 | 資産 | 組織 | | |
| 海外 | 客観正義 (一神教) | 新SDGs | 無形資産 (しくみ) | トップのコミットメント & 現場のエンゲージメント | Speedy & Scalable (創造的破壊) | 理念 (客観) ストーリー |
| 日本 | 主観正義 (多神教) | S>DGs | 無形資産 (たくみ) | | Sustaining & Self-organizing (継続的進化) | 共感 (主観) ストーリー |

出所：筆者作成。

　横軸にパーパスを実行するための4つのアクションを列挙している。最初の「志す」で、海外企業はSDGsを教科書的に掲げているケースが多いのに対し、日本企業には自社の独自の理念をしっかりと掲げているところが多い。しかし、日本企業は最後の「発信する」段階が下手である。日本企業は理念ストーリーとして万人に理解されるように語るのではなく、海外では理解されないような主観的な表現に終始することが多い。

　「実践する段階」でも、日本企業はサステナビリティに気をとられすぎ、デジタルとグローバルズが同程度に戦略に埋め込まれていない。また、海外の優良企業は無形資産を「しくみ（仕組み）」に落としてみせるのがきわめて得意である一方、日本は「たくみ（匠）」、すなわち人の力に頼りすぎの感がある。組織的には、海外企業・日本企業とも、よい会社にはトップのコミットメントと現場のエンゲージメントの両輪が回ってパーパス経営ができているという共通点がある。さらに、「成果を出す」段階で、日本企業は継続的改善に長けているものの、海外企業はスピードとスケールで日本企業を圧倒している。

### 4.3.1 プロフィットに結びつける

　パーパス経営で最も大事なのは、パーパスをプロフィット（利益）にどう結びつけるかである。図表4−7では、それを4象限で示している。左側（短期）はPL（損益計算書）効果、右側（長期）はBS（貸借対照表）効果だ。ただし、BSといっても無形資産と無形負債への効果という意味で、数字に顕現化されない「未財務」価値である点に留意する必要がある。

　まず、パーパスがきちんと打ち出されていれば、B to Cの場合はファンが増え、B to Bでも信頼度が上がって、売上げが増えることになる。次にコストであるが、これには、3つの削減要因がある。1つ目はマーケティングコスト（ソーシャルネットワーク効果）、2つ目はオペレーションコスト（デジタル活用）、3つ目が人件費である。パーパスが「自分事化」している会社の従業員の生産性や創造性は2倍、3倍になるので、人件費は最も大きな削減要因である。

　一方、パーパス経営が実現している企業ではリスクが下がる。従業員の不正を防止するために監視カメラを入れるという対策は最悪である。そうではなくて、従業員一人ひとりがパーパスを誇りとして、他人がみていなくても正しいことをするようにならなければならない。

　ただし、最も重要なのは無形資産である。ブランド資産、知識資産（ノウハウ）、ネットワーク資産（関係資産）、人財がこれに当たる。なかでも人財が実は最も重要な資産である。パーパス経営を実行している企業は、会計上は費用であっても、その費用はこの4つの資産への投資であると説明する。無形資産への投資は一見費用なので、アクティビストの格好のターゲットになる。実際、パーパス経営を実践している企業やCSVで有名な企業、たとえばネスレ、ユニリーバはアクティビストの標的にされた。経営者はこの費用はフューチャー・バリューの原資であるということを、価値創造ストー

図表 4 - 7　パーパスからプロフィットへ

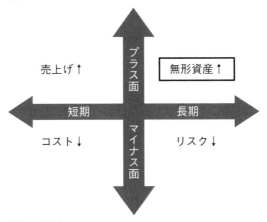

プラス面

売上げ↑　　　　無形資産↑

短期　　　　長期

コスト↓　　　　リスク↓

マイナス面

出所：筆者作成。

図表 4 - 8　ブランド価値と企業価値の相関関係

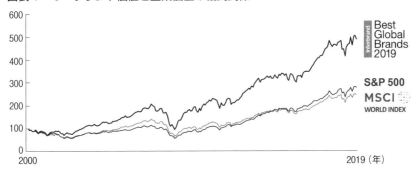

出所：Interbrand analysis with data from Thomson Reuters and Best Global Brandsより
　　　筆者作成。

リーで説得的に語らなければならない（図表 4 - 7）。

　無形資産が企業価値に結びつく証拠として、Interbrand（インターブラン
ド）社によるBest Global Brands100社[6]の時価総額をみると、S&P500、
MSCIを大きくアウトパフォームしている（図表 4 - 8）。

─────────────

6　2021年版ではトヨタ自動車やホンダなど日本企業 7 社が入っている（https://prtimes.
　jp/main/html/rd/p/000000120.000000092.html）。

次に無形資産を重視する日本企業のなかで、筆者も変革にかかわっている味の素の事例を紹介する。同社は、"Intangible asset rich, tangible asset light"という標語を掲げ、無形資産を増やして、有形資産を減らしている。図表4－9に示したように、まず資産を、組織資産、物的資産、金融資産、人財資産、顧客資産の5つに分ける。次に真ん中の組織資産にASV（Ajinomoto Group Shared Value）を組み込み、"Eat Well, Live Well."（食と健康の課題解決）というパーパスを4～5年かけて自分事として組織のなかに定着させた。

　そのうえで、人財資産をさらに高度化させる。PX（People Transformation）の中身は、実はDX（デジタルトランスフォーメーション）である。デジタルを使ってオペレーションのレベルを1桁上げる、エコシステムをつくる、プラットフォーム的な収益モデルをつくるといった取組みはすべてDX1.0、DX2.0、DX3.0である[7]。DXといわずにPXと呼ぶのは、デジタルのツールはすでに世の中にいくらでもあり、デジタルの専門家を外から採用するのも可能なので、社内の人たちにこそデジタルのスキル向上が重要になってくるからだ。現在、1万数千人の役職員に、デジタル・スキルの高度化に励んでもらっている。

　以上を基盤として顧客資産を増やすわけであるが、そのためには3つの段階を踏む。①Customer Expectations（顧客期待）は、顧客の期待を推測しているので、プロダクトアウトである。②Customer Experience（顧客経験）は、顧客と一緒につくり込むので、マーケットインとなる一方、顧客の言いなりになるリスクがある。③Customer Transformation（顧客変革）は、顧客を正しい未来に誘うことを目的としている。顧客がおいしいものばかりを食してカウチポテト族になってしまわないよう、顧客を啓蒙するかたちをとる。「ラブベジ」（ベジタルを愛する）や、「スマ塩」（スマートに塩をとる）という標語のもとに、「味の素を調味料として使えば、野菜を美味しく食べられ、塩をとらなくてすむので、血圧が下がります」と働きかける。こうした

---

7　名和（2021）332－339頁を参照。

活動でプレミアムがとれるようになり、株価、企業価値の向上も期待される
のである。

　組織資産、人財資産、顧客資産の３つの資産価値を上げることによって、
図表４－９の左側にある２つの有形資産は軽くてすむ。これがアセットライ
トである。たとえば、川崎のマザー工場で生産技術を磨き続ける一方で、ブ
ラジルや欧州にある量産工場は売却することもいとわない。このようなこと
を行っていくためには、「パーパス」を軸に、原材料の調達や物流といった

**図表４－９　有形資産から無形資産へ―味の素のアセットトランスフォーメー
　　　　ション**

DX によって、企業内の "見えない資産を見える化" し、企業の価値向上のプロ
セスを高速回転させる

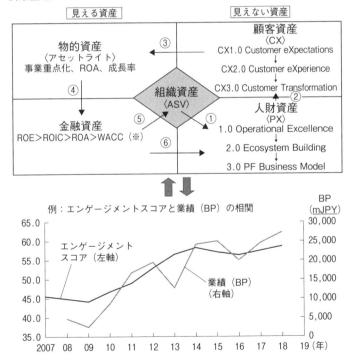

注：※は「みさきの黄金比」®、詳細は中神（2020）を参照。
出所：味の素「味の素グループのデジタル変革（DX）―食と健康の課題解決企業へ―」
　　　より筆者作成（https://www.ajinomoto.co.jp/company/jp/aboutus/dx/pdf/
　　　ajinomoto_dx.pdf）。

サプライチェーンを、同じ志をもった「仲間」とアライアンスを組んで構築するなど、共感の輪を広げることがカギとなる。そうしたことができてくると、ROA（総資産利益率）、ROE（自己資本利益率）も上がってくる。

　実際に、3～4年前に比べて同社のROE、PER（株価収益率）とも2倍強になっている（2021年12月時点）。同社はコーポレートブランド価値（顧客価値）とともに従業員のエンゲージメントを、企業価値を高める先行指標と位置づけ、従業員エンゲージメントスコア[8]とブランド指数[9]をKPI（重要業績評価指標）としている。図表4－9の下側のグラフではエンゲージメントスコアと業績の関係を示しているが、両者はほぼパラレルに推移している。

## 4.3.2　組織モデルの構築

　大企業病をもたらす中央集権型や、中小企業の集まりにすぎない自律分散型では、パーパス経営は実現できない。組織単位一つひとつが自立しながら縦横無尽に社内外とつながり合う、創発型の組織に変わっていくことが求められている（図表4－10）。

　そのために必要なことがいくつかある。

　第一に、「たくみ」から「しくみ」に落とし込む装置が必要である。一橋大学名誉教授の野中郁次郎氏の言葉を借りて「クリエイティブ・ルーティン」と呼んでいるが、誰か1人の「たくみ」が生み出したクリエイティビティを、誰もが使えるルーティン（しくみ）に落とし込むということである。Toyota Production Systemをオペレーションだけではなく、事業や経営にも当てはめていこうという考え方だといってもいい。

　第二に、ハーバード・ビジネス・スクールのジョン・コッター（John Kot-

---

8　エンゲージメントスコアのうち「ASV自分ごと化」スコア（自身の業務を通じてASVを実践していることを、家族・知人・取引先等に話すことがある従業員の割合を、味の素グループの従業員を対象にしたエンゲージメントサーベイで測定し、スコア化）を2020～2025年の中期経営計画のKPIの1つとしている。2020年度の実績は64%、2025年度の目標は80%、2030年度は85%以上（味の素グループサステナビリティデータブック2021より）。

9　Interbrand社測定のブランド価値評価と、自社で独自に調査算定した「味の素ブランド強度」がある。

図表 4 −10　組織モデル：融知（Collective Brain）型
ネットワーク組織への進化

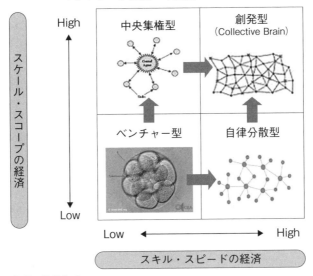

出所：筆者作成。

ter）名誉教授が「デュアルOS[10](Dual Operating System)」と呼んでいるもの
である。企業が新たな事業を始める際に本体とは切り離した「出島」のよう
な別組織を設け、本体の組織と「出島」という2つの組織（＝OS）の間を
優秀な社員が行き来する。そして、「出島」が産み落とした事業を素早く本
体の組織に組み込み直す仕組みが必要である。そうすることにより、従来本
体がもっていた強みが「出島」に注入されると同時に、「出島」で芽生えた
アイデアや知見を本体に持ち帰ることができる。トヨタ自動車、ファースト
リテイリング、リクルート、日本電産など、企業価値が向上している日本企
業は、実はこのデュアルOS方式を実地に行ってきたという共通点がある。

　ところで、「両利きの経営[11]」理論が日本でも耳目を集めているが、残念
ながら誤解されがちである。イノベーションを起こすには「探索」と「深
化」の両方が必要だという考え方だが、これを鵜呑みにして、多くの日本企

---

10　コッター、村井章子訳（2015）参照。
11　オライリー、タッシュマン、入山監訳、冨山解説、渡部訳（2019）。

業はなぜか安易に探索に走り、探索と深化をばらばらに実行してしまっている。欧米では、何の説明もなく「両利きの経営（Ambidextrous management）」というと投資家の評価は下がってしまう。投資家はそのような経営を期待していないからである。バリュー投資家であれば、整った組織がきちんとバリューを体現化し、進化することを期待している。グロース投資家は新しい試みには投資をするが、ベンチャー的なものは大企業が最も苦手とするところで、その「まねごと」になってしまいがちであるし、また「探索」のようなものはバリュエーションできない。よって、彼らの評価の対象にならず、むしろディスカウントされてしまう。ベンチャー投資家はそもそも大企業には期待しない。

　第三に必要であるのは時間軸の「両利き」である。先がみえない時代で、世の中が相当な速度で進化しているのに、３年先、４年先の中期見通しができるはずがない。ところが、今回のコロナ禍（パンデミック）を受けてもなお、中期計画をまだ検討中の企業もある。３年前の計画を実行するなどというのはナンセンスである。重要なのは、30年、50年の超長期計画と、日々変化する経営への対応という意味での超短期計画である。この遠近複眼経営も

図表４−11　時間軸上の「両利き」―遠近複眼経営

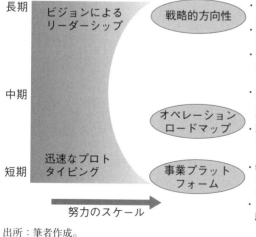

出所：筆者作成。

また、リクルート、ファーストリテイリング、日本電産などが実行しており、欧米でも当然の経営スタイルである（図表4－11）。

### 4.3.3　実現に向けた課題

　2021年5月に筆者が登壇したウェブセミナー[12]終了後に、パーパス経営の実態、実践する際の悩みについて参加企業にアンケートを行った（回答数299）が、この結果が興味深かった。まず、「御社には明確なパーパス（存在意義）やパーパスステートメントが明文化されていますか」という問いに対し、回答企業の74％が「明文化されたパーパスをもっている」と回答した（もっていない16％、わからない7％、その他3％）。

　しかし「パーパス経営を行ううえで抱えている課題を教えてください」という問いに対し、「従業員に浸透するまでに至っていない」という回答が40％と最も多かった。また「パーパスの定義がむずかしい」と答えた25％のなかには、「定義はできているが中身がない」という回答が相当数含まれていた。さらに、「経営陣とのコミットメントがなく、実態が伴っていない」が13％、「パーパス実現のための投資ができていない」（14％）といった回答も相当数あった（その他は8％）。日本企業の志・パーパス経営の実践はまだまだであることがよくわかる。

　一方、「パーパス経営の実践によって、どのような企業価値が生まれると思われますか」との質問には、大きく2つの山ができた。1つは「ブランド価値、レピュテーション向上」（32％）、もう1つは「従業員価値体験（EX、ES）向上」（23％）である。他の回答としては、「顧客ロイヤリティ（CX、CS）向上」（22％）、「優秀な人財の採用の促進」（8％）、「イノベーティブな製品・サービス開発の加速」（12％）、「その他」（3％）であった。実際に、筆者が社外取締役を務めている会社では、必ずブランド価値とエンゲージメント指数を企業価値の先行指標、パーパス経営のKPIとしてみることにして

---

12　DIAMONDハーバード・ビジネス・レビューマネジメントセミナー「未来を問い直すパーパス経営の実践」（2021年5月25日配信）（https://www.dhbr.net/articles/-/7659?msclkid）。

いる。

　従業員の意識面の課題としては、「新M字カーブ」の存在を指摘すること
ができる。これは、筆者の主宰する「CSVフォーラム」の参加メンバーが、
複数企業の従業員調査を通じて見出したものである（図表4－12）。

　新M字カーブは、20〜25歳のMZ世代（ミレニアル世代＋Z世代）と、50〜
60歳の2つの世代はパーパスに対する意識が高いが、その他の世代の意識が
低いという現象を指している。会社に入る前の意識は高いが、会社に入り30
〜45歳になると、意識が奈落の底に沈むようである。特に優秀な社員ほどそ
の傾向があり、パーパスをうんぬんしている場合ではなく、前線で目標を達
成しなければならないという考え方になる。そして、50〜60歳代になって現
場から離れるようになると、再びパーパスを語るようになる。

　いわゆる「M字カーブ現象」（結婚や育児のために20代後半から30代の女性が
離職し、子育てが終わった時点で職場に戻るという社会現象）がひと頃に比べる
と緩和してきたが、「仕事への志の高さ（パーパス・ドリブン）」という観点
からみると、この「新M字カーブ現象」が起きているのである。下手をすれ
ば、現在のMZ世代が将来変革に最も抵抗する隠れ岩盤層になりかねず、こ
れを放置しておくことは大きな社会的損失である。

　興味深い調査がある。ハーバード・ビジネス・スクールでパーパス経営を
研究するジョージ・セラフェイム教授らによれば、経営陣がいくらパーパス
経営を唱えても、企業の業績は上がらない。しかし、ミドル層、図表4－12

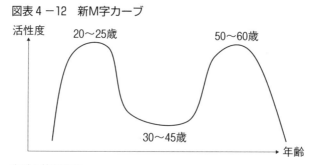

図表4－12　新M字カーブ

活性度　　20〜25歳　　　　　　　50〜60歳

30〜45歳

年齢

出所：筆者作成。

でいえば30〜45歳の本気度と企業業績は相関するという。トップダウン型の欧米型経営においても、現場に近いミドル層への働きかけが現場を「その気」にさせるカギを握るようである[13]。

　したがって、新M字カーブの底にいる世代の心に、いま一度火をつけることが企業経営者の最大の役割である。50〜60歳代のトップが従業員とのミーティングなどでパーパスの話をすると、新M字カーブのために、現場が白けることがある。こういう状態をまず企業経営層に認識してもらうこと、すなわち本部長や部門長レベルから意識を変えて行動し、部長、課長、そして現場レベルへ意識変革を浸透させる必要がある。そのために筆者が社外取締役を務めている企業で実行しているのが、「パーパス・ワークショップ」と「パーパス1 on 1」である。

　「パーパス・ワークショップ」は、海外を含むさまざまな現場、レイヤー、部門ごとに、自分たちは顧客、社員、社会や地球にとって、どのような価値を提供したいのかを参加者に考えてもらうイベントである。参加者は自らの考えを粘着メモでボードに貼り、それがどのような課題なのか（「ブランドおよび社会インパクトの高い課題」「ブランドおよび社会インパクトは低いが、当社としてこだわりたい課題」「2050年を見据え、追加したい課題」）をラベリングしていく。そして、それらの目指す姿と当社のコアバリューとの結びつきを考えてもらう。一方、「パーパス1 on 1」は、社員一人ひとりのパーパスと会社のパーパスとを結びつけて考えてもらうセッションである。

　筆者はパーパス経営を実践するうえで、大きく3つのことが必要だと思っている。まずは、自社の「ありたい姿」（志・Purpose）を描くことである。前述のパーパス・ワークショップでは、あらゆる制約を取り払って、この会社が本当に何を達成したいのかを皆で考える。

　SDGsの17枚のカードのような共通の目標では志に火をつけることはできず、すぐには手の届かない崇高な目標を設定しなければならない。シリコンバレーでは、これを「MTP（Massive Transformative Purpose[14]：壮大で変革

---

13　セラフェイム、ガーテンバーグ（2019）を参照。

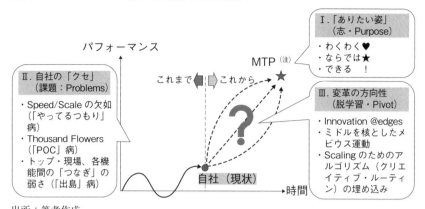

出所：筆者作成。

的な志）」と呼ぶ。日本語では、「北極星」と呼ぶとわかりやすい。

　そのような目標の選択要件は「わくわく」するか、当社「ならでは」か、そして「できる！」と思うかの3つである。次に現実に戻って、当社が目指す姿を「なぜ実現できないのか」を考え、最後に目指す姿に変えるにはどうすればよいかを検討する。抽象的な言葉ではなく、変革のための行動プログラムをつくっていく作業が重要である（図表4－13）。

## 4.4　終わりに

　現在の「資本（カネ）を基軸とした資本主義を抜け出し、「わくわく」「ならでは」「できる」の3要件を備えた「志（パーパス）」を基軸にした「志本主義」へと転換していくためには、従来のSDGsから、サステナビリティ×デジタル×グローバルズという「新SDGs」へ視座を高めること、そして

---

**14**　グーグルでは「ムーンショット」と呼ぶ。名和（2021）303頁参照。

2050年からバックキャストして、非連続な一歩を大きく踏み出すことが必要である。それを実現できれば、日本企業が現在の混迷から抜け出し、21世紀型の成長に向けて世界をリードできる日が来ることも夢ではないだろう。

　　＊本稿は、2021年11月22日開催のサステナブルファイナンス3.0研究会における筆者の報告を整理、加筆したものである。当日研究会でコメントをくださった参加者の方々、および速記録を整理してくださった野村資本市場研究所の方々に感謝申し上げる。

【参考文献】

中神康議（2020）『三位一体の経営―経営者・従業員・株主がみなで豊かになる』ダイヤモンド社。

永守重信（2020）「対談　日本電産は『遠近複眼経営』で飛躍する　危機の時こそ、リーダーはチャンスを探し、夢を語れ」『DIAMONDハーバード・ビジネス・レビュー』9月号、ダイヤモンド社。

名和高司（2010）『学習優位の経営―日本企業はなぜ内部から変われるのか』ダイヤモンド社。

名和高司（2013）『「失われた20年の勝ち組企業」100社の成功法則―「X（エックス）経営の時代』PHP研究所。

名和高司（2015）『CSV経営戦略―本業での高収益と、社会の課題を同時に解決する』東洋経済新報社。

名和高司（2016）『成長企業の法則―世界トップ100社に見る21世紀型経営のセオリー』ディスカバー・トゥエンティーワン。

名和高司（2018）『企業変革の教科書』東洋経済新報社。

名和高司（2020）『経営改革大全―企業を壊す100の誤解』日本経済新聞出版。

名和高司（2021）『パーパス経営―30年先の視点から現在を捉える』東洋経済新報社。

柳井正（2015）「世界一の企業を目指すならCSVは当然である」『DIAMONDハーバード・ビジネス・レビュー』1月号、ダイヤモンド社。

コリン・メイヤー（2021）『株式会社規範のコペルニクス的転回―脱株主ファーストの生存戦略』、宮島英明監訳、清水真人、河西卓弥訳、東洋経済新報社。

ジョージ・セラフェイム、クローディン・ガーテンバーグ（2019）「パーパスは収益を左右するのか」『DIAMONDハーバード・ビジネス・レビュー』3月号、ダイヤモンド社。

ジョン・P・コッター（2015）『実行する組織―大組織がベンチャーのスピードで

動く』、村井章子訳、ダイヤモンド社。

チャールズ・A・オライリー、マイケル・L・タッシュマン（2019）『両利きの経営―「二兎を追う」戦略が未来を切り拓く』、入山章栄監訳、冨山和彦解説、渡部典子訳、東洋経済新報社。

マイケル・E・ポーター、マーク・R・クラマー（2011）「共通価値の戦略」『DI-AMONDハーバード・ビジネス・レビュー』1月号、ダイヤモンド社。

# 第5章

# サステナブル経営時代の役員報酬
## ーオムロンの事例よりー

安 藤 聡

## 5.1 企業経営に求められるパラダイムシフト（フォアキャスティングからバックキャスティングへの発想の転換）

　2014年8月に経済産業省が示した「伊藤レポート」によって資本生産性の重要性が啓発され、2015年6月にコーポレートガバナンス・コードが導入される等により企業経営に求められていることが質的に大きく変化し、さらにESGの取組みに対する関心が高まった。このような外部環境の変化を受けて、企業経営は「統合思考（Integrated Thinking）に基づいたサステナブルな経営でなければならない」ということが明確になった。したがって、「サステナブル経営」という概念は、その象徴として位置づけることができる。

　そこで、最初にサステナブル経営に必要とされる経営のパラダイムシフトの重要性と要点について述べる。従来、日本企業が得意とする改革・変革は、過去から現在の状況をふまえて、その延長線上で取り組むべき課題を特定することが主であった。すなわち「フォアキャスティング」的な改善であり、そのようなアプローチ方法によって経営そのものが「短期志向（ショートターミズム）」に陥ることが多かった。換言すると「PL（損益計算書）経営（短期間の損益を優先した判断に基づく経営）」であり、具体的には、年度の利益の範囲内で必要な投資を考える、あるいは利益が計画どおりに得られなければ一般の経費のみならず中長期の成長のために必要な投資も削る、いわば短絡的な利益コントロールのみを優先する経営スタイルにほかならない。これでは、当然のことながら投資判断が時々の事業環境に大きく影響されるので、やはり場当たり的な経営といわざるをえない。したがって、サステナブルな経営を実践し続けるためには、経営そのものをデザインするという新しい発想がきわめて重要になる。これは将来や遠い未来を構想したうえで、企業価値向上を実現するためにいま何に取り組むべきかの優先順位を決めて経営のかじ取りを行う、いわゆる「バックキャスティング」的発想への転換を意味する。

　そして、バックキャスティングを徹底するには、やはり「長期志向（ロン

グターミズム）」で経営や事業のあるべき姿を追い求めなければならない。具体的には、単に目先の課題のみにとらわれず、10年後、20年後、30年後を展望して、その時代にどのような企業になりたいかを明確に定めてから、企業価値創造のためにいまやるべきことについて方針と計画を策定し、真摯に実行に移すことがきわめて重要になる。これは、「PL経営」と対比するならば「BS経営（バランスシートを重視する経営）」および「キャッシュフロー（CF）経営（将来キャッシュフローに基づいた判断による経営）」を指す。すなわち、少なくとも向こう３年間程度の将来のキャッシュフローを見極めたうえで、経営の進化やイノベーションの創出に必要な投資テーマと金額を決め、そのなかで、どの程度を戦略的なM&Aやアライアンス（業務提携）に使うのか、企業価値向上を支える社員に報いるのか、サポートしてくれる株主にどのような還元を行うのかという展望が必要になる。

　また、このような手法で経営を「デザイン」する際には普遍的な企業理念（パーパス、クレド）や企業価値を創造するためのしっかりした「経営のスタンス」にこだわり、そのうえで経営の羅針盤として「長期のビジョン」を策定する必要がある。

　一方で、企業理念と似通った概念に企業文化、企業風土がある。企業理念は普遍的であるが、企業文化や企業風土には守るべき強みと改善すべき課題が混在している。したがって、サステナブルな経営を実践するためには企業文化や企業風土を時代や環境の変化にあわせて適時適切に変えるべきものと認識する必要がある。弊社においてもオムロンらしいという表現が使われる場合、往々にして強みを肯定する意味にも課題を放置しようとする意味でも使われる。企業文化や企業風土を企業理念と混同してしまうと現状肯定的な発想に陥りやすくなり、あるいは現状を守ろうとする意識が働いてしまうことになり、経営を進化させる際の大きな障害になる。

　したがって、役員や社長CEO、事業部門トップなど経営陣のもつべき矜持としては、第一に本音と建前を使い分けない誠実性、使命感が重要になる。そして、第二は戦略立案力と実行力である。日本企業は現場第一主義で現場力が重視されてきたが、経営に携わる者として必要な素養は戦略立案力

1．企業経営に求められること
　(1)　「思考」におけるパラダイムシフト
　　　　△改革・変革……フォアキャスティング≒ショートターミズム　〔PL経営〕
　　　　　　　　　　　　（過去・現在の延長）　　　　（短期志向）
　　　　　↓
　　　　◎デザイン　……バックキャスティング≒ロングターミズム　〔BS経営 & CF経営〕
　　　　　　　　　　　（未来構想）　　　　　　　　（長期志向）
　(2)　ビジョンを実践するための拠り所
　　　　◎変えてはいけないもの　　……「企業理念」「経営のスタンス」
　　　　△適時適切に変えるべきもの……「企業文化」「企業風土」
2．経営陣がもつべき矜持
　(1)　リーダーとしての誠実性・使命感
　　　　＊本音で勝負する（本音と建前を使い分けない）
　(2)　戦略立案力と実行力
　　　　＊現場第一主義（現場力）はもちろん重要
　　　　　ただし、「経営」に最も必要な素養は『戦略立案力』と『実行力（や
　　　　　り切る力)』
　(3)　ダイバーシティの尊重
　　　　＊自分自身と異なる人財を正当に評価して登用する

出所：筆者作成。

と、自らが策定した戦略をやり切る力、実行力である。第三はダイバーシ
ティの尊重であり、これはジェンダーとか国籍とかの外形的な区別ではなく
て、自分自身と異なる発想や考え方の人財を正当に評価して周りに置いて登
用するということが重要になる（図表5－1）。

　かつては、企業価値といえば、おおむね経済的価値を示すことが主流であ
った。たとえば、財務価値評価の代表格であるROE（自己資本利益率）の構
成要素は、有名なデュポン分析において「売上高純利益率」「総資産回転率」
「財務レバレッジ」の3つに分解できる。いまやサステナブル経営が求めら
れる時代になり、オムロンのように時価総額のうち7割近くを非財務価値評
価が占める状況において、サステナブル経営の本質を理解するためにオムロ
ン流の因数分解（要素分解）をしてみると、「企業理念実践経営」「資本コス
ト経営」「ESG経営」の3つの要素に集約することができる。これはとりも

図表 5 - 2　サステナブル経営の本質

---

(1)　サステナブル経営の因数分解式

　　ROEのデュポン分析式

　　売上高純利益率×総資産回転率×財務レバレッジ

　　〈オムロン流〉サステナブル経営の分解式

　　企業理念実践経営×資本コスト経営×ESG経営

　　＊インテグリティとサステナブルグロースの統合

(2)　コーポレートガバナンス責任を果たすための3要素

　　1．企業理念を実践する経営（企業理念実践経営）

　　2．資本コストを意識して持続的に稼ぐ力を発揮する経営（資本コスト経営）

　　3．ESGファクターを自律的かつ統合的に強化する経営（ESG経営）

---

出所：筆者作成。

なおさず「インテグリティ（誠実さ、高潔さ）とサステナブルグロース（持続的成長）の両立」と同義である。

　したがって、サステナブル経営を追求することはコーポレートガバナンス責任を全うすることでもあり、別の表現をすると、「企業理念を実践する経営」「資本コストを意識して持続的に稼ぐ力を発揮する経営」「ESGファクターを自律的かつ統合的に強化する経営」を融合すると言い換えられる。このことは、ROEのデュポン分析と同様に「サステナブル経営の分析式」であると認識すれば、ややもするとファジーな概念になりがちなサステナブル経営の本質を理解しやすい（図表5 - 2）。

## 5.2　オムロンの経営の特徴（インテグリティとサステナブルグロースの両立を目指す経営）

　オムロンの経営の特徴を簡潔に表現するならば、「長期志向（ロングターミズム）やマルチステークホルダー重視といった日本的な経営の特徴に、欧米企業が得意とするリターンや資本効率を重視するマネジメントスタイルを組み合わせたハイブリッド経営」といえる。また、経営の基本的な理念として

誠実な経営の実践を重視するとともに、長期視点で稼ぐ力を持続的に発揮するという、まさに先に述べたインテグリティとサステナブルグロースの両立を目指す経営である。

次に本源的な企業価値を支える基盤について、切り口を変えて「企業理念実践経営（事業を通じた企業理念の実践）」「透明性の高いコーポレートガバナンス・システム（オートノミー（自律）を主とした自律と他律の絶妙なバランス）」「ステークホルダーとのエンゲージメント（真のビジョナリーカンパニーを目指すための経営改善力）」の３つをあげることができる。したがって、さまざまなステークホルダーと誠実かつ真摯に対話・エンゲージメントするために経営情報を積極的かつ自発的に開示している。

さらに企業価値創造のためのドライバーを15項目列挙した。「企業理念の浸透・共鳴と実践」、ガバナンスに関しては「監督と執行の分離、ハイブリッド型の機関設計」、経営の羅針盤としての「10年の長期ビジョン、そして10年の長期ビジョン・３年から４年の中期経営計画・１年の短期計画の連動性」「取締役・執行役員に対する業績連動報酬体系」のほか、サステナブルグロースを実現するための「ROIC（投下資本利益率）経営」など多くの看板施策を有している（図表５－３）。

### 5.3　企業理念の実践（企業理念は大切にするだけでなく、実践することが重要）

オムロンがこだわる「企業理念実践経営（事業を通じた企業理念の実践）」について説明する。

オムロンの企業理念では「ソーシャルニーズの創造」を掲げ、「世に先駆けて新たな価値を創造し続けます」ということを一番に宣言していることが特徴であり、続けて「絶えざるチャレンジ」「人間性の尊重」を掲げている[1]（図表５－４）。

そして、企業理念を実践するための下位の概念として、2015年の企業理念

日本的経営の強み（長期思考、マルチステークホルダー主義）に欧米流マネジメントスタイル（リターン・資本効率重視）を融合した〈ハイブリッド経営〉
(1)　経営の基本スタンス
　①　誠実な経営の実践（インテグリティ）
　②　長期視点での稼ぐ力の持続的発揮（サステナビリティグロース）
(2)　オムロンの本源的な企業価値を支える基盤
　①　企業理念実践経営（事業を通じた企業理念の実践）
　②　透明性の高いコーポレートガバナンス・システム
　　　（オートノミーを主とした、自律と他律の絶妙なバランス）
　③　ステークホルダーとのエンゲージメント
　　　（真のビジョナリーカンパニーを目指すための経営改善力）
(3)　長期的な企業価値創造のためのドライバー
　①　経営陣からグローバル社員に至るまでの企業理念の浸透・共鳴と実践
　②　監督と執行の分離、ハイブリッド型機関設計（４諮問委員会の設置）
　③　SINIC理論に基づく長期視点かつバックキャスティング思考の経営
　④　長期ビジョンと中期経営計画ならびに短期計画との連動性
　⑤　取締役・執行役員に対する報酬体系（特に中長期業績連動株式報酬付与）
　⑥　ROIC経営（逆ツリーによる社員への浸透と事業ポートフォリオマネジメント）
　⑦　経営人財のダイバーシティ（特に、社外役員）と選任プロセスの透明性
　⑧　マトリックス経営（事業運営と長期成長投資実行の権限分離）
　⑨　PLとBS・CFを両立したバランスのよい経営
　⑩　技術経営力（センシング＆コントロール＋Think、IoT、AI、ロボティクス）
　⑪　グローバルニッチかつシェアの高い事業ポートフォリオ
　⑫　事業を通じた社会的課題の解決（象徴としてのTOGA）
　⑬　自発的な経営情報の開示とIR力（対話・エンゲージメント力）
　⑭　グローバル統合リスクマネジメント力
　⑮　コストダウン力（売上総利益率改善力）

出所：筆者作成。

---

1　企業理念を実践し、社会の発展と企業価値の向上に努めていく経営の根幹は普遍であることを明確にするため、2022年6月開催の株主総会において定款を一部変更し、「企業理念の実践」を定款に記載することが承認された。

企業理念（2015年改定）

Our Mission
（社憲）

われわれの働きで　われわれの生活を向上し　よりよい社会をつくりましょう

Our Values
私たちが大切にする価値観

- ソーシャルニーズの創造
  私たちは、世に先駆けて新たな価値を創造し続けます。
- 絶えざるチャレンジ
  私たちは、失敗を恐れず情熱をもって挑戦し続けます。
- 人間性の尊重
  私たちは、誠実であることを誇りとし、人間の可能性を信じ続けます。

出所：オムロン（2022）より引用。

改定時に「経営のスタンス」を新たに明文化した。それまでは暗黙知でしか
なかった考え方を社内外のステークホルダーに対してわかりやすい表現にし
て形式知にしたわけであり、「長期ビジョンを掲げ、事業を通じて社会的課
題を解決します」「真のグローバル企業を目指し、公正かつ透明性の高い経
営を実現します」「すべてのステークホルダーと責任ある対話を行い、強固
な信頼関係を構築します」という3つを明示して宣言した（図表5‐5）。

　他企業の経営者と議論していると、社員は企業理念の内容も重要性も理解
しているけれども、なかなかグローバルにまで浸透しないという悩みを耳に
することが多い。オムロンでは、単に企業理念を大切にするだけの経営は真
の「企業理念実践経営」であるとは認識しておらず、企業理念は事業を通じ
て社会的課題を解決するための拠り所であると位置づけている。そうする
と、経営の最上位の概念である企業理念は変わることのない私たちの判断や
行動の拠り所であり、求心力であり、発展の原動力であるといえる。すなわ
ちオムロンは、企業理念を求心力であると同時に企業価値創造のための遠心

## 図表5－5　オムロンの経営のスタンス

経営のスタンス

私たちは、「企業は社会の公器である」との基本的考えのもと、
企業理念の実践を通じて、持続的な企業価値の向上を目指します。

・長期ビジョンを掲げ、事業を通じて社会的課題を解決します。
・真のグローバル企業を目指し、公正かつ透明性の高い経営を実現します。
・すべてのステークホルダーと責任ある対話を行い、強固な信頼関係を構築し
　ます。

出所：オムロン（2022）より引用。


## 図表5－6　オムロンの「企業理念実践経営」の概要

「企業理念」に基づく「経営のスタンス」を宣言し、「長期ビジョン」と
「オムロングループマネジメントポリシー」を統合した運営スタイル

企業理念

変わることのない、わたしたちの
判断や行動の拠り所であり、
求心力であり、発展の原動力。

経営のスタンス

事業を通じて企業理念を実践する
経営の姿勢や考え方。

| 長期ビジョン | オムロングループマネジメントポリシー |
| --- | --- |
| 10年先を見据え、よりよい社会を<br>つくるオムロンの強い意志を示した<br>長期ビジョン。 | 多様な価値観を持った社員が、<br>グローバルに一体感をもちながら<br>も、一人ひとりが自律的に考え<br>行動するためのグループ全体の<br>運営ポリシー。 |

出所：筆者作成。

力でもあると認識している。つまり中央集権的に物事を発想するのではなく、あくまでも現場起点もしくはグローバル社員目線で施策を考えるという、トップダウンとボトムアップの融合による企業価値創造を目指すスタイルを徹底している。そして、企業理念のもとのレイヤーに「経営のスタンス」を置くことによって、10年間で設定する長期ビジョンと守りのガバナンスというべきグループマネジメントポリシーを連動させることにより真の企業理念実践経営を確立し、サステナブルなものに深化させることを目指している。加えて、その本気度を社内外に示すために2022年6月に「企業理念の実践」を定款に追加した。

　したがって、オムロンの「企業理念実践経営」は「企業理念」と「経営のスタンス」と「長期ビジョン」と「グループマネジメントポリシー（リスクガバナンス）」を統合し、連動して運営することが特徴である（図表5－6）。

## 5.4　コーポレートガバナンス（オートノミーを主とした自律と他律の絶妙なバランス）

### 5.4.1　沿　革

　コーポレートガバナンスの質を評価するときには、現在どういうかたちであるかというよりも、過去どういう歴史を経て、いまのガバナンス体制が構築されたのか、そのプロセスを紐解くことによって本当に意味のある評価をすることができる。オムロンでは、コーポレートガバナンスに関係するテーマ、たとえば、取締役会議長とCEOの分離、監督と執行の分離、社外取締役の人数推移、各種諮問委員会などの導入経緯、企業理念などの改定時期などを一覧できる沿革について公表している（図表5－7）。

　たとえば、2015年6月にコーポレートガバナンス・コードが導入された際、オムロンはコーポレートガバナンス・コードの原則の一つひとつにコンプライする、エクスプレインするという対応をしたのではなく、ガバナンスの考え方や方針を「オムロンコーポレート・ガバナンスポリシー（以下、ポ

図表5－7 コーポレートガバナンスの沿革

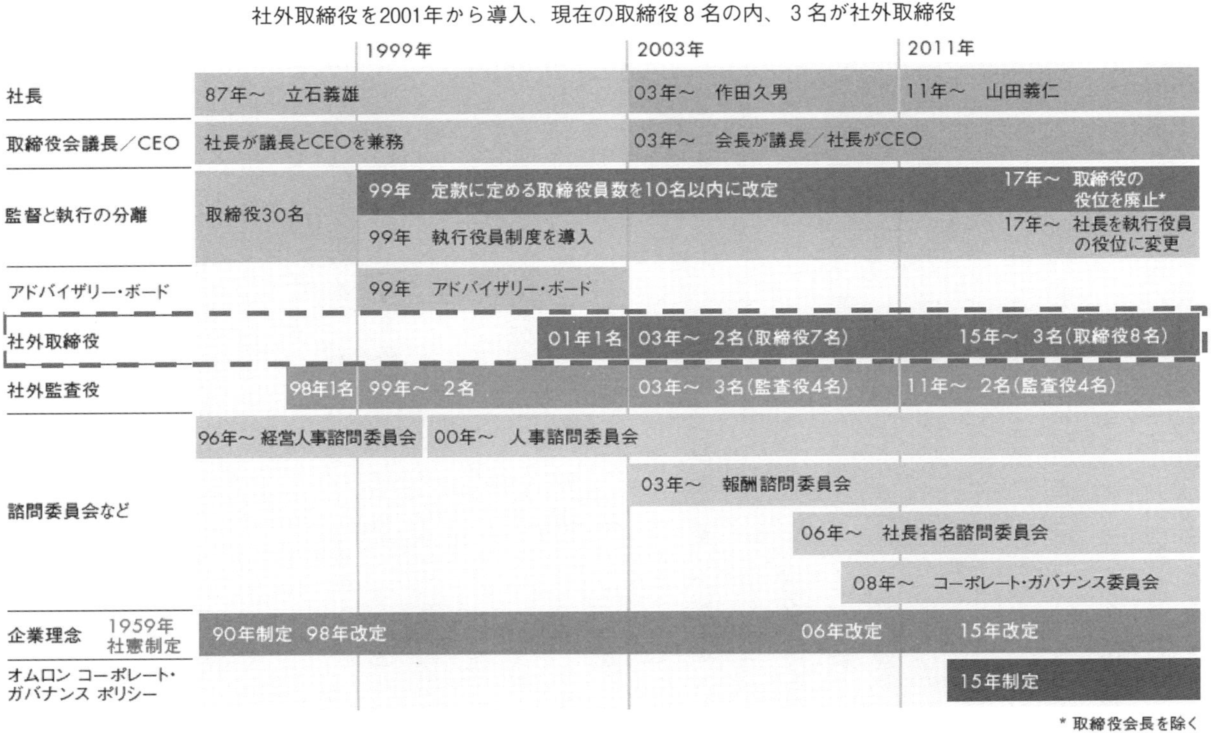

社外取締役を2001年から導入、現在の取締役8名の内、3名が社外取締役

| | 1999年 | 2003年 | 2011年 |
|---|---|---|---|
| 社長 | 87年～ 立石義雄 | 03年～ 作田久男 | 11年～ 山田義仁 |
| 取締役会議長／CEO | 社長が議長とCEOを兼務 | 03年～ 会長が議長／社長がCEO | |
| 監督と執行の分離 | 取締役30名　99年 定款に定める取締役員数を10名以内に改定　99年 執行役員制度を導入 | | 17年～ 取締役の役位を廃止　17年～ 社長を執行役員の役位に変更 |
| アドバイザリー・ボード | 99年 アドバイザリー・ボード | | |
| 社外取締役 | 01年1名 | 03年～ 2名（取締役7名） | 15年～ 3名（取締役8名） |
| 社外監査役 | 98年1名　99年～ 2名 | 03年～ 3名（監査役4名） | 11年～ 2名（監査役4名） |
| 諮問委員会など | 96年～ 経営人事諮問委員会　00年～ 人事諮問委員会 | 03年～ 報酬諮問委員会　06年～ 社長指名諮問委員会 | 08年～ コーポレート・ガバナンス委員会 |
| 企業理念 1959年 社憲制定 | 90年制定 98年改定 | 06年制定 | |
| オムロン コーポレート・ガバナンス ポリシー | | 15年改定　15年制定 | |

＊取締役会長を除く

出所：オムロン（2022）より引用。

リシー）」[2]として体系化し、明文化して公表した。

　2015年に初めて策定した「ポリシー」のこだわりを示すと、たとえば、総会に関する具体的なスケジュールを記載し、株主総会の反対率が30％あったら理由を分析し、上程内容に関する課題を検討する、また、資本政策においてはROIC、ROE、EPS（1株当り利益）を掲げる、買収防衛策を未来永劫導入しないと宣言をし、相当踏み込んだテーマや事項を盛り込んで策定した。こうすることによってオムロン自らがオートノミーを発揮してポリシーを尊重し、同時にステークホルダーに宣言することによりガバナンスの基本的な考え方を理解してもらい、結果として緊張感のある信頼関係を構築することにつながる。なお、ポリシーであるがゆえに具体的な内容に踏み込まないというスタンスではなく、あえてステークホルダーに具体的にイメージしてもらうことを意図して相当程度具体的なプラクティスを盛り込んだ内容とした。これが、「オートノミーを主とした自律と他律の絶妙なバランス」のゆえんである（図表5−8）。

　「ポリシー」は2015年の公表後、2021年10月まで6回の改定を行った。特にコーポレートガバナンス・コードの改訂への対応については、まず、2018年6月の同コード改訂で新設された原則2−6「企業年金のアセットオーナーとして機能発揮」に対応し、同年11月の「ポリシー」改定時に、オムロン企業年金基金がアセットオーナーとして期待される機能を発揮するために運用にかかわる専門性を担保することなど、母体企業としての支援を明確化した。なお、オムロン企業年金基金は2019年9月にスチュワードシップ・コードの受入れを行った。また、2021年6月の同コード改訂時に言及された取締役のスキルマトリックス[3]（補充原則4−11①）については、すでにコード改訂を先取りして開示ずみであったので、同年10月に改定した「ポリシー」においては、主として「スキルマトリックスの活用」という文言の追加にとどめた（図表5−9、5−10参照）。

---

2　詳細は以下を参照（https://www.omron.com/jp/ja/assets/img/sustainability/governance/corporate_governance/policy/20211028_governance_policies_j.pdf）。
3　各取締役の知識・経験・能力等を一覧化したもの。

**図表5－8 「オムロン コーポレート・ガバナンスポリシー」のこだわり**

1. 総会に関する具体的スケジュールの記載：
   ・総会の日程（集中日の3日以上前）、招集通知の発送（3週間以上前）、事前ウェブ開示（1カ月程度前）
2. 株主の権利確保：反対率のメド値30%
3. 資本政策において考慮する具体的指標（ROIC、ROE、EPS）
4. 買収防衛策を導入しないと宣言
5. 社憲・企業理念にのっとり、従業員・顧客・取引先・社会との関係を記載
6. 監査役会設置会社に諮問委員会の機能を付加したハイブリッド型の機関設計
7. 取締役の構成：
   ・非業務執行が過半数、社外取締役は3分の1以上
   ・諮問委員会の委員長は独立社外取締役、委員の過半数は独立社外取締役
   ・CG委員会の委員はすべて独立社外役員
   ・議長は代表取締役でなく、また執行を行わない
8. 内部統制システム：四半期ごとに運用状況を取締役会に報告
9. 取締役の報酬等の構成：
   ・基本報酬＋短期業績連動報酬（賞与）
   　＋中長期業績連動報酬（業績連動型株式報酬）
10. 株主との建設的な対話に関する基本方針を新たに策定、開示

出所：筆者作成。

**図表5－9 2018年6月の改訂コーポレートガバナンス・コードへの対応**

2018年11月末に「オムロン コーポレート・ガバナンスポリシー」を改定
1. 政策保有株式に関する方針
   ・「政策保有株式の保有方針」「具体的な議決権行使基準」などの追加
2. アセットオーナーとしてのオムロン企業年金基金との関係
   ・「企業年金に対する支援」などの追加
3. 人事諮問委員会
   ・「適時性」の追加
4. 社長指名諮問委員会
   ・「適時性」「具体的な手続」の追加
5. 株主との建設的な対話に関する基本方針
   ・「資本コストの把握」の追加

出所：筆者作成。

2021年10月末に「オムロン　コーポレート・ガバナンスポリシー」を再改定
1．従業員との関係
　・「中核人財の多様性確保に関する考え方」の追加
2．情報開示
　・「英語開示」の追加
3．取締役会の役割・責務
　・「サステナビリティ、人的資本・知的財産への投資、事業ポートフォリオの決定・監督・開示に関する考え方（独自の取組みを含む)」「内部監査部門との連携強化」の追加
4．取締役会の構成
　・「スキルマトリックスの活用」「諮問委員会の独立性に関する考え方（独自の取組み)」の追加
5．監査役会
　・「監査役の選解任に関する監査役会の権限の明確化」「内部監査部門との連携強化」の追加
6．人事諮問委員会
　・「取締役会の多様性確保、経営陣幹部の後継者計画への関与」の追加
7．株主との建設的な対話に関する基本方針
　・「株主との対話の対応者に監査役（社外監査役含む)」の追加

出所：筆者作成。

## 5.4.2　機関設計の特徴

　オムロンは監査役会設置会社を採用しているが、指名委員会等設置会社の強みを活かすため 3 つの諮問委員会と 1 つの委員会を任意で設置してハイブリッド型の機関設計としている。特に、社長指名諮問委員会とコーポレートガバナンス委員会がきわめて特徴的である。

　社長指名諮問委員会は、単に社長が交代するのにあわせて後継社長を指名する委員会ではなく、 1 年ごとの社長CEOのパフォーマンス評価をする点がユニークであり、当事者である社長CEOは委員にならない。つまり社外の 3 名の取締役、業務執行を兼務していない社内の取締役 2 人で社長のパフォーマンスを 1 年ごとに評価し、加えて今後の社長交代の時期を想定した後継候補者の審議を毎年度繰り返しており、交代時期を決めると数年間をか

図表5－11　コーポレートガバナンス体制

持続的な価値向上を担保するため、透明性・実効性の高い機関設計

✓監督と執行の分離
・取締役会議長とCEOの分離
・全取締役8名中、3名が社外独立取締役、非業務執行取締役が
マジョリティ
・カンパニー社長への大幅権限移譲により、意思決定を迅速化

✓人事諮問・社長指名諮問・報酬諮問委員会、コーポレートガバナン
ス委員会の設置
・監査役会設置会社として監査機能をもつと同時に、3つの諮問
委員会と1つの委員会を設置
・いずれの委員会も、委員長は社外独立取締役
・社長はいずれの委員会にも属さない

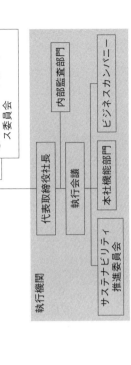

株主総会

監査役会

監査法人

取締役会　議長：取締役会長

① 人事諮問委員会
② 社長指名諮問委員会
③ 報酬諮問委員会
④ コーポレートガバナンス委員会

執行機関
代表取締役社長
執行会議
サステナビリティ推進委員会
本社機能部門
内部監査部門
ビジネスカンパニー

出所：オムロン（2022）より筆者作成。

けてスクリーニングした候補者から審議のうえ社長CEOを指名する。

　一方、コーポレートガバナンス委員会は大所高所からコーポレートガバナンスについて議論をする場であるのみならず、有事発生時、たとえばオムロンがほかの企業グループから被買収提案を受けたときに、委員である社外取締役、社外監査役の５名が第三者委員会を組成して買収提案を受けるか否かを検討して取締役会に対して提案する。ここまで社外役員に実質的な権限を渡しているので、社内取締役（社外取締役以外の取締役）自身が自律（オートノミー）をもって経営をしないと持続可能性は担保できない。社内役員の自律と社外役員による他律の絶妙なバランスを担保している点がオムロン流のガバナンスの特徴である（図表5-11）。

## 5.5 オムロンの報酬ガバナンス（財務・非財務すべての経営課題と役員報酬制度の連動性）

### 5.5.1　報酬ガバナンスを重視する理由

　オムロンが報酬ガバナンスを重視している理由は２点である。１点目は、経営陣に10年間の長期ビジョンの達成を動機づけ、持続的な企業価値の向上を実現するためであり、具体的には、長期ビジョンに基づき策定する中期経営計画、短期経営計画を役員報酬制度と連動させることで、持続的な企業価値の向上をより確かなものにしている。２点目は、役員報酬制度の開示を通じて、制度の透明性や客観性を確保し、加えてステークホルダーにオムロンの経営の考え方を十分に理解してもらうためである。

### 5.5.2　役員報酬制度の全体像

　役員報酬の方針を定めて公表しており、「取締役報酬の方針」は、基本方針、報酬構成、基本報酬、業績連動報酬、報酬ガバナンスについて規定している（図表5-12、5-13）。

　現行の役員報酬制度の体系に変更したのは2017年度からである。その目的

図表 5 －12　取締役報酬の方針

1 )　基本方針
・企業理念を実践する優秀な人材を取締役として登用できる報酬とする。
・持続的な企業価値の向上を動機づける報酬体系とする。
・株主をはじめとするステークホルダーに対して説明責任を果たせる、「透明性」「公正性」「合理性」の高い報酬体系とする。

2 )　報酬構成
・取締役の報酬は、固定報酬である基本報酬と、業績に応じて変動する業績連動報酬で構成する。
・社外取締役の報酬は、その役割と独立性の観点から、基本報酬のみで構成する。

3 )　基本報酬
・基本報酬額は、外部専門機関の調査に基づく他社水準を考慮し役割に応じて決定する。

4 )　業績連動報酬
・短期業績連動報酬として、単年度の業績や目標達成度に連動する賞与を支給する。
・中長期業績連動報酬として、中期経営計画の達成度や企業価値（株式価値）の向上に連動する株式報酬を支給する。
・短期業績連動報酬および中長期業績連動報酬の基準額は、役割に応じて定める報酬構成比率により決定する。

5 )　報酬ガバナンス
・すべての取締役報酬は、報酬諮問委員会の審議、答申をふまえ、取締役会の決議により決定する。

出所：オムロン（2022）より筆者作成。

は、株主を含めたすべてのステークホルダーの視点を経営に反映させるためであり、役員に対する報酬と当社の企業価値（事業価値、株主価値、社会的価値）向上との連動性を明確にし、中期経営計画における業績目標達成の意欲を高めること、ならびに役員による自社株保有の促進を通じて持続的な企業価値向上への貢献意欲を高めることにある。

　具体的には、固定報酬である「基本報酬」、業績に応じて変動する「短期業績連動報酬（賞与）」と「中長期業績連動報酬（株式報酬）」の 3 つで構成している。基本報酬は外部調査に基づく100社を超える日本の主要企業の報酬額を用いて平均値を算出したうえで、一定の幅に収めるという客観的な基

図表 5 −13　報酬インセンティブの体系

中長期の価値創造に向けた動機づけ＝株主との利害一致

取締役報酬(注1)
　　基本（固定）報酬＋短期業績連動報酬（賞与）
　　＋中長期業績連動報酬（業績連動型株式報酬)(注2)

（業績達成条件の内容）
　　✓中期経営計画における業績目標等の達成度に応じて変動
　　✓評価指標

| 評価区分 | 指標 |
|---|---|
| 財務目標評価 | EPS、ROE |
| 企業価値評価 | 相対TSR（当社TSRと配当込みTOPIX増減率との比較） |
| サステナビリィ評価 | ・温室効果ガス排出量の削減（内部目標）<br>・エンゲージメントサーベイにおけるSustainable Engagement Index（SEI）のスコア（内部目標）<br>・Dow Jones Sustainability Indices（第三者評価） |

注1：社外取締役は基本（固定）報酬のみ。
注2：当該株式報酬は2017年6月株主総会決議で導入し2021年に改定（中期業績連動報酬は2014年に導入）。
出所：オムロン（2022）より筆者作成。

準を設けている。なお、短期の業績連動報酬に関しては役位別に決めた基準額に対して営業利益50%、当期純利益50%で評価し、それに1年間のROIC計画の達成度を掛けて算出しており、レンジは0%から200%に設定をしている。

　また、各業績連動報酬の基本報酬に対する報酬構成比率は、それぞれの役位・役割に応じて決定している。たとえば、社長CEOの報酬構成比率は1：1：1.5であり、欧米の水準も考慮しながら、業績連動部分や中長期の割合を相対的に高く設定している点が特徴である（図表5−14）。

　直近2021年度の役員報酬制度改定では、中長期業績連動報酬（株式報酬）の評価項目や基準を改定した。ちなみに、中長期業績連動報酬（株式報酬）

1 ）　報酬構成比率

役員報酬は、固定報酬である基本報酬と、業績に応じて変動する短期業績連動報酬および中長期業績連動報酬で構成。各業績連動報酬の基本報酬に対する報酬構成比率は、役割に応じて決定。

$$\boxed{基本報酬} : \boxed{\substack{短期業績 \\ 連動報酬}} : \boxed{\substack{中長期業績 \\ 連動報酬}} = 1:1:1.5 \text{（代表取締役社長の場合）}$$

2 ）　基本報酬（対象：取締役、執行役員）

固定報酬として基本報酬を支給。外部専門機関の調査に基づく同輩企業（報酬諮問委員会が定める同業種、同規模等のベンチマーク対象企業群）の役員の基本報酬水準を参考に、役割に応じて報酬額を決定。

3 ）　短期業績連動報酬（対象：社外取締役を除く取締役、執行役員）

単年度の業績指標や目標達成度に応じて賞与を支給。取締役（社外取締役を除く）の賞与額は、年間計画に基づき設定した営業利益、当期純利益およびROICの目標値に対する達成度等に応じ 0 ～200％の範囲で変動。

$$\boxed{\substack{役位別の \\ 基準額}} \times \boxed{\substack{業績評価（営業利益 \\ 50\%、当期純利益50\%）}} \times \boxed{ROIC評価} = \boxed{賞与}$$

4 ）　中長期業績連動報酬（対象：社外取締役を除く取締役、執行役員）

業績連動部分（60％）と、非業績連動部分（40％）からなる株式報酬を支給。業績連動部分は、中期経営計画に基づき設定した売上高、EPS、ROEの目標値に対する達成度および第三者機関の調査に基づくサステナビリティ評価[注]等に応じ 0 ～200％の範囲で変動。

$$\boxed{\substack{役位別の \\ 基準額}} \times \boxed{\substack{業績評価 \\ （売上高30\%、EPS70\%）}} \times \boxed{ROE評価} \times \boxed{\substack{サステナビ \\ リティ評価}}$$

$$= \boxed{株式報酬}$$

非業績連動部分は中長期の株価向上への動機づけとリテンションを目的とし、一定期間の在籍を条件に支給。

なお、当株式報酬により交付した当社株式は、原則として在任期間中は保持し続けることとする。また、取締役在任期間中に、会社に損害を及ぼす重大な不適切行為があった場合には、報酬諮問委員会の審議、答申をふまえ、取締役会の決議により株式報酬の支給を制限する。

注：サステナビリティ評価：長期的な株主価値向上の観点から、企業を経済・環境・社会の 3 つの側面で統合的に評価するESGインデックスであるDow Jones Sustainability Indices（DJSI）に基づく評価。
出所：オムロン（2021）より筆者作成。

は、中期経営計画の目標達成度等に連動する業績連動報酬であり、中期経営計画の達成度等に連動する業績連動部分（60%）と、中長期の株価向上への動機づけと役員のリテンション（人材流出防止）を目的に一定期間の在籍を条件に支給する非業績連動部分（40%）により構成している（図表5－15）。

## 5.5.3 報酬諮問委員会の概要

報酬諮問委員会は2003年に設置したが、社外取締役3名および社内取締役2名であり、社外取締役が委員長を、非業務執行社内取締役が副委員長を務め、公正性と客観性を高める構成としている。また、多様な実務経験や知見を有する委員によりさまざまな観点から審議を行っている。

なお、役員報酬制度の改定に向けた議論や審議は、2020年10月から委員会を毎月開催し、2021年2月に制度設計が終了した。この計5回の報酬諮問委員会は、いずれも約1時間の時間をかけて必要かつ十分な審議を尽くしている（図表5－16）。

## 5.5.4 役員報酬制度の改定の目的とポイント

改定の目的は次期長期ビジョンおよび次期中期経営計画の達成をよりいっそう動機づけるためである。また、事業環境やステークホルダーからの期待などの変化に応じて経営は変えていくべきであり、その変化にあわせて役員報酬制度を進化させていく必要がある。2017年度に改定した役員報酬制度はサステナビリティ評価を導入するなど、当時としては相応に先進的であったが、2020年度までの4年間の経験を活かして2021年度から評価ウェイトと指標を改定した。ちなみに、社外役員は月額の固定報酬のみであり、業績連動報酬はない。

2021年度から中長期業績連動報酬（株式報酬）の評価方法を改定した。具体的には、中長期業績連動報酬（株式報酬）を、「財務目標評価」「企業価値評価」「サステナビリティ評価」の3つの項目で評価する方法にした。この3つの評価項目に評価ウェイトを設定し、その総和で評価する方法に変更した。1つ目の「財務目標評価」は、最も高い評価ウェイトの60%として、2

〈2021年度から2024年度を対象とする中長期業績連動報酬（株式報酬）〉

　社外取締役を除く取締役に対して、中長期業績連動報酬として、株式報酬を支給します。株式報酬は、中期経営計画の達成度等に連動する業績連動部分（60％）と、中長期の株価向上への動機づけとリテンションを目的に一定期間の在籍を条件に支給する非業績連動部分（40％）により構成します。

　業績連動部分は、中期経営計画における業績目標等の達成度に応じて 0 〜200％の範囲で変動します。

$$業績連動部分 = 役位別の基準額$$
$$\times \left( \frac{財務目標評価}{60\%} + \frac{企業価値評価}{20\%} + \frac{サステナビリティ評価}{20\%} \right)$$

|  | 評価ウェイト | 指標 |
|---|---|---|
| 財　務　目　標　評　価 | 60％ | ・EPS<br>・ROE |
| 企　業　価　値　評　価 | 20％ | ・相対TSR[注1] |
| サステナビリティ評価 | 20％ | ・温室効果ガス排出量の削減（内部目標）<br>・エンゲージメントサーベイ[注2]におけるSustainable Engagement Index（SEI）[注3] のスコア(内部目標)<br>・Dow Jones Sustainability Indices（第三者評価） |

注 1 ：対象期間における当社のTSR（株主総利回り）と配当込みTOPIXの増減率を比較した指標（相対TSR＝TSR÷配当込みTOPIX増減率）。
注 2 ：組織の目指すゴールに対する社員の自発的な貢献意欲を測定する調査。
注 3 ：心身の健康などによって維持される目標達成に向けた高い貢献意欲や組織に対する強い帰属意識、生産的な職場環境を示す指標。
出所：オムロン（2022）より筆者作成。

＊2003年度に発足

取締役会議長／代表取締役社長から諮問を受け、取締役・監査役・執行役員の報酬体系の策定、評価基準の設定や、現執行役員の評価を取締役会に対して答申する。

〈メンバー構成〉

| 委員長 | 社外取締役 |
|---|---|
| 副委員長 | 社内取締役（非業務執行） |
| 委員 | 社外取締役 |
| 委員 | 社外取締役 |
| 委員 | 社内取締役（業務執行兼務） |

出所：筆者作成。

つ目の「企業価値評価」は、次期長期ビジョンにおいて企業価値の最大化を目指す方針であることから新設したものであり、評価ウェイトを20％にした。3つ目の「サステナビリティ評価」は、オムロンが最も重視する企業理念の実践をさらに深めていくことに加え、SDGsに対する期待やサステナビリティの重要性をいっそう反映し、評価ウェイトを20％とした。結果として、同様の制度を導入ずみの企業と比較するとサステナビリティ評価の構成比は相応に高い水準である。

## 5.6　3つの評価項目の詳細

### 5.6.1　財務目標評価

　財務目標評価のKPI（重要業績評価指標）はこれまで売上高、EPS、ROEの3つを採用していたが、2021年度から売上高を外し、EPS、ROEの2つに簡素化した。KPIから売上高を外すことについては、報酬諮問委員会で長

時間にわたり議論を重ねたが、たとえば、「売上高は製造業にとって重要である」「売上高を外すと事業成長に対する社員の意識が低下する」という指摘があった一方、「売上高は重要であるが、よりいっそう利益を重視すべきである」「事業環境の変化が激しいなかで、右肩上がりの売上成長を追求することは適切とはいえない」といった意見など十分に議論し検討した。また、検討の過程では、社長CEOに報酬諮問委員会への出席を要請し、2022年度にスタートする次期長期ビジョンではこれまでのモノ視点による商品販売から、コト視点によるサービス事業およびリカーリングモデルの事業の比率を高め、ビジネスモデルの転換を図っていく業務執行側の方針を説明してもらうなど企業理念を実践するために重要な長期ビジョンとの連動性を意識した改定を行った。結果として、売上成長に重点を置いた2011年度から2020年度までの長期ビジョンや2017年度から2020年度までの中期経営計画とは異なり、次期の2030年度までの長期ビジョンでは企業価値の最大化を経営目標に据える方針を執行部門と共有し、最終的に売上高をKPIから外すことを委員の全員一致で決定した経緯がある。

## 5.6.2 企業価値評価

中長期業績連動報酬（株式報酬）は、経営陣が株主を含めたステークホルダーと同じ目線で企業価値向上への貢献意欲を高めることが目的であり、事実オムロンの株価は、前回の中期経営計画VG2.0の4年間の間に4,885円（2017年3月末終値）から8,640円（2021年3月末終値）まで上昇した。その上昇率は+77%に達し、その間のTOPIX（東証株価指数）の上昇率29%をアウトパフォームした。しかしながら、従来の制度設計では企業価値の向上を評価するKPIがなかったため、オムロンのTSR（株主総利回り）と配当込みTOPIXの増減率を比較した相対TSRを新たにKPIとして導入した。配当込みTOPIXをベンチマークとし、市場に対してどれだけ増減したかを評価する相対TSRにすることで企業価値向上の結果を適切に報酬に反映することができるようにした。

### 5.6.3 サステナビリティ評価

「事業を通じて社会的課題を解決し、よりよい社会をつくる」という企業理念の実践はオムロンの経営の根幹であり、2017年度に中長期業績連動報酬（株式報酬）を導入した当時からサステナビリティ評価を設定していた。ただし、その当時はサステナビリティ評価そのものを役員報酬のKPIに組み入れている企業はわずかであり、初めての試みとして客観性を担保するために第三者評価のみで評価することにした。一方で、2021年度から従来の第三者評価に加えて、内部目標評価として「温室効果ガス排出量の削減」「社員に対するエンゲージメントサーベイ[4]におけるSustainable Engagement Index (SEI)[5]のスコア」を新たにKPIに追加した。これはESGのうち、オムロンの成長に寄与しステークホルダーが最も関心をもっているEとSに関する項目をKPIとして採用したものである。

なお、このサステナビリティ評価の仕組みは、機関投資家との対話・エンゲージメントを通じて得た示唆をふまえて改定したものであり、今後もステークホルダーとの対話・エンゲージメントにより、役員報酬制度の実効性をよりいっそう向上させていくつもりである。

## 5.7 終わりに

現行の役員報酬制度は現時点でステークホルダーが企業経営に期待するテーマを網羅することができたと自己評価している。特に、中長期業績連動報酬（株式報酬）は好事例の1つになると認識している。一方で、オムロンの経営課題は、イノベーションを加速し、次の成長エンジンをどう設計する

---

4　組織の目指すゴールに対する社員の自発的な貢献意欲を測定する調査。
5　心身の健康などによって維持される目標達成に向けた高い貢献意欲や組織に対する強い帰属意識、生産的な職場環境を示す指標。

のか、そして経営陣・国内管理職の女性比率や海外における外国人マネジメント比率をいかに向上するかといったダイバーシティを促進することであると認識している。

　今後もステークホルダーとの対話やエンゲージメントを通じて持続的な企業価値創造を意識した報酬ガバナンスを強化していくつもりである。

【参考文献】
オムロン株式会社（2021）「オムロン統合レポート2020」。
オムロン株式会社（2022）「オムロン統合レポート2021」。

# 第6章

# ESGの「見えざる価値」を
# 企業価値につなげる
## ―「柳モデル」によるESGと企業価値の実証―

柳　良平

　章題の「『見えざる価値』を企業価値につなげる」は、『DIAMONDハーバード・ビジネス・レビュー（2021年1月号)』に掲載された、「柳モデル」についての拙文（柳2021a）のタイトルである。ハーバード・ビジネス・スクール（HBS）のGeorge Serafeim（ジョージ・セラフェイム）教授やBlack-RockのEric Rice氏からも、筆者のアイデアを 'Yanagi Model' と名づけようとの励ましの言葉をいただいた。同モデルは米国管理会計士協会（IMA）の機関紙などでも "Yanagi Model" として論文（Yanagi, R. and Michels-Kim, N. (2021)）で紹介されている。

　ESGという見えない価値を見える化するためにはどうすればいいかという問題に解決策はない。完璧な価値の顕在化は不可能である。終着駅にまだ行きつかない 'ESG Journey' と一般に呼ばれるゆえんである。結論からいうと、究極の策は、個々の企業がよりよい見える化を目指して最善の努力を重ね、それを投資家に対して開示、対話（エンゲージメント）していくことである。

　ESG会計などインパクトの測定について、筆者のかかわっている範囲で動向を述べると、早稲田大学では新機軸の実証実験を含めて2022年度より「財務経営陣のための会計・ESG講座」を立ち上げた。一方、2021年の議長国を英国が務めたG7にもImpact Taskforceが設置されており、筆者はそのワーキンググループの委員を拝命して英国政府に答申書を提出している。G7 Impact Taskforceの最終答申書ではインパクトの定量化の事例として、ダノンのカーボン調整後1株当りの利益（EPS）と並んで、「柳モデル」とエーザイの従業員インパクト会計が採択されている。

## 6.2　非財務資本としてのESG

　企業価値とESGの関係を測定するための裏付けとなる理論として、筆者が「柳モデル」のもとにしているのは「PBR仮説」である。

　図表6−1は日米英の株価純資産倍率（以下、PBR）を比較したものである。縦軸にPBR、横軸に時間軸をとり、いちばん下の層がPBR1倍の部分であり、企業のブックバリュー（純資産簿価）、いわゆる「会計上の価値」を示す。エーザイの2021年3月末時点の決算書では、約7,000億円の簿価純資産がある。したがって、エーザイの企業価値はいくらかと問われたら、有価証券報告書のみによれば「7,000億円」と答えるほかはない。

　しかし、実際のところ市場は将来のエーザイの成長や収益性への期待・予測を織り込んで、バリュエーションを行っている。その結果が、時価総額が

図表6−1　ESGとPBR 日米英比較
　　　　　不都合な真実：非財務資本（ESG）の理解促進が必要では

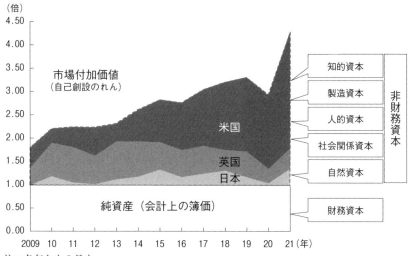

注：各年とも3月末。
出所：Bloombergデータより筆者作成。

簿価純資産の何倍かを示すPBRである。エーザイのPBRは過去５年平均で３倍程度になる。図表６－１によれば、米国平均は４倍程度、英国平均は２倍前後、日本は１倍から1.5倍の間で推移している。

　時価総額のうちPBR１倍に当たる部分までは国際統合報告評議会（以下、IIRC）が指す財務資本に当たり、PBR１倍を超える部分が非財務資本、すなわち市場付加価値＝「自己創設のれん」代に当たると考えられる。合併・買収（M＆A）では、取得価格とブックバリューの差額を「グッドウィル（のれん）」として資産計上するが、企業が売買の対象とされない通常の状況で、自己創設のれんは「見えざる価値」である。

　この「見えざる価値」がESGの価値を反映したものである。すなわち、自己創設のれんと環境・社会貢献・組織の価値との間には正の相関があるというのが、「PBR仮説」である。そうだとすると、もちろん市場は間違うものだが、10〜20年間の傾向値としてPBRが１倍を大きく超えないというのは、日本企業にとって「不都合な真実」である。これほど熱心にESGに努めている日本企業の潜在的なESG価値が顕在化せず、市場からほとんど認められていないということになるからだ。

　企業側が「当社のESG価値は簿価の数倍あるから、本来PBRはたとえば５〜10倍が当然だ」と思っていても、市場は現状、日本企業のESG価値をほぼゼロとみている。企業側がいうほどESGの価値がないのか、開示不足、対話不足だから市場が理解してくれないのか。いずれにしても、ESGの価値は日本企業の企業価値評価に反映されていない。

　本来、日本企業のESGの潜在価値は大きいはずであるから、それを逆にチャンスとして、われわれ日本企業がESGの会計も含めて定量化して、開示や説明、報告をしっかり実行すれば、企業価値を倍増することができる可能性がある。それによって、持続的に再投資をして、さらに社会貢献ができ、それが再び企業価値に反映されるという正の循環をつくりあげることができる。筆者はG7 Impact Taskforceの委員会でもそのように主張してきた。

　そうした主張の裏付けとして、投資家がESG価値をどのようにとらえているかを紹介したい。筆者はUBS在籍時代から14年間、世界の投資家から

アンケートをとっているが、日本企業に対しては、企業価値とESGを両立させ、その関連性をきちんと説明してほしいという声が非常に多い（柳2021c）。

　「日本企業のESG（非財務資本）および統合報告によるその開示についてはどう考えるか」という質問に対して、世界の投資家の回答は、圧倒的多数が「ESG（非財務情報）とROE（企業価値）の関連性を示してほしい」と引き続き要請している（2020年調査74％→2021年調査77％）。日本企業は「あいまいな綺麗ごと」に陥りがちなESGを可視化して説明責任を果たす必要があるだろう。一方、海外投資家の「日本企業は周回遅れなのでESGよりもROEをまず優先すべき」という厳しい視座は新型コロナウイルス感染症（COVID-19）の影響もあり減弱した（2020年調査25％→2021年調査9％）。

　さらに世界の投資家に「日本企業のESG（非財務資本）の価値とバリュエーション（PBR）の長期的関係についてはどう考えるか」と尋ねたところ、世界の投資家の7割超が「本来すべて」「相当部分は」ESGの価値を長期的にPBRに織り込むべきと考えている。これは「PBR仮説」の裏付けであり、潜在的なESGの価値の高い日本企業にとっては大きな示唆がある。この傾向は大きくは変わらない（2020年調査77％→2021年調査74％）。ESGの開示や対話を充実させていくことで日本企業の長期的な企業価値評価は向上すると期待される。

　ちなみに、アンケートに回答した投資家は、野村アセットマネジメント、Wellington、BlackRockなどの大手運用会社や年金運用機関を含む約140社（2021年調査）からなり、日本株への総投資額は100兆円を超えている。世界の投資家は、ESGと企業価値との相関、因果関係の両方を、統合報告書や対話を通じてもっと説明してほしいと望んでいること、そして、7割以上の投資家がESG価値のすべて、あるいは相当部分をPBRに織り込むべきだと答えていることが明らかになった。筆者はここに希望があると考える。日本企業はESGの価値を説明すれば、企業価値を倍増できる蓋然性があるということである。

## 6.3　ESGとPBRの同期化モデル（「柳モデル」）

　では、ここでPBR仮説に基づいて潜在的な企業価値を顕在化する、「柳モデル」の全体像について述べていきたい。

　まず概念フレームワークを示し、次にそれを裏付ける実証研究のエビデンスを紹介する。そして、統合報告書でそのエビデンスを開示し、投資家との対話を徹底的に実施する。以上のトータルパッケージを繰り返すことによって、市場に企業の非財務的価値が理解され、ESGが企業価値評価に転換される。これらの段階のいずれか1つが足りなくても、市場の理解もESGの企業価値への転換も十分とはならない。

　ちなみに、エーザイの投資家とのエンゲージメントは年間約800回にすぎない。800回ではまだ不十分である。海外の津々浦々の投資家が、ウェブサイト上のエーザイの200頁ある統合報告書をスクロールして熟読することは期待できない。やはり企業側から説明する必要があるので、筆者はこれを「ESGパッケージ」と名づけた、統合報告書を抜粋したパワーポイントをつくって説明している。投資家との面談では時間の半分以上をESGに費やすことにして、通常2時間ほど、長い場合には5時間かける場合もある。そのように徹底的に対話をするなかで、丁寧に粘り強く投資家に企業価値をすり込んでいくことも必要である。

　図表6－2の「柳モデル」（柳2021b）をみると、株主価値（長期の時価総額とする）の内訳として、株主資本簿価（BV）と市場付加価値（MVA）がある。エーザイの例では、執筆時現在でBVは約7,000億円、時価総額は1兆7,000億円くらいなので、約1兆円がMVAとなる。柳が2009年の著書（柳2009）で紹介した、左側のイントリンジック・バリュー[1]（Intrinsic Value：本源的価値）モデルに基づくと、MVAは顧客・人・組織の価値やESGの価値

---

1　企業価値のうち、株価等で表象されていない価値のこと。本源的価値、内在価値。

となる。柳（2009）はIIRCのフレームワーク（IIRC 2013）公表前の2009年から財務資本と非財務資本の価値関連性についてのモデルをIntrinsic Value（企業の本源的価値）モデルとして提唱してきた。

　そこでは、「ROE経営を超えた高付加価値経営」として、市場付加価値（MVA）＝「組織の価値」「人の価値」「顧客の価値」「ESG/CSRの価値（資本コスト低減効果）」と定義している。Intrinsic Valueモデルでは、企業の本源的価値は、従来の企業価値を財務的に示す代表的な企業価値評価モデルであるDCF（Discounted Cash Flow：キャッシュフローの割引現在価値）に研究開発（採択のgo/no goの選択価値がある）のリアルオプション価値と研究開発の潜在価値（PI〔Profitability Index〕モデル）を加算して算出される。そして、非財務価値を重視する最高財務責任者（CFO）の高付加価値経営では、それは会計上の株主資本簿価に市場付加価値（MVA）とサステナビリティ（ESG/CSR）の価値を加味したものと解釈される。市場付加価値は「顧客の価値」「人の価値」「組織の価値」から構成され、「見えない価値」が重要かつDCF価値（＋リアルオプション価値）と整合的（非財務価値が将来のキャッシュフローに影響する）であると考える。潜在的には「ESG/CSRの価値」が資本コスト低減のルートで企業価値増分に関連している。

　加えて、研究開発（知的資本、研究員の能力も勘案すれば人的資本を含む）と定量的な付加価値の同期化については、柳（2009）以来、筆者は、短期的には、会計上費用計上され営業利益にマイナスの要因となり、特定のプロジェクトの商品価値も可視化していない段階の「基礎研究の価値」をリアルオプションとPIを使って、たとえば今日の研究費用1ドルが1.1ドルの価値があるというモデルを主張してきた。

　あるいは右側のIIRC-PBRモデルのように、MVAにはIIRC（2013）の5つの非財務資本（知的資本、製造資本、人的資本、社会・関係資本、自然資本）の価値が織り込まれているはずである。「株主価値＝長期的な時価総額＝株主資本簿価（BV）＋市場付加価値（MVA）」の前提で、株主資本簿価（PBR1倍以内の部分）を「財務資本」、そして市場付加価値（PBR1倍を超える部分）を「知的資本」「製造資本」「人的資本」「社会・関係資本」「自然資本」とい

図表 6 - 2　非財務資本とエクイティ・スプレッドの同期化モデルの提案（柳モデル）

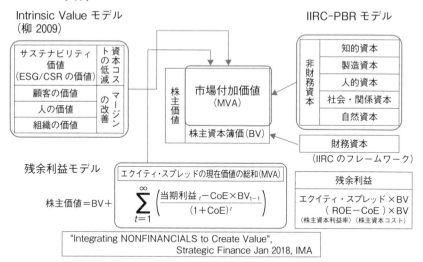

出所：筆者作成。

った非財務資本と関連づけることにより、IIRCの 6 つの資本の価値関連性を説明しているのがIIRC-PBRモデルである（柳2021b）。

　こうした定性的な関連（リンケージ）は定量的なファイナンス理論でもサポートされている。図表 6 - 2 下方の残余利益モデル（オールソン・モデル）[2]では、時価総額のうちPBR 1 倍超の部分は将来の利益が資本コストを上回る残余利益の現在価値の流列であるので、すなわち、エクイティ・スプレッドの関数になる。つまり、日本企業の経営者が定性的、情緒的に「ESGが重要だ」というのと、外国人投資家が「そんなあいまいなことよりも自己資本利益率（ROE）だ、資本コストだ」というのとは、一見、二律背反しているようだが、実はMVAを増やすという意味において同じ方向を向

2　配当割引モデル（DDM）とクリーンサープラス（脚注 3 参照）関係に基づいた企業価値評価モデル。Ohlson（1995）で最初に提示された。配当割引モデルやキャッシュフロー割引モデルとは異なり、純資産簿価や会計利益（の予測額）等の会計数字に基づき企業価値を推定するところに特徴がある。詳細は岡本（2017）を参照。

いている。同期化が可能なのである。

「柳モデル」を柳良平（2021b）から整理すると次のようになる。

> 株主価値＝長期的な時価総額
> ＝株主資本簿価(BV)＋市場付加価値(MVA)
>
> 株主資本簿価(BV)＝PBR1倍以内の部分＝「財務資本」
>
> 市場付加価値(MVA)＝PBR1倍超の部分
> ＝非財務資本関連(インタンジブルズ)
> ＝「知的資本」＋「製造資本」＋「人的資本」＋「社会・関係資本」＋「自然資本」
> ＝ESGの価値（遅延して将来の「財務資本」に転換されるもの）

参考までに、別の切り口として、ESGと企業価値、PBRの関係をもう少し簡便法でPBR=ROE×PERの関係式から触れておこう。できれば日本企業も英国平均あるいは先進国平均のPBR2倍程度に達することが望まれる。PBRはROE掛けるPERなので、たとえば、最低でもROE10％は達成できるとすると、PERは20倍以上でなければならない。PERは、クリーンサープラス[3]関係と定常状態を仮定して式を簡素化すると、資本コストrと利益成長率gの差の逆数に近づく。資本コストrが8％だとしたら、利益成長率gが3％あればPERは20倍になる。つまり、一般的には企業はたとえば、ROE10％、そして持続的な成長率3％程度を目指すことが、PBR2倍になるための平均的なメドになることが示唆されている。

では、ESGがそれにどう影響を及ぼすのか。ESGはガバナンスや内部統

---

3　貸借対照表上の純資産額の増減は、増資等の資本取引を除くと、損益計算書上の利益と配当に限るという関係。

　この関係を用いると、貸借対照表上のt期末の純資産簿価Btは、前期（t−1）末（＝t期首）純資産簿価$B_{t-1}$にt期の当期純利益xtを加え、t期の配当額dtを控除した金額となる。すなわち、次の関係が成り立つ。

　$B_t = B_{t-1} + xt - dt$

　t−1期末（＝t期首）の純資産に資本コストrを乗じた$rB_{t-1}$は正常（標準的）利益と呼ばれ、t期の当期純利益xtから正常利益を差し引いた（xt−$rB_{t-1}$）は残余（超過）利益と呼ばれる。

制の高度化、環境規制への対応を通じて資本コスト r を下げる。一方で、ESGは、女性管理職の登用、知的資本や研究開発への投資、人材への投資を通じて利益成長率 g を高める。すなわち、ESGは資本コストを低め、利益成長率を高めるという2つの経路を通じて、PBRを高めると解釈できる。

　ただし、この「柳モデル」が成立するためには前提条件としてロングターミズムでなくてはならず、ショートターミズムでは均衡が破壊される。必要以上に従業員を減らし、研究開発費をゼロにすれば、極端にいえばROEを倍にすることができるかもしれないが、それでは顧客のためにならない。エーザイでいえば、患者様の命や健康を守るという企業としてのパーパスを遂行できなくなる。これは超長期での企業価値を傷めるから、市場が正確であれば、あまりに過度なリストラによってPBRはむしろ下がることになるはずである。ロングターミズムでこそ、ESGと企業価値の両立が可能になる。

　以上が、HBS、Wellington、BlackRockが「柳モデル」と呼んでいる考え方である。

## 6.4　いくつかの実証研究

　非財務資本が企業価値に影響を与えるエビデンス（証拠）として、世界中ですでに多数の論文が公表されている。筆者がかかわったものでは、中央大学の冨塚嘉一教授のチームに依頼して、日本の医薬品セクターを対象としてIIRCの5つの非財務資本とPBRの正の相関を実証した研究（冨塚嘉一(2017)）がある。

　この実証研究では、日本の医薬品セクターにおいても、知的資本、人的資本、社会・関係資本、自然資本とPBRには正の相関がある。特に人的資本との正の相関が強い。この結果は、ESGとPBRの正の相関、すなわち「PBR仮説」および「柳モデル」を裏付ける定量的な証拠の1つである。

　また、この結果は日本企業全体をユニバースにした柳・吉野（2017）等の

実証結果とも整合的である。

　ちなみに実務の先行開示事例では統計学的な有意差を証明したわけではないが、ドイツのSAP社の傾向値の簡便的な開示がかつてはベストプラクティスとされた。ドイツに本社を置く欧州最大のITソフトウェア会社であるSAPは主に「人的資本」の代理変数として、社内の従業員のエンゲージメント指数のポイントと営業利益の相関関係を分析して2015年の統合報告書で開示していた。同社は非財務資本のパフォーマンスを測定する手法として、複数の事例を紹介している点が興味深い。

　たとえば、SAPの従業員エンゲージメント指数（Employee Engagement Index、EEI）は、SAPへのロイヤリティ、勤労意欲、プライドや帰属意識を測る指数である。EEIは、従業員へのサーベイ調査結果に基づいており、会社の成長戦略の要は、「人的資本」としての従業員のエンゲージメントであるとの認識から、この指標を適用して測定を実施している。

　その実効性を測定するために、SAPでは毎年10月から11月にかけて従業員調査（People Survey）を実施して、財務、非財務のパフォーマンスと従業員エンゲージメントの間の相関関係を分析している。その結果、EEIが1％変化すると、企業の目的である「成長を伴う利益獲得」「顧客ロイヤリティ」に40百万～50百万ユーロの影響をもたらすと当社では試算している。

　SAP社では、財務資本と非財務資本のパフォーマンスの具体的な相互関連性確立のためのフレームワーク構築に注力してきた。この結果、4つの環境・社会（ESGのEとS）の指標、すなわちビジネス・ヘルス・カルチャー指数（BHCI）、従業員エンゲージメント指数（EEI）、従業員定着率、二酸化炭素（$CO_2$）排出量の4指標が営業利益に及ぼす影響を測定している。

　＊従業員エンゲージメント指数（EEI）が1％上昇すると、営業利益に40
　　百万～50百万ユーロの正の影響をもたらす。

　＊従業員定着率が1％改善すると、営業利益に45百万～55百万ユーロの正
　　の影響をもたらす。

　＊ビジネス・ヘルス・カルチャー指数（BHCI）が1％良化すると、営業
　　利益に75百万～85百万ユーロの正の影響をもたらす。

＊CO$_2$排出量を1％削減すると、営業利益に4百万ユーロの正の影響をもたらす（コスト削減が可能になる）。

先にESGは資本コストを下げると述べたが、これを実証した研究としては、加藤康之編著（2018）がある。

縦軸にリスクプレミアム（資本コスト）、横軸にMSCIによるESG格付を示して実証結果が報告されている。日本の大企業のMSCIによるESG格付の平均はトリプルBといわれているが、エーザイはダブルAを取得している。この研究によると、ダブルA企業の資本コストはトリプルB企業に比べて約0.3％低い。エーザイに当てはめると概算で10％ほどのプレミアムになることから、時価総額2兆円弱の10％、おおむね2,000億円くらいの企業価値を、ESGが資本コスト低減効果を通じてつくっていると試算できる。

この情報をチームで共有し、「われわれのチームはコスト・センターではなくバリュー・クリエイターだ、資本コスト低減によってESGで企業価値をつくっているのだ」とメンバーを鼓舞している。

3つ目に紹介する実証分析は、エーザイ独自のデータを使って、PBRとさまざまなESG関連重要業績評価指標（KPI）との関係を重回帰分析で調べたものである。これが「柳モデルの回帰分析」である。知る限り、おそらく「世界で初めて」（柳2021b）、エーザイでは自社のESGのPBRへの遅延浸透効果を重回帰モデルで証明して、詳細を公表した。エーザイはこの調査結果を2021年度の統合報告書で開示し、世界中の投資家と対話することで、多くのESGファンドからオーバー・ウェイトとしたい、ポートフォリオに組み入れたい、という声をいただいている。

図表6−3の「柳モデルの回帰式」は、短期の財務情報としてのROEをコントロールして、ESGがPBRにどの程度影響しているのかを示した回帰式である。期をずらして遅延浸透効果を検証しているのがポイントである。すなわち、ESGの取組みが株価に浸透するには時間がかかるという仮説を置いて、ESGが何年後に効いてくるかを調査したものである。

たとえば、女性管理職を増やしたら、即座に株価が上がるということはありえない。管理職に登用された女性がモチベーションを上げ、新しい提案を

図表6-3 エーザイのESG[1]のKPI[2]とPBR[3]の正の関係

重回帰分析（対数変換）[4]：$\ln(PBR_t)=\alpha+\beta_1 \cdot \ln(ROE_t)+\beta_2 \cdot \ln(ESG\ KPI_{t-i})+\gamma_{t-i}$

エーザイのESGのKPI 88個を平均12年遡及して（1,088件の重回帰分析数）28年分のPBRと可能な限り照合

| | ESG KPI | 遅延浸透効果（何年後に相関するか） | 回帰係数[5] | t値[6] | p値 | 自由度修正済み決定係数[7] | データ観測数 | |
|---|---|---|---|---|---|---|---|---|
| 社会・関係資本 | 調剤薬局 お取引先軒数（単体） | 0 | 3.30 | 4.55 | 0.001 | 0.70 | 12 | $p<0.01$ |
| 人的資本 | 障がい者雇用率（単体） | 10+ | 3.35 | 4.25 | 0.003 | 0.72 | 11 | |
| 人的資本 | 人件費（連結） | 5 | 1.38 | 4.40 | 0.003 | 0.75 | 10 | |
| 人的資本 | 健康診断受診率（単体） | 10 | 38.57 | 3.26 | 0.012 | 0.61 | 11 | |
| 知的資本 | 医療用医薬品承認取得品目数（国内） | 4 | 0.25 | 3.13 | 0.017 | 0.61 | 10 | |
| 人的資本 | 女性管理職比率（単体） | 7 | 0.24 | 2.96 | 0.018 | 0.56 | 11 | |
| 人的資本 | 管理職社員数（単体） | 10+ | 3.14 | 2.94 | 0.019 | 0.56 | 11 | |
| 社会・関係資本 | 薬局等[8] お取引先軒数（単体） | 4 | 0.48 | 2.93 | 0.019 | 0.56 | 11 | $p<0.05$ |
| 知的資本 | 研究開発費（連結） | 10+ | 0.82 | 2.90 | 0.020 | 0.55 | 11 | |
| 社会・関係資本 | hhcホットライン[9] 問合せ数（単体） | 5 | 1.08 | 2.88 | 0.021 | 0.55 | 11 | |
| 人的資本 | 育児短時間勤務制度利用者数（単体）[10] | 9 | 0.33 | 2.89 | 0.023 | 0.57 | 10 | |
| 知的資本 | 研究開発費（単体） | 10+ | 0.88 | 2.78 | 0.024 | 0.53 | 11 | |
| 人的資本 | EMEA[11] 従業員数 | 9 | 0.33 | 2.75 | 0.025 | 0.53 | 11 | |
| 人的資本 | アメリカス[12] 従業員数 | 10 | 0.29 | 2.70 | 0.027 | 0.52 | 11 | |

* 1088のサンプルに対して、ESG KPIを用いた重回帰分析結果（対数ベース）から、PBR（連結）と有意な正の関係を持つつKPIを取って表示（逆相関を除く）
データ観測数が10以上、自由度調整済み決定係数が0.5以上、t値が2以上、p値が0.05以下のESG KPIを対象（アビームコンサルティング社の協力を得て作成）
*1 Environment:環境、Social:社会 Governance:企業統治 *2 Key Performance Indicator 重要業績評価指標 *3 Price Book-value Ratio 株価純資産倍率
*4 α:ROEでもESGでも説明できない、PBR上昇の影響要素、β_1:ROEとPBRの関係性の強さを示す値、β_2: ESG KPIとPBRの関係性の強さを表す指標 *6 統計的にROEもしくはESG KPIがPBRと相関性がある
と言える可否かを表す値 *7 回帰式（上記数式）全体の当てはまりの良さを確認する数値 *8 食品等のお取引先を含む *9 エーザイ製品に関するお問い合わせ・ご意見を承る窓口
*10 複数の取得する結果が得られた項目以上より有意な結果のみを記載 *11 欧州、中東、アフリカ、ロシア、オセアニア *12 北米

出所：柳（2021b）より引用。

して新商品ができ、若い女性たちが先輩をロールモデルとして自分も頑張るという流れが生まれて会社が活性化することが重要である。

　そうだとすると、ESGは5年、10年と遅れて価値を生むという遅延浸透効果仮説が生まれる。そこで、28年分のPBRについて期差分析した。たとえば、2000年時点の女性管理職比率と2000年、2001年、……2020年、2021年のPBR、株価とを比較していく。

　つまり、当該の「柳モデルの実証分析」では、2019年7月時点でエーザイのESG KPI（88種類）につき、データが入手可能な限り過年度までさかのぼり（平均12年）時系列データを抽出（1,088個）して、ESGファクターとPBR（28年分）との正の相関関係を検証する対数変換での重回帰分析（ROEをコントロールした2ファクターモデル）を実行した（データ分析実行ではアビームコンサルティング社の協力を得た）。申し上げたとおり、従来から、柳・目野・吉野（2016）等の先行研究などに依拠して「ESGは事後的・長期的に企業価値に遅延浸透効果をもつ」という仮説を立てていたことから28年分のPBRを用意して、期差分析による遅延浸透効果の測定を行った（柳モデルの回帰式：$\ln(PBR_i) = \alpha + \beta_1 \cdot \ln(ROE_i) + \beta_2 \cdot \ln(ESG\ KPI_{i-t}) + \gamma_{i-t}$）。

　既述のように、エーザイにおいて入手可能なESGのKPI88個に対して、年度をずらした変数を作成し、延べ1,000以上のサンプルとなるエーザイのESGのKPIが何年後のPBRに影響を及ぼすかについて回帰分析を実行した（遅延浸透効果）わけであるが、柳（2021b）では「p値5％未満、t値2以上、$R^2$ 0.5以上」を統計的に有意な水準とし、「正の相関関係」を示した結果を図表6-3のようにエーザイ統合報告書2021で開示した。

　「柳モデルの実証分析」の結果、障がい者雇用率と連結人件費がp値1％未満で有意、社員の健康診断受診率、女性管理職比率、管理職社員数、育児短時間勤務制度利用者数、欧米従業員数がp値5％未満で有意に遅延浸透効果をもってPBRと正の関係がある。人的資本関係に多くの有意な結果が得られたが、これはIIRCの5つの非財務資本で「人的資本」が最もPBRとの正の相関が強いという結果を示唆した冨塚（2017）とも整合する。「知的資本」では、承認取得した医療用医薬品数、連結と単体の研究開発費も有意水準

5％で長期遅延浸透効果として、PBRにポジティブな影響を及ぼしている。製薬企業における長期的な研究開発投資の重要性があらためて明示された。これらの定量的な実証分析結果は、定性的なサステナビリティ会計基準審議会（SASB、VRFを経てISSBへ統合）のバイオテクノロジー＆医薬品のマテリアリティと整合性があり、投資家とのエンゲージメントでもアカウンタビリティに資する。

　この調査について、サンプル数が少ない、同業他社比較がないといった問題点があることは、もちろん承知している。しかし、サンプル数を多くしようと思ったら、さらに3年から5年を要するうえ、同業他社のデータを同じベースで取得することはできない。実務では、これがほぼ限界と割り切って、自信をもって世界の投資家に提示している。HBSのセラフェイム教授はこの「柳モデルの実証研究」について、「知る限り世界初の試みであり、理論的ベースに同意する。サンプル数も実務の開示までにはほぼ限界であり、投資家とのエンゲージメントの証拠としては十分な研究成果といえる」としている。

　図表6－3の「柳モデルのエーザイにおける回帰分析」の感応度分析を概算（相関係数、遅延浸透効果とPBRや時価総額のレベルから換算）で解釈すると、95％の信頼区間で以下の事例のような相関関係の示唆となる（図表6－4）。

・エーザイでは人財に10％追加投資すると5年後に約3,000億円の価値を事後的・遅延的に創造できる。
・エーザイでは研究開発に10％追加投資すると、10年超の年数をかけて約2,000億円の長期的な価値を生むことができる。
・エーザイでは10％女性管理職を増やすと7年後に約500億円の企業価値向上につながる。
・エーザイでは育児時短制度利用者が10％増えると9年後に約900億円の企業価値を創造できる。

　もちろん、上記はあくまで「相関関係」の証明であり、「因果関係」の説明には具体的なESGのストーリーの開示と対話が重要になる。しかしなが

感応度分析（信頼区間95％における平均値試算）

> 人件費投入を１割増やすと５年後のPBRが13.8％向上する

> 研究開発投資を１割増やすと10年超でPBRが8.2％拡大する

> 女性管理職比率が１割改善（例：８％から8.8％）すると７年後のPBRが2.4％上がる

> 育児時短制度利用者を１割増やすと９年後のPBRが3.3％向上する

エーザイのESGのKPIが各々５〜10年の遅延浸透効果で
企業価値500億円から3,000億円レベルを創造することを示唆

出所：柳（2021b）より引用。

ら、人件費や研究開発費が企業価値創造に長期的・遅延浸透的につながるというエビデンスを得たので、エーザイでは現在この実証研究を統合報告書でも開示して、短期志向を排して長期志向で世界の投資家とエンゲージメントを行っている。

　ただし、繰り返すが、実証研究は相関の証明である。因果関係は、リアルストーリーを説明することで納得してもらうことが重要である。実際にエーザイでは、女性管理職に講演してもらったり、統合報告書で具体的な研究開発、女性管理職や育児・時短のプログラム、パーパスの浸透度、熱帯病の治療薬の無償配布など具体的な取組みを開示したりすることで、相関と因果をつなぐようにしている。

　図表6−5は、柳良平・杉森州平（2021）で公表した「柳モデルの回帰分析」のバックアップテストの結果である。エーザイからユニバースを広げて、「柳モデル」をTOPIX100と500の構成銘柄について当てはめて、過去にさかのぼって開示情報がとれる人件費・研究開発費とPBRの関係を試算したところ、日本企業全体でも人件費・研究開発費が６〜12年後には価値を生んでいることが判明した。

| TOPIX100、500企業全体の傾向を見ても人材への投資、知的資本への投資が、企業価値向上に寄与していることが判明 |
| --- |

〈人件費、研究開発費のPBRへの遅延浸透効果[*1]〉

| ESG KPI | 対象 | 遅延浸透効果（何年後に相関するか） | | | | | | | | | | | | | |
| --- | --- | --- | --- | --- | --- | --- | --- | --- | --- | --- | --- | --- | --- | --- | --- |
| | | 0 | 1 | 2 | 3 | 4 | 5 | 6 | 7 | 8 | 9 | 10 | 11 | 12 | … |
| 人件費 | TOPIX 100 | | | | PBR 向上 効果！ | | | | | | | | | | |
| | TOPIX 500 | | | | | | | | | | | | | | |
| 研究 開発費 | TOPIX 100 | | | | | | | | | | | | | | |
| | TOPIX 500 | | | | | | | | | | | | | | |

凡例：PBRと正の相関
　　　PBRと負の相関

＊１：人的資本（人件費）、知的資本（研究開発費）が何年後に企業価値となるか、TOPIX100[*2]、TOPIX500[*3]企業に対して柳モデルで分析　柳モデル："CFOポリシー（中央経済社2020）"、柳（2020）、柳・杉森（2021）
＊２：公開情報からデータが取得でき、直近20年間のPBR平均が１倍以上の49社
＊３：公開情報からデータが取得でき、直近20年間のPBR平均が１倍以上の239社
出所：柳・杉森（2021）より引用。

　特にTOPIX100企業をユニバースにした「柳モデル」の代入では、人件費の分析結果のなかで最も有意性が高い結果となったものを使用してPBRの感応度を計算した結果、人件費投入を１割増加させることで、７年後にTOPIX100企業平均ではPBRが2.6％上昇するという関係が得られた。エーザイの分析では、人件費投入を１割増加させることで５年後のPBRが13.8％上昇するという結果が確認されたが、当実証分析に比べて遅延浸透効果が短く値も大きいため、エーザイはTOPIX100企業の平均的な数値に比して人件費投資効果が高いことを示している。同様の計算を研究開発費に対しても行うと、研究開発費投入を１割増加させることで、７年後にTOPIX100企業平均でPBRが3.0％上昇する示唆となる。一方でエーザイの分析では、研究開発費投入を１割増加させることで、10年以上の年月を経てPBRが8.2％上昇するという結果になっている。値はTOPIX100企業のものよりも大きく、研

究開発費投資効果がより高いことを示しているが、遅延浸透効果はエーザイのほうが長くかかる結果となっており、製薬産業における研究開発期間が他のセクターと比較してきわめて長いことと整合している。

　会計上は営業利益から引かれてしまうため、人件費や研究開発費をあたかもサンクコスト（埋没費用）のようにとらえる人がいるかもしれないが、実はそうではなく、エーザイのみならず、日本企業全体でも、人件費や研究開発費は時間を経て価値を生む、実質的なインタンジブル資産への投資であることが図表6−5でわかる。ただし、TOPIX500までユニバースを広げると、足元では負の相関になる。すなわち、人件費・研究開発費を増やすとEPSが下がるので株は売却されてしまう。これに対して、IRや情報開示が充実しているTOPIX100では、人件費・研究開発費はPBRと短期的にも負の相関にはならず、長期的に価値を生む。

　ちなみに、ここでユニバースとしているのはPBR1倍以上のグループである。PBR1倍超の部分がESGの価値なので、PBR1倍未満のグループをサンプルにしたテストでは統計学的に有意差がなく、ESGの価値を測ることができなかった。この結果は「PBR仮説」および「柳モデル」の考え方と整合性がある。

## 6.5　統合報告書での開示

　エーザイでは2021年度からESGの会計を統合報告書（価値創造レポート2021）で開示している。人件費・研究開発費が5年後、10年後に価値を生むことを回帰モデルで証明したので、それはサンクコストのように営業利益から引くべきではない、インタンジブル資産への投資であり、費用ではない、という考えで、営業利益に人件費・研究開発費を足し戻したESG EBIT（図表6−6の最下段）を2021年度から開示している（図表6−6）。

　たとえば、2019年度のESG EBITは3,678億円だが、その1段上の従来の

図表6－6　ESG Value-Based損益計算書

（単位：億円）

| | 2018年度 | 2019年度 |
|---|---|---|
| 売上収益 | 6,428 | 6,956 |
| 売上原価 | 1,845 | 1,757 |
| うち生産活動に関わる人件費<br>人的資本 | 136 | 142 |
| 売上総利益 | 4,719 | 5,341 |
| 研究開発費 | 1,448 | 1,401 |
| 研究開発費<br>知的資本<br>（うち人件費） | 1,448<br>(456) | 1,401<br>(464) |
| 販売管理費 | 2,282 | 2,563 |
| うち営業活動に関わる人件費<br>人的資本 | 871 | 880 |
| その他損益 | 9 | 20 |
| 従来の営業利益 | 862 | 1,255 |
| ESG EBIT | 3,317 | 3,678 |

ESG EBIT＝営業利益＋研究開発費＋人件費
出所：エーザイ統合報告書2021。

IFRS上の営業利益は約1,200億円である。したがって、会計上の利益の3倍のESGの利益があるという主張を世界に向けて発信している。エーザイのPERが時として40倍、50倍もあって割高だという人がいるが、真の利益が3倍なので割高ではない、むしろ割安だと思っていると主張している。人の価値やパイプライン、知的財産の価値からいって、いまのバリュエーションは割安だというメッセージである。

　人件費・研究開発費を足し戻したこのESG EBITについては、Black-Rock、Wellington、日興アセットマネジメント、三菱UFJ信託銀行、野村ア

セットマネジメントなどの著名な投資家が支援を表明している。

　このESG EBITは簡便法だが、加えて、柳とセラフェイム教授との関係からHBSとの新規の共同研究に至り、エーザイは2021年度の統合報告書で、HBSのIWAI（Impact-Weighted Accounts Initiative：インパクト加重会計イニシアチブ）というESGインパクト会計基準に従った従業員会計を日英2カ国語で開示した（図表6 - 7）。日本におけるIWAIのファースト・ケースである。

　エーザイの「従業員インパクト会計」（柳良平2021b）の試算の前提は次のとおりである。

**図表6 - 7　従業員インパクト会計**

エーザイは2019年に269億円の正の価値を創出

| エーザイ従業員インパクト会計（単体） | | | | （単位：億円） |
|---|---|---|---|---|
| 年度 | 2019 | joint-research w/HBS for IWAI | | |
| 従業員数 | 3,207 | | | |
| 売上収益[※1] | 2,469 | | | |
| EBITDA[※1] | 611 | | | |
| 給与合計 | 358 | | | |

| 従業員へのインパクト | インパクト | EBITDA | 売上収益 | 給与 |
|---|---|---|---|---|
| 賃金の質[※2] | 343 | 55.99% | 13.87% | 95.83% |
| 従業員の機会[※3] | （7） | － 1.17% | － 0.29% | － 2.00% |
| 小計 | 335 | 54.82% | 13.59% | 93.83% |
| 労働者のコミュニティへのインパクト | | | | |
| ダイバーシティ[※4] | （78） | － 12.70% | － 3.15% | － 21.73% |
| 地域社会への貢献[※5] | 11 | 1.81% | 0.45% | 3.09% |
| 小計 | （67） | － 10.89% | － 2.70% | － 18.64% |
| Total Impact | 269 | 43.93% | 10.89% | 75.19% |

※1　売上収益・EBITDAはセグメント情報から一定の前提で按分
※2　限界効用・男女賃金差調整後
※3　昇格昇給の男女差調整後
※4　人口比の男女人員差調整後
※5　地域失業率×従業員数×（年収－最低保障）
出所：柳（2021b）より引用。

・エーザイ単体（日本）を取り扱い、今回の計算では海外の従業員は含まない。基準日は2019年末とした。従業員総数は3,207名、年間給与支払総額（12月基準で年換算）は358億円、平均年収理論値は1,114.8万円。

・エーザイ単体の売上収益、EBITDAは、セグメント情報から一定の比率で按分。正式のエーザイの個別財務諸表とは一致しない。「実力理論値」ベースをHBSと試算した。

　こうした前提のうえで、筆者とHBSで協議して日本流にアレンジしたIWAIの「従業員インパクト会計」の計算方式を解説する。先ほどのESG会計の価値提案による「ESG EBIT」のように、人件費は費用ではなく投資として営業利益に足し戻すべきもの、あるいは社会的インパクトを創出するものとして認識すべきであるが、人件費100％全額の足し戻しには一部の投資家から批判もあった。そこで、IWAI方式で、人件費総額を価値創造とみなさずに、IWAIのフォーマットを日本企業にあわせて微調整のうえで適用して、給与総額に限界効用、男女賃金差、昇進昇級の機会、多様性、地域社会への貢献を加減することで、より精緻に従業員インパクトを試算した。

　まず、「賃金の質」であるが、はじめに日本のエーザイ従業員居住地の最低生活賃金を勘案するが、エーザイの年収は高く、すべて付加価値とした。さらに、そのエーザイの給与総額358億円から、限界効用逓減分と男女賃金差補正分を差し引いて「賃金の質」を計算している。限界効用はエーザイの従業員が勤務する都道府県の生活水準も加味して修正して、従業員の給与満足度をHBSが計算した。その結果、エーザイ従業員の給与満足度の飽和点は年収1,199万円（加重平均）となった。つまり、それ以上の年収の従業員給与には限界効用逓減の法則から価値創造を減額（年収が高いほど満足度は100％とはならず低減していく）している。また、階層別・役職別の男女賃金差を算出し、女性従業員が男性従業員よりも平均給与が低い部分を減額して調整している。ちなみに国内企業平均との比較では、エーザイは経営層の男女賃金差の比率は変わらないものの、中間管理職やエントリーレベルでは日本の平均を大きくアウトパフォームしており、相対的な男女賃金差は小さい。その結果、給与総額358億円に対して、社会的インパクトを創出する

「賃金の質」は343億円となった。人件費総額100％ではなく、調整後の人件費を賃金の価値創造と定義した。

　次に「従業員の機会」は、機能別・職階別に男女比率を算出し、上級管理職比率がエーザイの全体の女性従業員数の比率である23％になるように昇格昇給を平等化して試算したギャップを控除している。この調整は7億円の減額となっている。

　「ダイバーシティ」の項目では、エーザイの女性従業員比率を日本の女性人口比率51％まで高めるために、不足分の909名をエントリーレベルで新規雇用したと仮定して78億円をインパクトから減算して、男女雇用者数を平等化する計算をしている。

　最後に「地域社会への貢献」では、エーザイ従業員の勤務する全都道府県のそれぞれの失業率と最低生活賃金を加味して、エーザイ従業員の雇用が地域社会につくりだす社会的インパクトを試算した。その結果、エーザイの雇用は各都道府県に11億円の社会的インパクトを創出している。ちなみに従業員1人当りの雇用インパクトが大きいのは沖縄県、青森県、大阪府であり、総額としての雇用効果が大きいのは東京都、茨城県、岐阜県であった。

　これらの加減算の結果、エーザイ単体の給与総額358億円のうち、269億円が「正の社会的インパクト創出」として認識されたことになる。これは、給与総額の75％に当たり、利払前・税引前・減価償却前利益（以下、EBITDA）試算値の44％に当たる。ESG会計ではエーザイの従業員インパクトを加味すると、ESGのEBITDAは会計数値の144％の価値がある。また、人財投資効率は75％と高い。

　このエーザイのインパクト創出率75％という数字は、Meta（旧・Facebook）、Starbucks、Salesforceを凌駕してAccenture並みである。米国企業と比較してもトップクラスの人材投資効率といえる。ただし、日本は男女比率が問題だが、米国では人種別比率などが問題であり、フォーカスに異なる点のあることは注記しておきたい。

　筆者は、先ほどの実証研究やこうしたインパクト会計の結果を人事部門や従業員組合と共有している。組合の委員長や書記長からは、「著名米国企業

並みのバリュー・クリエイションがあることがわかって、モチベーションが上がる」というポジティブな反応をもらっている。人事部門に対しては、「エーザイは素晴らしい成果を出しているほうだが、まだ男女差がある。女性をもっと採用し、管理職に登用しよう、研修プログラムを充実させよう。証拠となる数字はここになる」と伝えて、目標設定に活かしてもらっている。2020年に女性管理職比率10％をクリアしたが、新しい目標30％に向けて、動き出しているところである。

## 6.6　統合報告書の具体的事例

　前述したように、ESGと企業価値との相関は証明したものの、因果関係の説明ではやはり統合報告書での開示とエンゲージメントに頼ることになる。エーザイはパーパス、企業理念を世界で初めて2005年の株主総会の特別決議で定款に盛り込み、統合報告書で開示している。このパーパスは、現在のCEOが30年以上前に社長に就任した際に創業精神を昇華して決断したものである。

　エーザイは製薬会社なので、企業理念は「患者様第一主義」である。「本会社の使命は、患者様満足の増大であり、その結果として売上げ・利益がもたらされ、この使命と結果の順序を重要と考える」と言い切っている。すなわち、社会的価値と経済的価値は両立すると宣言したものである。そして、使命はあくまで患者様の命や健康を守ることで、その結果として、5年後、10年後に企業価値、利益が生まれるということである。

　つまり、エーザイの企業理念は患者様第一主義を謳い、「会社の使命は患者様貢献である」としている。これは広義のESGである。しかし、そこにとどまらず、「その結果として売上げ・利益がもたらされる」とも明記されており、これは広義の企業価値である。つまり、使命としてのESGと結果としての企業価値を両立する。そして、この「使命と結果の順序」が重要で

あると強調していることは、「柳モデル」が証明した遅延浸透効果とも整合的である。ESGと企業価値の同期化はエーザイの企業理念には当初から深くビルトインされているのである。

　「柳モデル」は社会的価値と経済的価値を両立する、このパーパスの理論的な説明であり、ESG KPIとPBRの重回帰分析はその裏付けとなる実証研究にほかならない。さらに遅延浸透効果が「順序の重要性」も統計学的な有意差をもって証明している。

　繰り返しになるが、エーザイは2005年の株主総会の特別決議で、世界で初めて、この企業理念を定款に盛り込んで「株主と共有」した。したがって、株主から「今期の研究開発費や人件費を大幅に切って、EPS、ROE、配当を倍にしろ」といわれたら、「それでは長期的な企業価値を破壊するし、そもそもいっていることはパーパスに反する定款違反だから実行できない」と回答することができる。現実にそのような場面も経験した。

　研究開発費や人件費などに現在投資をして、よい薬をつくって、アルツハイマー、がん、不治の病から人々を救う努力をし、それによって多くの患者様やその家族に貢献できれば、５年後、10年後の利益や売上げやROEは事後的に上昇する。それによって長期投資家は報われる。したがって、CFOとして、たとえば、単年度のROEは必ずしも最重視しなくてもよく、10年平均が意味をもつ。

　エーザイは、10年間の移動平均でおおむねROE10％レベルを達成している。2020年度のROEは８％を下回るが、それはアルツハイマーの新薬開発に向けて人件費や研究開発費を積極的に投入した結果であり、企業理念、定款に従った行動である。もちろん長期的に投資の効果があったかどうかは問われなければならない。

　そしてパーパスの社員への浸透が重要である。

　エーザイでは、この企業理念の研修を世界で約１万人の全従業員に義務づけている。患者様と一緒に時間を過ごし、患者様と喜怒哀楽をともにして企業価値をつくっていくというパーパスを非常に重視していることを、日本人だけではなく米国人や英国人、製造・営業部門だけではなく管理部門の従業

員にも理解してもらう。

　参考までに、この企業理念を具現化するプロジェクトの１つとして、エーザイでは「顧みられない熱帯病」の１つであるリンパ系フィラリア症治療薬（DEC錠）を新興国の患者へ世界保健機関（WHO）とタイアップして2020年度までに20億錠以上を無償供与している。さらにエーザイでは期限を延長して、この「顧みられない熱帯病」を完全制圧するまで無償で提供し続ける予定である。CFOとしては、この医薬品アクセス（Access to Medicine、ATM）の社会貢献は、寄附ではなく、あるいは単純な企業の社会的責任（CSR）だけにとどまらず、投資家・株主にも受け入れられる「超長期投資」の側面もあると考える。すなわち、社会的価値と経済的価値の両立である。エーザイではIIRC（2013）のモデルに沿って、そのインプット、アウトプット、そしてアウトカムを2021年統合報告書で説明している。

　エーザイのCFOポリシーおよび「柳モデル」に従って解釈すれば、これは、「高付加価値経営」を目指した試みで、ESGの「Ｓ」（社会貢献）による価値創造である。当初は赤字プロジェクトとして短期的な利益やROEにはマイナス要因であるが、超長期では新興国ビジネスにおけるブランド価値、インド工場の稼働率上昇（＋先進国からの生産シフト効果）による生産性向上や従業員のスキルやモチベーション改善などを通してNPV（正味現在価値）がプラスになることが実際に試算できている。たとえば、筆者は当時CFOとして、財務部門と生産部門の管理スタッフの協力を得て2018年度からの管理PLを試算したが、連結原価低減効果から当プロジェクトの単年度黒字化を確認している。この無償供与のプロジェクトは、ある意味では、長期投資家とwin-win関係の、ファイナンス理論上も正当化できる「超長期投資」なのである。これはパーパスにのっとり、ESGが長期的かつ遅延効果としての企業価値向上につながる「柳モデル」を実践している具体例といえるのではないだろうか。

　繰り返すが、CFO（執筆当時）として「柳モデル」と「実証研究」の実行と開示はまさにエーザイのパーパスを証明したものであり、受託者責任と考えている。それらもあわせてESGと企業価値の関係性を外部の投資家のみ

ならず、内部の従業員組合ともエンゲージメントしている。ESGの担い手である従業員はきわめて重要な人的資本である。情報共有・対話を積み重ねることで、彼らも「モチベーション上がりますよね、ESG頑張りましょう」といってくれる。ユニオン・メンバーとの対話では筆者自身、励まされてきた。

　もちろん、外部の投資家への「柳モデルと実証」のアプローチを中心にしてはいるが、そういった内部のステークホルダー・コミュニケーションという点でも、ESGと企業価値の両立は重要だと考える次第である。筆者は投資家サーベイの定性的な証拠、「柳モデル」の実証結果から、日本企業がESGと企業価値の関係性を定量化して証明して説明責任を果たすことで、日本企業の価値評価は倍増できる、PBR 2倍の国になれる蓋然性があると信じている。

＊データ、および記述は執筆時現在。筆者は2022年6月にエーザイCFOを退任してシニア・アドバイザーに就任している。

**【参考文献】**

岡本治雄（2017）『会計記号と企業分析』唯学書房、210－213頁。

加藤康之編著（2018）『ESG投資の研究　理論と実践の最前線』一灯社、309頁。

冨塚嘉一（2017）「非財務資本は企業価値に結び付くか？―医薬品企業の統合報告書に基づく実証分析」『企業会計』69（7）、116－122頁。

柳良平（2009）『企業価値最大化の財務戦略』同友館。

柳良平（2021a）「ESGの見えざる価値を企業価値につなげる方法」『DIAMONDハーバード・ビジネス・レビュー』1月号、ダイヤモンド社。

柳良平（2021b）『CFOポリシー第2版』中央経済社。

柳良平（2021c）「日本企業の価値創造に係る資本市場の視座2021－2021年グローバル投資家サーベイ結果―」『月刊資本市場』2021（7）、4－14頁。

柳良平・目野博之・吉野貴晶（2016）「非財務資本とエクイティ・スプレッドの同期化モデルの考察」『月刊資本市場』2016（11）、4－13頁。

柳良平・吉野貴晶（2017）「人的資本・知的資本と企業価値（PBR）の関係性の考察」『月刊資本市場』2017（10）、4－13頁。

柳良平・杉森州平（2021）「ESGのPBRへの遅延浸透効果と統合報告での開示」『企業会計』2021（2）、112－120頁。

IIRC (2013). *The International IR Framework*. International Integrated Reporting Council.

Ohlson, J. A., *Earnings, Book Values, and Dividends in Equity Valuation*. Contemporary Accounting Research, Vol. 11, No. 2 (Spring 1995), pp. 661-687.

Yanagi, R. and Michels-Kim, N. (2021). *Eisai's ESG Investments*. Strategic Finance (IMA): 2021 (5): pp. 46-53.

# 第6章 補論

## 持続可能な社会の一助となりうる
## インパクト加重会計

## 1　はじめに

　オランダのエラスムス大学のダーク・シューメイカー教授は、持続可能な社会の実現に向けた金融（サステナブルファイナンス）が発展するなかで、財務的価値を視野に入れながら、社会・環境へのインパクトをより優先するステージを想定している[1]。インパクトは、端的には環境面・社会面への効果を意味し、金融市場で長らく根づいてきた投資判断の尺度であるリスク、リターンに次ぐ評価軸として注目が集まっている[2]。

　「柳モデル」と同様に、非財務的な価値であるインパクトを財務的側面から可視化すべく主要な研究を進めているのが、米国のハーバード・ビジネス・スクール（HBS）のジョージ・セラフェイム教授が中心となって2019年に立ち上げたインパクト加重会計イニシアチブ（Impact-Weighted Accounts Initiatives、IWAI）である。IWAIが提唱するインパクト加重会計は近年、実践する企業が諸外国で徐々に増え始め、日本でもエーザイをはじめとしたいくつかの企業が取組みを進めている。

　本稿では、IWAIによる研究経緯およびインパクト加重会計の仕組みを概

---

1　Schoenmaker（2017）。シューメイカー教授が想定するサステナブルファイナンスの発展段階の詳細は第1章を参照。
2　インパクトには、「事業や活動の結果として生じた、社会的・環境的な変化や効果」（Global Steering Group for Impact Investment〔GSG〕国内諮問委員会）、「プロジェクトや計画によって生じる、直接的もしくは間接的、意図的もしくは意図的でないポジティブ・ネガティブな効果」（Impact Management Project〔IMP〕）等の定義がある。

観したうえで、今後の論点を紹介する。

IWAIは2019年、Global Steering Group for Impact Investment（GSG）と Impact Management Project（IMP）[3]による研究主導の共同作業として、セラフェイム教授の指導のもと、HBSのインパクト加重会計プロジェクトというかたちで設立された[4]。

IWAIは、研究を進めるに至った背景として、①すべての企業は、インパクトを有しているが、そのほとんどが現在、比較可能かつ包括的な方法で測定されていない、②企業が社会や環境に与えるインパクトを測定し、貨幣価値換算することは、それ自体が十分条件でないものの、資本主義を再構築するために必要、等をあげた。１点目について、一部の企業では金銭的なインパクト評価を行い、環境会計の実施や総合損益計算書を作成しているものの、その多くがインパクトではなくインプットや活動を測定しており、インパクトが価値評価されず、その価値の意味を説明するための会計報告にも組み込まれていないと指摘している。

このような実態もふまえ、IWAIは、①投資家や経営者の意思決定を後押しするかたちで、外部からのインパクトについて透明性を確保しつつ把握で

---

3　Global Steering Group for Impact Investment（GSG）は、人々や地球によりよい影響を与えるインパクト投資を推進するグローバルなネットワーク組織として2013年に創設された「Ｇ８社会的インパクト投資タスクフォース」が、2015年８月にGSGと名称変更したものである。IMPは、2016年にBridges Fund Managementなどが中心となり、2,000以上の組織を巻き込んで始められたイニシアチブである。IMPは、ESGやインパクトの測定・管理・報告に係る重要事項を議論し、世界的な統一基準の形成を目指している。

4　Serafeim, et al.（2019）。本稿のIWAIの研究内容の日本語訳は、社会変革推進財団および社会的インパクト・マネジメント・イニシアチブの五十嵐剛志氏による抄訳・まとめ「インパクト加重会計：インパクト・エコノミーのために必要なもの」を参考に記している。

図表6補－1　インパクト加重会計によってもたらされる4つの機会

| 1 | 何がインパクトを生み出すかについての直観を変える<br>・企業、従業員、消費者、投資家のすべての活動がインパクトを生み出すことを理解することができる |
|---|---|
| 2 | ESG投資市場にインパクトをもたらす<br>・ESG投資の社会的・環境的効果をよりよく理解することを可能にする |
| 3 | 経営者がよりよい情報に基づく意思決定を行うことができる<br>・経営者に自らの活動の費用と便益に関する新しい情報を提供することで、経営者がより正のインパクトをもたらす意思決定を行う可能性がある |
| 4 | インセンティブを強化する<br>・正のインパクトをもつ企業は、金融資本を惹きつける可能性が高くなる<br>・政府や規制当局は、税率や調達要件をインパクト加重会計の業績基準に結びつけることで、企業や人材がインパクトを改善するためのインセンティブを生み出すことができる<br>・顧客が自らの購買決定をこれらの指標に結びつけることで、最もインパクトのあるサプライヤーに報いることができる |

出所：Serafeim, et al.（2019）.

きる財務諸表の作成、②投資家や企業がビジネス上の意思決定を行う際に採用され、広く利用される方法論の構築、を目指すこととした。インパクト加重会計、すなわちインパクトを従来の財務と共通の貨幣価値に換算し、意味のあるかたちで集約し、意思決定に役立たせるための会計を通じて、4つの機会がもたらされると説明している（図表6補－1参照）。

　IWAIでは設立以降、インパクト加重会計の全般および各要素（雇用、製品、環境）のインパクト会計の考え方に加え、セクターごとの製品インパクトの考え方や実証分析、ケーススタディ等、多数の研究成果を公表してきた。

## 3　インパクト加重会計の概要

　IWAIでは、インパクト加重会計を「損益計算書や貸借対照表などの財務

諸表に記載される項目で、従業員、顧客、環境、より広い社会に対する企業の正と負のインパクトを反映させることにより、財務の健全性と業績を捕捉するために追加されるもの」と定義づけている[5]。

以下にて、IWAIが研究対象としている各要素のインパクト（雇用、製品、環境）の考え方を概観する。

## 3.1 雇用インパクト会計の仕組み[6]

雇用インパクト会計は、組織の雇用慣行を通じて生じるインパクトに着目したものである。同会計の要点は、組織が従業員の存在をどのようにとらえるかだといえる。従業員は、現在の会計慣行で主に費用要因（コストドライバー）として認識されているが、雇用インパクト会計では企業の資産としてもとらえている。たとえば、福利厚生プログラムは販売費および一般管理費等を通じて費用要因となるものの、従業員の健康とウェルビーイングの観点からは、同プログラムによる従業員の健康状態の改善を正のインパクトとして把握するアプローチをとっている。

IWAIでは、雇用インパクトの算出にあたって、従業員の成果にとって重要性の高い4つの基本的要素（賃金の質、キャリアアップ、機会、健康とウェルビーイング）と、より広範な労働コミュニティにインパクトを与えうる2つの要素（ダイバーシティ、ロケーション）に焦点を当て、アウトカムベースの指標を用いて、各要素を金額で測定する方法を記している（図表6補－2参照）。

IWAIは、各要素の金額での測定方法を示しているが、たとえば、賃金の質については、15段階により算定している。IWAIでは、テクノロジー、消費財、ヘルスケアという幅広い分野を代表していることや雇用慣行に関する情報開示が比較的充実していることをふまえ、米国企業のインテル、メル

---

5 Serafeim et al.（2019）.
6 Freiberg et al.（2021a）. 雇用インパクト会計の日本語訳は、社会変革推進財団および社会的インパクト・マネジメント・イニシアチブによる仮訳「ハーバードビジネススクール　インパクト加重会計イニシアチブ雇用インパクト会計（エグゼクティブサマリー）仮訳」を参考に記している。

**図表6補-2　雇用インパクトのフレームワーク**

| ステーク ホルダー | インパクトの 要素 | 説明 |
|---|---|---|
| 従業員 | 賃金の質 | 生活賃金、限界効用、公平性など、提供される賃金の質 |
| | キャリアアップ 機会 | 収入増をもたらす社内移動 |
| | | 職種別の従業員の人口構成 |
| | 健康とウェル ビーイング | 組織が従業員の健康と福利に与えるインパクト（傷害や事故、職場文化、職場の福利厚生プログラム、ヘルスケアへのアクセス、有給休暇、家族にやさしい職場の福利厚生など）。従業員の主観的なウェルビーイングの分析も並行して行うことを推奨 |
| 労働コミュ ニティ | ダイバーシティ | 地域住民と比較した従業員の人口構成 |
| | ロケーション | 地域の雇用水準に基づく雇用の相対的インパクト |

出所：Freiberg et al.（2021a）.

ク、アップル、コストコをサンプルとして取り上げ、雇用インパクトの試算結果を公表している（図表6補-3参照）。本分析では、たとえばコストコの賃金の質のインパクトが業界内でも良好な賃金慣行をもつ雇用主としての評判を反映している等の結果が明らかになるとともに、各社の人事戦略の違いによって、雇用インパクトに影響を与える要素が大きく異なり、雇用慣行をさらに有意義にするためにどのような要素に注目すればよいかを示唆する内容となっている。

　IWAIでは、今後、雇用インパクト会計を他のセクターや米国以外の地域にも適用する予定である。また、企業や投資家と協力して分析を行い、実行可能性をさらに証明するとともに、企業や業界間比較を可能にするとしている。

（単位：米ドル）

| 企業名 | インテル | メルク | アップル | コストコ |
|---|---|---|---|---|
| 従業員数（人数） | 52,618 | 23,426 | 89,072 | 162,861 |
| 収益 | 14,303,000,000 | 18,212,000,000 | 98,061,000,000 | 102,286,000,000 |
| EBITDA | 6,571,097,189 | 5,885,506,597 | 32,138,473,262 | 3,865,000,000 |
| 総給与額 | 7,313,439,500 | 2,412,642,901 | 10,659,008,099 | 11,570,732,081 |
| 従業員インパクト | | | | |
| 　賃金の質（賃金の平等を除く） | 6,968,926,896 | 2,362,558,652 | 10,583,352,871 | 10,815,362,587 |
| 　キャリアアップ | −48,980,821 | −27,045,746 | 103,542,779 | 11,261,283 |
| 　機会 | −415,218,670 | −134,145,314 | −416,006,634 | −599,777,780 |
| 　健康とウェルビーイング（一部） | −41,144,207 | −25,992,473 | 20,738,712 | −57,653,431 |
| 小計 | 6,463,583,198 | 2,175,375,119 | 10,291,627,728 | 10,169,192,859 |
| 労働コミュニティインパクト | | | | |
| 　ダイバーシティ | −2,319,192,138 | −351,452,127 | −2,709,616,423 | −940,026,964 |
| 　ロケーション | 401,391,204 | 105,763,520 | 348,062,104 | 390,159,336 |
| 小計 | −1,917,800,935 | −245,688,607 | −2,361,554,319 | −549,867,629 |
| インパクトの合計 | 4,545,782,264 | 1,929,686,512 | 7,930,073,409 | 9,619,325,230 |

出所：Freiberg et al.（2021a）.

## 3.2　製品インパクト会計の仕組み

　製品インパクトは、企業が製品またはサービスの所有権を移転した後に発
生するインパクトを指す[7]。現状で、企業が開示している環境・社会指標の
ほとんどは、企業自身の事業活動と、場合によって上流のサプライチェーン
で発生する活動のみを対象としている。しかし、IWAIは、製品に関するイ

---

7　Serafeim et al.（2020）.

## 図表6補－4　製品インパクトのフレームワーク

| インパクトの種類 | | 説明 |
|---|---|---|
| 影響が及ぶ範囲 | 量 | 製品が到達した人数の規模 |
| | 利用期間 | 製品の使用可能期間（特に耐久財の場合） |
| 顧客の使用状況 | アクセス | 十分なサービスを受けられない人々に提供するための価格設定と努力を通じたアクセス可能性 |
| | 質 | 衛生、安全、有効性および固有のニーズ等を通じた製品の品質 |
| | 選択可能性 | 十分な情報と自由意志をもって代替製品を選択できる可能性 |
| 環境面でとらえた使用状況 | 汚染と効率化 | 顧客の利用によるすべての汚染と効率化 |
| 製品寿命終了時 | リサイクル可能性 | 製品寿命終了時のリサイクル予定量 |

出所：Serafeim et al.（2020）より野村資本市場研究所訳。

ンパクトを把握するためには、企業が顧客へ製品を提供した後にも着目する必要があるとの問題意識のもと、製品インパクト会計の分析フレームワークを公表した（図表6補－4参照）。

　IWAIでは、世界的な自動車メーカー18社に関して2015～2018年を対象とした製品インパクトを試算した。同試算では、フレームワークに掲げられた4つのインパクトの要素を再分類したうえで分析が行われており、製品インパクト全体で売上高に対して平均で0.81％、EBITDA（利払前・税引前・償却前利益）に対して平均12.01％に該当する規模になるとの結果に至ったとしている（図表6補－5参照）。IWAIでは、業界ごとに異なる特性をふまえて研究を進めるとしており、全般的な考え方に加え、航空、石油・ガス、医薬品、通信等の業種ごとの考え方についても、ウェブページを通じて提示している[8]。

図表6補−5　世界的な自動車メーカー18社による製品インパクトに関する試算

| インパクト項目 | EBITDAに対するインパクト | | | 売上高に対するインパクト | | |
|---|---|---|---|---|---|---|
| | サンプル数 | 平均 | 標準偏差 | サンプル数 | 平均 | 標準偏差 |
| 値ごろ感 | 69 | 18.86% | 0.24 | 72 | 1.41% | 0.02 |
| 十分なサービスを受けられない | 67 | 3.91% | 0.04 | 70 | 0.27% | 0 |
| 安全衛生 | 59 | 13.94% | 0.11 | 62 | 1.15% | 0.01 |
| 　リコール | 64 | −0.44% | 0.01 | 67 | −0.04% | 0 |
| 　安全評価 | 59 | 14.39% | 0.11 | 62 | 1.18% | 0.01 |
| 有効性 | 60 | 3.12% | 0.07 | 60 | 0.37% | 0.01 |
| 環境負荷 | 57 | −26.50% | 0.15 | 60 | −2.25% | 0.01 |
| 仕様終了時処理の影響 | 69 | 4.82% | 0.03 | 72 | 0.39% | 0 |
| 製品全体 | 51 | 12.01% | 0.26 | 51 | 0.81% | 0.02 |

出所：Serafeim et al.（2020）より野村資本市場研究所訳。

## 3.3　環境インパクト会計の仕組み

　環境インパクトは、組織の事業活動が環境にどの程度影響を与えるかを金銭的な価値としてとらえることを意図したものである[9]。IWAIでは、人間の健康とウェルビーイングにとって重要な8つの保護対象（人間の健康〔作業能力〕、作物生産能力、肉生産能力、魚生産能力、木材生産能力、飲用水・灌漑用水、非生物資産および生物多様性）に焦点を当てている。そして、温室効果ガス（GHG）排出量、取水量、排水量、硫黄酸化物（SOx）排出量、窒素酸化物（NOx）排出量、揮発性有機化合物（VOC）排出量、カーボンオフセットといった一般的に公開されたデータに基づき、保護対象への環境インパク

[8]　Harvard Business School, Impact-Weighted Accounts: Product Impact.（https://www.hbs.edu/impact-weighted-accounts/Pages/research.aspx?topic=Product%20Impact、2022年5月30日閲覧）。

[9]　Freiberg et al.（2021b）。環境インパクト会計の日本語訳は、社会変革推進財団および社会的インパクト・マネジメント・イニシアチブによる仮訳「ハーバードビジネススクール　インパクト加重会計イニシアチブ環境インパクト会計（エグゼクティブサマリー）仮訳」を参考に記している。

トを貨幣価値換算するかたちで計算し、さらに、売上高や営業利益に対する割合を環境強度（environmental intensity）、すなわち環境負荷の割合として算出する方法をとっている。

　IWAIによると、2,500を超える組織の環境インパクト総額を保護対象ごとに算出することができ、①売上高対比の環境強度の平均値が11.6％だったが、中央値は1.9％にすぎなかった、②公共事業、建設資材、船舶、航空会社などのいくつかの産業では、環境インパクトのレベルが非常に高く、売上高の25％以上に相当している、といった結果が算出されたとしている。

　加えて、IWAIでは、環境強度とデータプロバイダー（MSCI、RobecoSAM、Sustainalytics）による環境格付の相関も算出したが、負の環境インパクトが大きい企業ほど、低い格付になることが導き出されたものの、格付水準と環境インパクトの大きさは整合しなかったとの結果も紹介された。一方、IWAIでは、環境強度が株式評価に反映されているかも調査したところ、ほとんどの産業において、環境強度は市場評価の低下、リターンの低下、リスクの上昇と関連している傾向を見出した。ただし、環境インパクトが大きい産業のなかでも、建設資材や化学などでは環境強度が市場評価に反映されている一方、公共事業セクターではそれほど反映されていないといった結果も明らかになったと言及している。

## 4　今後の論点

　IWAIでは前述のとおり、2019年の研究開始以降、インパクト加重会計全般や各要素（雇用、製品、環境）の考え方や実証分析等、さまざまなアプローチで研究を進めてきた。現時点では、研究範囲となっている地域、産業は限定的だが、今後、世界各地域や幅広い産業での活用を目指し、さらに取組みを進める予定となっている。

　世界でさまざまな環境・社会課題が存在するなか、企業、投資家も含めた

すべてのステークホルダーがインパクトを意識した行動をとることは、持続可能な社会の実現に向けて不可欠といえる。IWAIはインパクト加重会計を通じて、投資家や経営者が、自社の利益や損失だけでなく、企業が社会や環境に与える広範なインパクトに基づいて、十分な情報を得たうえで意思決定を行うことができるような統合的な業績を示すことを目指している。その意味では、インパクト加重会計は持続可能な社会への道筋を描く一助になりうると考えられ、大変意義のある取組みといえる。

　インパクト加重会計が将来的に産業界や金融市場で幅広く活用されるためには、IWAIと企業や投資家等のインパクト加重会計の潜在的利用者とのさらなる連携が重要と考えられる。インパクト加重会計の概念が、企業経営者、投資家等のロジック、慣行にもある程度合致するとともに、利用者が理解しやすく、活用しやすい内容になることが大切であるのはいうまでもない。たとえば、雇用インパクト会計の研究では、ダイバーシティの項目について、IWAIは従業員の人口構成を地域住民と比較して算出する一方、ケースとして取り上げたインテルは全米の熟練労働者人口と比較して算出するなどの違いも紹介された[10]。IWAIでは、インテルの方法論は、教育と機会へのアクセスを背景とした不平等の観点から、熟練労働者人口に焦点を当てたと指摘している。そして、IWAIの手法と企業固有の報告慣行の乖離の事例がさらに明らかになることを期待すると言及している。今後、IWAIの研究と実務がどのように乖離を縮めていくかが注目される。

　一方、IWAIによるインパクト加重会計をめぐっては、実証研究の蓄積、研究結果の検証と継続的な手法の改善等を通じて、インパクト・ウォッシュ（もしくはインパクト・ウォッシング）を回避することも、同会計が幅広い利用者の信認を得るうえで重要といえる。インパクト・ウォッシュは、「ポジティブインパクトを与え、ネガティブインパクトを緩和・管理すると主張・標榜しながらも、実態はポジティブインパクトがない、又は不正に水増しされていた、ネガティブインパクトが適切に緩和・管理されていなかったな

---

10　Freiberg et al.（2021a）.

ど、その実態が伴わないこと[11]」を意味する。たとえば、グローバル・インパクト投資ネットワーク（GIIN）による世界の投資家を対象とした調査では、最も多くの投資家がインパクト投資に関する課題として認識している[12]。

IWAIによるインパクト加重会計の研究は今後も続く予定だが、将来的に企業、投資家等の価値観や行動に影響を与えるものになりうると考えられ、今後の動向が引き続き注目される。


**【参考文献】**

環境省ESG金融ハイレベル・パネル　ポジティブインパクトファイナンスタスクフォース（2020）「インパクトファイナンスの基本的考え方」。

ジョージ・セラフェイム（2021）「投資家の期待に応える5つのアプローチ　ESG戦略で競争優位を築く方法」『ハーバード・ビジネス・レビュー』第46巻第1号、ダイヤモンド社

Global Impact Investing Network (2020). *Annual Impact Investor Survey 2020*.

Freiberg, D. et al. (2021a). *Accounting for Organizational Employment Impact*, Working Paper 21-050, Harvard Business School.

Freiberg, D. et al. (2021b). *Corporate Environmental Impact: Measurement, Data and Information*, Working Paper 20-098, Harvard Business School.

Serafeim, G. et al. (2019). *Impact-Weighted Financial Accounts: The Missing Piece for an Impact Economy*, White Paper, Harvard Business School.

Serafeim, G. et al. (2020). *A Framework for Product Impact-Weighted Accounts*, Working Paper 20-076, Harvard Business School.

Schoenmaker, D. (2017). *From Risk to Opportunity: a Framework for Sustainable Finance*, RSM Serires on Positive Change, Vol. 2, Rotterdam School of Management, Erasumas University.

[江夏　あかね]


---

11　環境省（2020）。
12　Global Impact Investing Network（2020）。

# 第7章

# 機関投資家の責任投資と環境、社会課題への取組み
## —りそなアセットマネジメントの事例より—

松原　稔

りそなアセットマネジメントの概要とテーマ

　りそなアセットマネジメントは2015年に設立した資産運用会社であるが、その源流は1962年、企業年金制度のスタートとともに発足したりそな銀行（旧大和銀行）の資産運用部門である。そして、2020年にりそなアセットマネジメントとりそな銀行の資産運用部門が統合して現在のかたちになった。運用資産残高は約35兆円（2022年3月末現在）で、約9割が公的年金、企業年金からの受託であり、主に株式・債券といった伝統的な資産運用を行っている。年金資産は、その資金性格から20〜40年という長期時間軸を有していることから、われわれは文字どおり長期の資金特性を有する投資家である。

　企業年金、公的年金の発展に資産運用が果たす役割は大きく、資産運用会社は資産運用の高度化を通じて果たすべき受託者責任と未来社会への責任投資の両方の「責任」を背負っている。こうしたなか、弊社は長期投資の視点からさまざまな取組みを進めているが、近年、ESG課題を中心とする政策の検討会・研究会を通じてルール形成に参画を始めている。筆者の感覚でも、この10年間で、政策的な枠組みのなかにおいて金融が一定の役割を果たすことを期待される機会が多くなっている。

　本章では、いわゆる外部性という観点から、弊社の環境課題や社会課題に関する対話・エンゲージメントを中心に、金融を起点とするルール形成の進展と弊社の責任投資活動、責任投資における情報の取得や責任投資の評価について紹介し、さらに、最近弊社が注目しているテーマである気候変動、生物多様性、そして人権を中心に取り上げ、考察論考していきたい。

## 7.2　金融を起点とするルール形成

　ここでは、金融を起点とするルール形成について話を進めていく。

　図表7－1は経済産業における競争優位性・シェア獲得力／市場形成力とルール主導型市場形成を示したもので、経済産業原則の変遷が企業のリスクや機会にどのように影響したかということを示している。

　まず、図表の左側は経済産業原則の変遷で、過去どういう視点が注目されたかを示している。また、図表の右側に示している企業の持続可能性評価において考慮すべき要素とその指標は、それらの視点が企業のリスク対応の何に影響を与えたのか、機会創出の何に影響を与えたのかをみたもので、さらに資本市場のどの立場の者が主としてサポートしたのかを示している。

　図表左側の経済産業原則の変遷からみていくと、1990年代から2000年代前半は、市場拡大を前提とした「競争戦略」への腐心であったと考えており、ここから導き出された企業の持続可能性評価において考慮すべき事項としては、おそらくは機会創出であり、それは競争優位性やシェア獲得力だったと考えている。

　2000年代半ばに入ると、「サステナビリティ」のグローバルアジェンダ化が進む。この時期にPRI[1]（Principles for Responsible Investment：責任投資原則）という枠組みが生まれてきたというのも注目点だったと考えているが、企業のビジネスリスク対応としてもESG対応が注目され始めたと理解している。

　さらに次のステージは、「イノベーション」企業のグローバル席巻である。特にGAFA[2]の議論にあるように、この新たなビジネスが市場形成力、つま

---

[1]　2006年に当時の国連総長コフィ・アナン氏が提唱した国際的な機関投資家のイニシアチブ。
[2]　米国の巨大IT企業であるグーグル（Google）、アマゾン（Amazon）、フェイスブック（Facebook）（現メタ）、アップル（Apple）の総称。

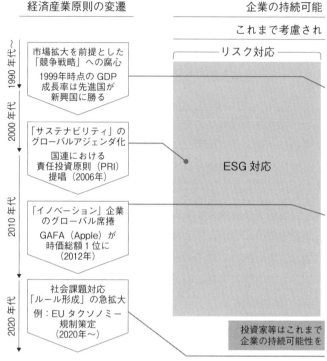

図表7－1　経済産業における競争優位性・シェア獲得力／市場

| 経済産業原則の変遷 | 企業の持続可能 |
| --- | --- |

これまで考慮され

1990 年代　～

市場拡大を前提とした
「競争戦略」への腐心

1999年時点の GDP
成長率は先進国が
新興国に勝る

リスク対応

2000 年代

「サステナビリティ」の
グローバルアジェンダ化

国連における
責任投資原則（PRI）
提唱（2006年）

ESG 対応

2010 年代

「イノベーション」企業
のグローバル席捲

GAFA（Apple）が
時価総額 1 位に
（2012年）

2020 年代

社会課題対応
「ルール形成」の急拡大

例：EU タクソノミー
規制策定
（2020年～）

投資家等はこれまで
企業の持続可能性を

金融が社会課題対応

出所：経済産業省「市場形成力の評価方法と能力開発に関する研究会

り技術革新型市場形成を引き起こし、これに基づき機会創出が市場全体にも
たらされたと考えている。

　そして、2020年代に入ると社会課題対応の「ルール形成」の急拡大であ
る。キーワードは市場形成であろう。先ほどのGAFAは技術革新型の市場形
成であったのに対し、これから本格的に始まっていくであろう社会課題対応
のルール形成においては、金融が果たす役割が非常に大きく、技術革新型と
いうよりも、ルール主導型の市場形成がなされているととらえている。

　そうしたルール形成をもたらしている一例がEUタクソノミー[3]であり、
SFDR[4]（Regulation on Sustainability related Disclosure in the Financial service

形成力とルール主導型市場形成

性評価において考慮すべき要素とその指標

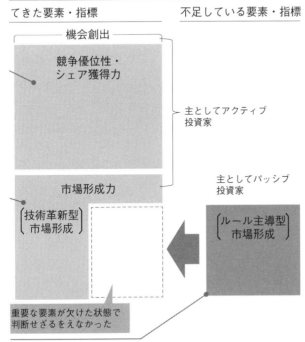

| てきた要素・指標 | 不足している要素・指標 |

機会創出

競争優位性・
シェア獲得力

主としてアクティブ
投資家

主としてパッシブ
投資家

市場形成力

［技術革新型］
　市場形成

［ルール主導型］
　市場形成

重要な要素が欠けた状態で
判断せざるをえなかった

© 2021. For information, contact Owls Consulting Group, Inc.

「ルール形成」へ

（第1回）討議資料」（2021年9月）より筆者作成。

sector）等の金融を中心としたルール形成である。さまざまなイニシアチブ[5]が存在し、それらのイニシアチブのなかでルール形成がなされている。PRIの役割の1つとして協働エンゲージメントプラットフォームの運営があり、これらのルール形成には内外長期機関投資家が中心的役割を担っているといえよう。

---

3　EU（欧州連合）が定めた持続可能性に資する経済活動を認定、分類し、これに取り組む企業の明確化を目的とする。
4　EUによる金融機関等を対象としたサステナビリティ関連開示規制。
5　物事を率先して行うこと。主導権。

なお、弊社が現在参加している主な協働エンゲージメントプラットフォームをあげると、PRIの協働エンゲージメントプラットフォームを中心に、FAIRR[6]（Farm Animal Investment Risk and Return）や、Know The Chain[7]による人権のサプライチェーンリスクマネジメントの協働プラットフォームがある。また、CDP[8]による協働エンゲージメントや30％Club[9]にも積極的に参加しており、海洋プラスチック問題に関しては、オランダの運用会社でPRIの署名機関でもあるAchmea Investment ManagementおよびActiamが中心的役割を担う投資家協働エンゲージメントグループにも参加している。

　これらはいずれも、欧州を中心にさまざまなかたちでルール形成がなされ、そのルール形成が金融をはじめとする市場形成に結びつきやすくなっている。たとえばサステナブルファイナンス、インパクトファイナンス、トランジションファイナンスのように、語尾に「……ファイナンス」とついている用語は、金融を主体とする市場形成への役割を表したものといえよう。産業革命をはじめとする産業政策の主体者は、これまで経済あるいは企業であったが、2020年代はそこに金融が参画してきたというのが特徴といえるだろう。

---

6　2015年に英国のコラーキャピタルの創業者であるジェレミー・コラー氏が創設した機関投資家の畜産業関連イニシアチブであり、食の持続性に関してルール形成している協働エンゲージメントプラットフォームとなっている。

7　サプライチェーンにおける強制労働のリスクに対する企業の取組みを評価する英国のNGO（非政府組織）。

8　英国のNGOによる、企業や国家、都市の活動が環境に与える影響についての情報開示システムを運用し、グローバルな環境課題に関係するプラットフォーム。

9　英国で創設された、取締役会を含む企業の重要意思決定機関に占める女性割合の向上を目的とした世界的キャンペーンで、日本を含む17カ国で展開されており、30％ClubJapanはTOPIX100の取締役会における女性割合を2030年メドに30％以上を目指すエンゲージメント。

次にりそなアセットマネジメントの責任投資への取組みについて、事例を交えながら述べる。まず弊社が取り組むべきところの大前提として、弊社の存在意義である「パーパス」を打ち立てた。このパーパスを検討するにあたっては、「われわれの役割とは？」「これからの資産運用とは何か？」から始めた。資産運用をはじめとする金融はある意味インフラであり、機能であるという事実をふまえたうえで運用会社として「意志」をもつということの意義に向き合ったのである。

われわれは「将来世代に対しても豊かさ、幸せを提供できる運用会社」をパーパスとして据えた。われわれが果たすべき現世代においての受託者責任はもちろんのこと、将来世代に対しても豊かさ、幸せを提供できる運用会社でありたいと宣言した。そして豊かさとは何か、幸せとは何か、われわれはそれを、①インクルーシブな社会経済：公正なトランジション（移行）による持続可能性を実現できる社会・経済システム、②サステナブルな環境：これまでの直線的な生産・消費・廃棄モデルから循環型モデルへの転換、そして③企業文化や企業のパーパス：企業文化と企業理念を理解し、企業の目的、企業の役割、取締役会の機能役割を再認識する、と置き換えた。

これらの取組みをより具体的に重要課題としてまとめたのが、マテリアリティ・マッピングである。図表7－2に示したように、横軸に長期的運用パフォーマンスにおける重要性を、縦軸にサステナビリティ上の重要性を置いて、その関係性を表した。サステナビリティ上の重要性に関してはステークホルダーダイアログを実施した。また、NGO（非政府組織）や海外運用機関、有識者、政府、あるいは労働組合といったさまざまなステークホルダーと対話を重ね、弊社に期待するもの、期待していないものなどについてヒアリングし、その結果を示した。

今年度（2021／2022年）は従来の縦軸、横軸に第三の軸として「時間軸」

182

図表7-2 マテリアリティ・マッピングと長期的な重要性の変化

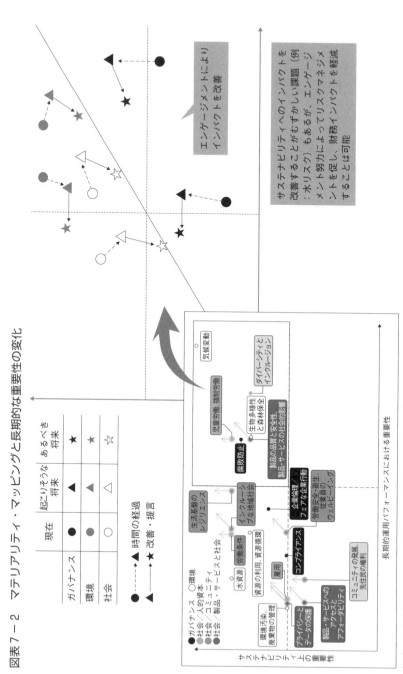

出所：りそなアセットマネジメント（2022）の20頁より筆者作成。

を加え、ステークホルダーダイアログでは「次世代」を加えた[10]。世代間の不平等・格差があるとの前提に立って、われわれが課題解決に向けた取組みを深化するという意思であり、まさしく弊社がパーパスとして掲げている「将来世代に対しても豊かさ、幸せを提供できる運用会社」であることの意味をふまえての拡張である。

弊社が課題として中心に据えて取り組んでいるのは図表7-2に示したマテリアル・マッピングの第1象限に位置する「マテリアルイシュー」、すなわち「気候変動、ダイバーシティとインクルージョン、人権問題、腐敗防止、生物多様性」に関してである。これらのマテリアルイシューにより具体的な枠組みを与える目的でE、S、G&ディスクロージャーの4つのテーマで課題設定を行い、責任投資の活動を進めている。

たとえば、気候変動ではTCFD（Task Force on Climate-related Financial Disclosures：気候関連財務情報開示タスクフォース）に従い、重要業種を中心に機会とリスクの情報開示のエンゲージメントを進めている。また気候変動に関する投資家協働エンゲージメントであるClimate Action 100＋では、内外運用各社と連携して、気候変動対応と企業変革を促すエンゲージメントを行っている。さらに、サプライチェーンリスクマネジメントの観点から、ソフトコモディティを通じたリスクマネジメント強化を支援するエンゲージメントを進めている。さらに強制労働リスクに取り組む企業を評価する英国人権NGOであるKnow The Chainとの投資家協働エンゲージメントなどの対応を進めている。このように最近注目されているテーマへの取組みに加え、21世紀中盤あるいは後半にかけ、世界人口が100億人に迫る勢いで増え続ける状況をふまえ、食の持続性、特にたんぱく源の多様化や栄養に関する課題について投資家協働エンゲージメントを通じて、対応を進めているところである。

ところで、先述のように、今年度（2021／2022年）のスチュワードシップレポートでは、マテリアリティマトリックスに「時間軸」を加えている。一

---

10　りそなアセットマネジメント（2022）を参照。

昨年までは図表の横軸が示す運用パフォーマンスの重要性を軸にさまざまな重要課題を検討してきた[11]。この枠組みに即した対応は引き続き重視し続けるが、昨年度にはこれにサステナビリティにおける重要性という縦軸が加わり、2軸での関係性について重要課題を示すことが可能となった。

さらに、時間軸を加えたことで時間的経過の可視化も進んだ。今回、可視化においてはIPCC[12]（Intergovernmental Panel on Climate Change）のSSP[13]（Shared Socioeconomic Pathway：共通社会経済経路）の提供する（図表7－3に示した気候変動緩和策と困難性の2軸により設定された）SSP1～SSP5の5つの経路を利用して想定されるシナリオを描いた。SSPは、最新の気候モデルに用いられており、IPCC第六次評価報告書に反映されており、また、パリ協定の気候目標の達成可能性を考えるためにも利用されている。

このSSP1、SSP3、SSP5に基づいて将来をとらえた結果、ありたい社会像と実際に起こりうる社会像が現れ、しかもそれら2つには相応なギャップがあることがわかった。このシナリオ間のギャップを縮小させていくための金融のあり方を考えていくことが弊社の役割であるものの、このギャップの縮小への道は現世代と将来世代間の格差問題に結びつき、ひいては弊社がどう受託者責任を果たすべきなのかという命題が浮かび上がってきた。

シナリオ間ギャップを縮小していくうえで、まずは何をあきらめるのか、あるいは何を主張するのかは非常に重要な論点となる。長期的にはサステナビリティトランスフォーメーション（SX）がこれからのビジネスを考えていくうえで進んでいくべき方策であることを弊社は前提として置く。

たとえば持続可能モデル（ありたい社会）をベースにシミュレーションすると、われわれの世代でトランジション（移行社会）に向けて相当のコスト

---

11 りそなアセットマネジメント（2021）を参照。
12 国連気候変動に関する政府間パネル。世界気象機関（WMO）および国連環境計画（UNEP）により1988年に設立された政府間組織で、2021年8月現在、195の国と地域が参加。
13 IPCC議長の呼びかけで気候科学者、経済学者、エネルギーシステムモデル研究者で構成された統合評価モデルコンソーシアムが中心となり作成された、次の100年に世界の社会、人口動態、経済がどのように変化するかを検討するためのさまざまな新しい「経路（pathway）」、すなわち社会経済シナリオ。

図表 7 - 3 SSP（共通社会経済経路）のシナリオ概念図

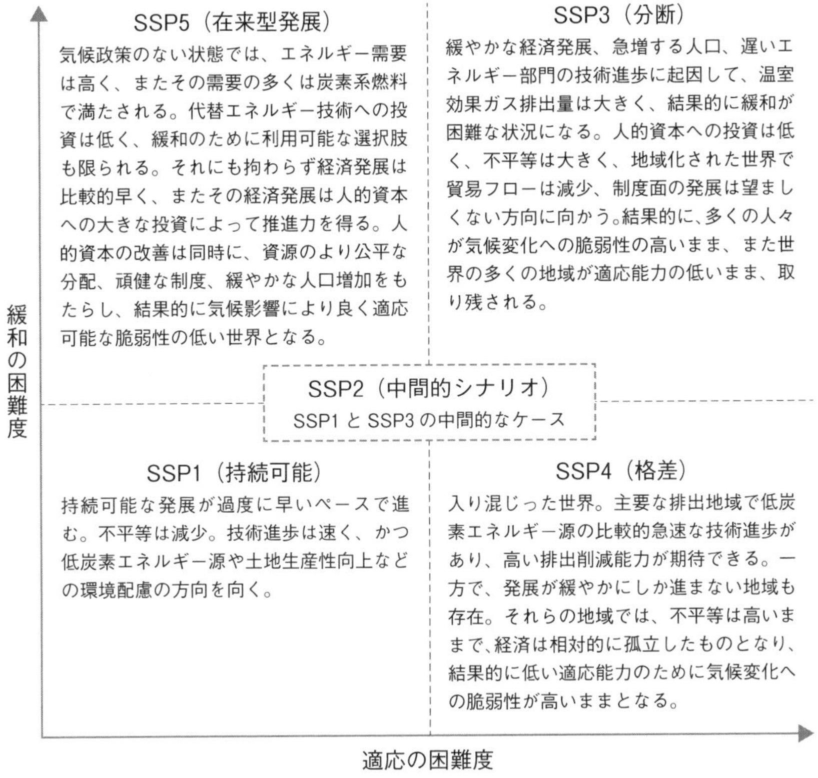

SSP5（在来型発展）

気候政策のない状態では、エネルギー需要は高く、またその需要の多くは炭素系燃料で満たされる。代替エネルギー技術への投資は低く、緩和のために利用可能な選択肢も限られる。それにも拘わらず経済発展は比較的早く、またその経済発展は人的資本への大きな投資によって推進力を得る。人的資本の改善は同時に、資源のより公平な分配、頑健な制度、緩やかな人口増加をもたらし、結果的に気候影響により良く適応可能な脆弱性の低い世界となる。

SSP3（分断）

緩やかな経済発展、急増する人口、遅いエネルギー部門の技術進歩に起因して、温室効果ガス排出量は大きく、結果的に緩和が困難な状況になる。人的資本への投資は低く、不平等は大きく、地域化された世界で貿易フローは減少、制度面の発展は望ましくない方向に向かう。結果的に、多くの人々が気候変化への脆弱性の高いまま、また世界の多くの地域が適応能力の低いまま、取り残される。

SSP2（中間的シナリオ）
SSP1 と SSP3 の中間的なケース

SSP1（持続可能）

持続可能な発展が過度に早いペースで進む。不平等は減少。技術進歩は速く、かつ低炭素エネルギー源や土地生産性向上などの環境配慮の方向を向く。

SSP4（格差）

入り混じった世界。主要な排出地域で低炭素エネルギー源の比較的急速な技術進歩があり、高い排出削減能力が期待できる。一方で、発展が緩やかにしか進まない地域も存在。それらの地域では、不平等は高いまま、経済は相対的に孤立したものとなり、結果的に低い適応能力のために気候変化への脆弱性が高いままとなる。

緩和の困難度

適応の困難度

出所：環境省環境研究総合推進費　戦略的研究プロジェクトS-10　地球規模の気候変動リスク管理戦略の構築に関する総合的研究（2017）図表 2 - 2 _ 4（https://www.nies.go.jp/ica-rus/report/version2/pdf/chapter2_pre.pdf）より筆者作成。

をかけて変革を行わないと持続可能なモデルは実現しない。ただ、そうなると現世代に多くの負担を強いることになる。格差は必ずしも同じ世代のなかだけではない。世代間の格差が発生した場合に、われわれが果たすべき優先課題の位置づけという命題が現れてくる。破壊的創造（disruption）が必要といわれるが、現世代でどこまで課題解決を引き受ける覚悟があるのかを検討しなくてはならない。

## 7.4　ESG投資を行ううえでの情報源

　ESGのそれぞれの分野を企業の立場に立って考えると、基本的にE（Environmental）課題とS（Social）課題は外部不経済性を主たる論点としており、企業が取り組む解決方法の1つには外部不経済性の内部化があろう。一方、G（Corporate Governance）課題は内部性の課題である。したがって、ESとGの2つの系統は異なり、特にEとS課題は今後ルール形成に密接にかかわってくるだろう。一般的に外部不経済性の内部化の議論はレベル・プレイング・フィールド（「共通の土俵」、公正・公平な競争条件）を通じて、企業にどのようなビジネスリスクがあるのかを掘り下げていくことが重要な論点であると考えている。そのなかで、最近の注目課題として気候変動対応があげられ、それに連なるかたちで人権やサプライチェーン問題、生物多様性問題等に注目が集まり、それぞれが密接に深くかかわっている。よって、気候変動問題というグローバル課題を、「レベル・プレイング・フィールド下でのルール形成」という観点から、生物多様性や食の持続可能性等とともに「ホリスティック（全体的、包括的）」にとらえていく必要性が出てくる。

　投資家がここまでやる必要性があるのか、という議論もあるが、ルール形成が日本企業にとってどういうビジネスインパクトがあるのかについては金融の立場から企業に情報連携する必要がある。グローバルがどうなっていて、それが日本の企業にどういう影響があるのか。グローバルなルール形成に対する感度を高め、市場形成に参画することで国際競争力を維持、強化する必要もあるだろう。そういった情報感度については、金融においても協働エンゲージメントを通じて情報を把握できる機会もあるため、企業との対話・エンゲージメントの際に情報提供していく仕組みを構築していく必要が出てくる。

　一方、ESGへの企業の取組みは、その情報源として企業開示、第三者の評価機関のデータ、メディアのニュース、NGOからの情報などがあるが、

われわれが最も重視するのは企業の開示情報である。多くの長期投資家は統合報告書やESGデータブック、サステナビリティ報告書に注目していると聞く。企業側からすれば、任意開示でもあるのだが、これらの開示情報は年々重要さを増しており、投資家は法定開示である有価証券報告書や決算短信に加えて、これらの（任意）開示情報も活用している。

　また、これら企業の財務・非財務が統合された開示情報に加えて、対話（エンゲージメント）も非常に重要であることはいうまでもない。また、企業との対話・エンゲージメントで得られた情報だけではなく、企業以外からの情報も有用であり、たとえばステークホルダーからの情報も重要だと考えている。ESG課題はステークホルダーによって構成される社会のなかにあるわけで、社会が企業をどのように評価しているか、どうみているか、そして企業の重要課題は何であるとみているかについて、ステークホルダーの声を聞くことで得られる気づきもあり、その有用性がますます高まっている。

　なお、弊社のESG調査の手法の特徴の1つに「ステークホルダーダイアログ」がある。ステークホルダーがその企業の何に注目していて、その企業に何を期待するのかをヒアリングしている。その結果、パームオイルへの取組み期待があればRSPO[14](Roundtable on Sustainable Palm Oil)の会議に参加し、開発と人権問題が注目されている局面では南アジアの現地に赴くこともあった。

| 7.5 | 責任投資における評価について |
| --- | --- |

　責任投資における評価においては、因果性検証を重視している。たとえば、インパクト評価であれば、インプット、アクティビティ、アウトプッ

---

14　持続可能なパーム油のための円卓会議。パーム油に関係する7ステークホルダー（アブラヤシ生産者、製油業・商社、消費者製品製造業、環境・自然保護NGO、社会・開発NGO、銀行・投資家、小売業）で構成される非営利組織。

ト、そしてアウトカムといった経路をモニタリング、測定する必要があると考えており、社会価値の「見える化」に際しては、経済価値に換算して評価・モニタリングしている。ただ、弊社でこれを定期的に実施するには相応の負担、コストがかかる。モニタリングやインパクトの測定に係る費用は現在、投資家が情報開示のさらなる充実化の観点から負担しているが、インベストメントチェーンの枠組みのなかで、これら負担に関する議論も期待したい。

　また、責任投資推進の効果測定に関しては、それが当該企業の長期株価形成にどの程度プラスの影響をもたらしたか、あるいは企業価値にどの程度影響を与えたかということがわかるような因果性を追究できれば理想的だが、まだその因果性について確たる検証結果が出ていない。弊社では中間目標として、たとえば資本コスト低減効果やPBR向上効果等の分析を進めている。しかし、納得ある実証分析はいまだできているとまではいえない。情報開示の枠組みで、資本コスト低減やディスクロージャーディスカウント是正といった効果がありそうだとの認識は進みつつあるが、さらなる研究には多くのエンゲージメント情報と企業情報のデータの蓄積がなされる必要があるため、産学協働のよりいっそうの進展を期待したい。

## 7.6　最近の注目テーマ（環境、社会関連を中心に）

### 7.6.1　気候変動問題

　7.3で示した枠組みのなかで、最近注目されているテーマとしてE（環境）・S（社会）、特に気候変動問題、生物多様性、そして人権について、弊社を含めた業界全体の取組みを紹介する。

　まず、気候変動問題である。気候変動から発生する経済的損失、つまり極端現象[15]がもたらしていくであろう物理的リスクが非常に高まってきている。年々、極端現象は激しくなってきており、それが災害リスクを高め、ビ

ジネスに影響を与えているというのが世界の投資家の認識であろう。こうしたなかで、世界の長期投資家がどのような行動をとってきたのか。その中心的な枠組みとして長期投資家のネットワークであるPRIがある。PRIは毎年総会を行っているが、2015年（第9回）のロンドンから2019年（第13回）のパリ開催の年次総会において共通するテーマを探してみると、気候変動問題と人権問題が浮かび上がる[16]。

これら2つのテーマに対し、PRIはどのように向き合い、イニシアチブをとってきたのか。気候変動を中心にどのような取組みを進めてきたかをまとめてみよう。

まず、投資家グループで協働するClimate Action 100＋がある。CalPERS（カルパース、California Public Employees' Retirement System：カリフォルニア州職員退職年金基金）やCalSTRS（カルスターズ、California State Teachers' Retirement System：カリフォルニア州教職員退職年金基金）、ブラックロック（BlackRock）をはじめとする国内外の機関投資家が連携して、日本の10社を含むグローバル161社に対してエンゲージメントを実施した。

日本企業にとって、この活動は驚きであったであろう。なぜなら、これまで日本の機関投資家同士では機関投資家協働対話フォーラム[17]をベースに企業へ協働エンゲージメントすることはあったが、Climate Action 100＋は国内投資家と海外投資家が連携して日本企業にエンゲージメントを進めたからである。この動きは日本の運用機関が本格的に国際連携を始めた1つの証左であったのだろう。

次に、Inevitable Policy Response（以下、IPR）がある。IPRのメッセージ

---

15　干ばつや大雨など、きわめてまれに起こる気象現象。異常気象とほぼ同義。詳細は気象庁ウェブサイト『世界の年ごとの異常気象』（https://www.data.jma.go.jp/gmd/cpd/monitor/annual/annual_2021.html）を参照。

16　2020年に東京開催予定だった第14回はコロナ禍により1年延期後、2021年に中止となった。

17　機関投資家の適切なスチュワードシップ活動に資するよう、機関投資家が協働で行う企業との建設的な「目的を持った対話」（協働エンゲージメント）を支援する目的で2017年10月に設立した一般社団法人。複数の機関投資家による企業との協働対話（協働エンゲージメント）を行うための場である「機関投資家協働対話プログラム」を運営。

は気候変動問題がシステミック・リスクに伝播して、システミック・リスクによって資本市場が混乱するリスクに備えよということである。すなわち、気候変動対策が遅れれば遅れるほど早急かつ急激な政策対応が求められ、それが、企業財務に悪影響を与え、企業のデフォルトリスクに伝播し、企業のデフォルトリスクの伝播が金融のシステミック・リスクに影響を与え金融市場の混乱を招くことへの懸念を示し、これらのリスクに対する備えを促すという大きなテーマを扱っている。

さらに、これから始まるインパクトのための法的な枠組み、A Legal Framework for Impactがある。PRIは大きな変曲点に対し法的なオピニオンをとってきたが、A Legal Framework for Impactは、PRIに加え、国連環境計画・金融イニシアチブ（UNEP FI）、およびGeneration Foundation[18]の委託により国際的法律事務所であるFreshfields Bruckhaus Deringerが作成したインパクトのための法的枠組みであり、機関投資家による「サステナビリティ・インパクト」の考慮を法的な枠組みがどの程度可能にするかについて理解を図るレポートである。これは日本をはじめ、米国や英国、中国、ブラジル、南アフリカなど11の地域でサステナビリティ・インパクトのための投資が法的にどの程度認められているか、サステナビリティ・インパクトのための投資家にとって現在の法的な障害、政策改革（リフォーム）の選択肢などについて現状をまとめている。各国、地域で意見交換会を行った後、2023年をメドに最終的にまとめる予定である。

最後にTCFD対応である。図表7－4はりそなアセットマネジメントのTCFD開示であるが、金融機関からこのような開示を行うことは、結果的に（投資先）企業に対し同様の開示を行うことを促すというメッセージにもなると考えている。

図表の実線が、弊社のポートフォリオのカーボンバジェットになる。弊社の運用資産のほぼ9割がTOPIXをベンチマークに追随したパッシブ運用であるので、TOPIXのカーボンバジェットそのものがわれわれのカーボンバ

---

18　ロンドンにある、世界的な協働で低炭素、豊かさ、そして公平な社会への移行を目指す団体。

## 図表7-4 投資家によるTCFD開示と課題解決に向けた取組み例

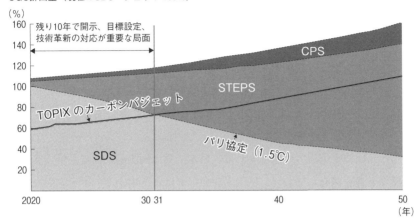

CGC排出量（現在のSDSバジェット100%）

○シナリオ分析

国内株式についてISS社のIEA（国際エネルギー機関）のWorld Energy Outlook 2019の3つのシナリオ（SDS[1]、STEPS[2]、CPS[3]）を用いた分析ツールで、ポートフォリオの2050年までのGHG排出量予測と3つのシナリオで許容されるGHG排出量を比較しました（現在のSDSバジェットを100%としています）。

SDSシナリオと整合的ではなく、2031年にSDSシナリオで許容される排出量に達し、2050年には2.4℃上昇する可能性があることが確認できます。

○シナリオ分析等をふまえて今後の対応

現状ではポートフォリオはパリ協定で定められた目標と整合的ではないことから中長期的にSDSシナリオと整合的になるようポートフォリオのGHG排出量を削減していくことが必要になってきます。

まず企業に対し気候関連のリスクと機会に関してより良い開示を求めていきます。すべての企業が排出量を開示しているわけではなく、またその信頼性もまちまちです。企業に対しサステナビリティ報告書やCDPを通じたGHG排出量の開示、TCFD提言への賛同と報告、SBTi[4]への賛同とコミットメントを勧めていきます。結果、気候リスク分析へのデータの利用可能性が高まり、企業・投資家間でのエンゲージメントがより充実したものになると考えます。

また、シナリオ分析等からリスクの高い業種・企業に対しては、Climate Action 100+などの世界的なイニシアチブや個別のエンゲージメントを通じてベストプラクティスの共有を図り、気候変動リスク対応のサポートを行いたいと考えます。

注1：SDS（Sustainable Development Scenario）：持続可能な開発シナリオ。「パリ協定」で定められた目標（2℃より十分低く保ち、1.5℃に抑える努力をする）。
注2：STEPS（Stated Policy Scenario）：公表政策シナリオ
注3：CPS（Current Policy Scenario）：現行政策シナリオ
注4：Science Based Targets Initiative：世界自然保護基金（WWF）、CDP、世界資源研究所（WRI）、国連グローバル・コンパクトによる共同イニシアチブ。企業に対し、パリ協定目標達成に向け、科学的な知見と整合した温室効果ガス削減目標を設定することを推進。

出所：りそなアセットマネジメント（2021）に筆者が加筆して作成。

ジェットとほぼ同義となる。そして、右上の図、ちょうどワニの口のように
なっている下顎の部分がパリ協定のカーボンバジェットになる。そして交差
しているところが2031年である。これは何を意味するのかというと、弊社の
ポートフォリオ（つまりTOPIX）がパリ協定のカーボンバジェットを超える
ことを示しており、超えるまでの時間的猶予は10年も残されていないという
ことである。この交差した点を2035年より先に求めるなら、企業に技術革新
や野心的な目標設定と確実な実行を求めることが必要であることを、エン
ゲージメントを通じて投資先企業に伝えている。

　たとえば技術革新の問題とすれば、日本企業は国際的にみても低炭素関連
の特許を多く保有しており、低炭素社会における日本企業のポテンシャルは
高い。しかし、それを現在十分に活かしている状態ではないということ、さ
らに、それを活かすだけでなく、たとえば、自社の技術が他の脱炭素に向け
た取組みを促していくといったかたちでの連携の必要性、すなわちCompeti-
tion（競争）という知財戦略にCo-Creation（共創）を付加していくことの重
要性を伝えている。TCFDのスコープ3という枠組みで考えた場合、サプラ
イチェーンのGHG（温室効果ガス）排出量削減にどうかかわっていくかとい
う課題に、知財戦略におけるCo-Creation戦略は重要になるだろうと考えて
いる。企業のバウンダリー（責任範囲）に対する議論を深掘りすることによ
って、これらのエンゲージメントの深度を高めたいと考えている。

## 7.6.2　サーキュラーエコノミー（循環経済）と生物多様性

　社会のサステナビリティに企業がなぜ関与する必要があるのだろうか。将
来を予見することはむずかしいが、そのなかで、世界の人口は増え続ける。
国際連合の「世界人口予測」によると、現在の約80億人（2021年）から2050
年には約97億人に達するとのことである。また、2021年2月に英国財務省が
公表した「生物多様性の経済学／ダスグプタ・レビュー[19]」によると、人類
の需要は、われわれが依存している財・サービスを供給する自然の能力を大

---

19　日本語版要約はhttps://www.wwf.or.jp/activities/data/20210630biodiversity01.pdfを
　　参照。

きく超過しており、2020年ではその供給能力に対する人類の需要は1.6倍と推計されている。今後、世界人口が増えるなかで人々の豊かさを求める欲求は総体として高まり続けるだろう。「物の豊かさ」である物質的欲求を求めることは、マズローの段階的欲求説[20]からみても明らかだが、そういう意味では物質的欲求を満たす必要があるとき、人類の財・サービスに対する需要は必然と大きくなる。ただし、2020年においてすでに供給を上回る需要超過であり、エネルギー需要、水需要、食料需要は供給ラインの限界を迎えている。だからこそサーキュラーエコノミーという枠組みを使わなければいけないと叫ばれているし、開発も効率よく行わなければならない。こうしたなかで自然の供給能力の維持と人類の需要欲求の短期的相反性をどう解決していくのかは非常にむずかしいテーマである。

また、生物多様性と経済というのは、これまでずいぶん乖離していた感は否めないが、両者を結びつけていく必要性に注目が集まっている。たとえば、食の持続的供給はポリネーター（受粉者）、いわゆるミツバチの存在なくては成り立たない（受粉者がなければ実をつくることができない）。また、微生物は医薬品を生み出すうえで重要な役割を担っている。このようにビジネスと生物多様性の関係性を考えるステージに入っていることをわれわれはもっと理解していくべきであろう。また、ビジネスとは少し離れるが、生物多様性と社会においても、生態系の調整サービスは私たちの暮らしに潤いを与え、安全性を提供してくれるなど、みえないところで恵みを与えてくれている。たとえば、森林の適切な保全は、地すべりなどの災害の防止、さらには水の浄化といった水資源の確保に役立っている。

そういった現実と照らし合わせて考えていくと、増え続ける世界人口と線形経済[21]は生物多様性の危機を招いているのではないだろうか。ある欧州の

---

20　人間の欲求は下から「生理的欲求」「安全欲求」「社会的欲求」「承認欲求」、そして「自己実現欲求」の5階層のピラミッド状に構成されており、そのピラミッドのいちばん下（生理的欲求から）から上に向かって欲求が満たされ、究極的に自己実現が達成されるとする心理学の理論。米国の心理学者マズロー（1908−1970年）が考案。マズロー（2001）など、経営学をはじめとした他の分野にも広く用いられる。
21　大量消費、大量生産で一方通行的な経済のこと。循環経済の対義語。

風刺画は、エコノミッククライシス（経済危機）からリソースクライシス（資源の危機）に、そしてクライメートクライシス（気候に関する危機）、さらにはバイオダイバーシティクライシス（生物多様性に関する危機）になり、最後はヒューマンクライシス（人類の危機）に至るという連鎖を見事に表している。現在はクライメートクライシスからバイオダイバーシティクライシスに向かう局面ともいわれており、多くの研究者がこの状況を憂慮しているのである。

こうした状況下、金融はどう取り組むべきなのか。1つの取組みとして2021年6月に発足したTNFD（Taskforce on Nature-related Financial Disclosures：自然関連財務情報開示タスクフォース）があげられる。TNFDは世界の自然全体に関連し、企業や金融機関が受ける財務的影響や、それらへの対応についての開示を促す枠組みを策定していく。基本的にはTCFDと同様に、ガバナンス、戦略、リスクマネジメント、指標という枠組みを採用する方向であり、弊社もこのワーキンググループに参画をして活動を進めている（図表7－5）。

加えて、Finance for Biodiversity Pledgeがある。このイニシアチブは2020年9月に世界の26の金融機関が始めたもので、2022年5月現在、19カ国、89の金融機関が署名している[22]。これは、生態系サービスを金融機関としてわれわれが理解していくうえで、どうやってそれを「見える化」していくかという観点から設定された協働エンゲージメントのプラットフォームである。

そして、生態系での強靭性を確保するため、2021年開催の生物多様性条約のCOP15において、この10年間で自然の損失を止め回復に転じさせる効果的対策に合意するように求めるとともに、「……ファイナンス」を通じた生物多様性の保護・回復もあわせて約束した。さらに、遅くとも2024年までに、①協働と知見の共有、②企業とのエンゲージメント、③影響の強化、④目標の設定、⑤報告の公表、を目指している。日本を含むアジアでは弊社が

---

22　ダスグプタ（2021）を参照。

図表7－5　TNFDによる情報開示に関する4つの柱

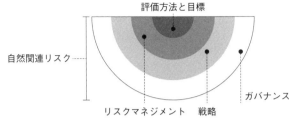

| | ガバナンス | 戦略 | リスク<br>マネジメント | 評価方法と目標 |
|---|---|---|---|---|
| 4つの柱<br>の内容 | インパクト、依存性、リスク、機会に関する組織のガバナンスの開示 | 組織のビジネス、戦略、財務計画における、自然へのインパクトと依存性および関連するリスクと機会の現実の影響とポテンシャルの開示 | 組織の自然へのインパクトと依存性および関連するリスクと機会を特定、評価、管理するための組織によるプロセスの開示 | 組織の自然へのインパクトと依存性および関連するリスクと機会を評価・管理するために使用される評価方法と目標に関する開示 |

| 自然関連リスク |
|---|
| 上記4つの柱について、企業は自然へのインパクトと自然への依存、そして結果として起こる財務的リスクと機会を考える必要がある |

出所：TNFD NATURE IN SCOPE: A summary of the proposed scope, governance, work
　　　plan, communication and resourcing plan of TNFD（June 2021）およびProposed
　　　Technical Scope Recommendations for the TNFD（June 2021）より環境省作成。

唯一参画し、イニシアチブやルール形成を進めている。

　他方、世界銀行によるNature Action 100＋構想がある。これは、Climate Action 100＋の成果と課題をふまえ、生物多様性の喪失に関する投資家のエンゲージメントを促進するためのイニシアチブである。これらの動きも1つのルール形成と考えられるが、気候変動の次のテーマとして注目されている。

　上述のような環境のなかで、弊社ではパームオイルの調達について、生物多様性も含めたサプライチェーンリスクマネジメント強化の企業の取組みを支援している。生物多様性というのは気候と比べるとわかりにくいところがあるが、重要な論点として注目が高まっている。ただ、生物多様性という

テーマをもって企業とエンゲージメントすることはむずかしいところがあり、まずはパームオイルや、大豆、牛肉、天然ゴム、木材などのソフトコモディティのサプライチェーンから生物多様性課題にアクセスしているのが特徴だ。

また、弊社では生物多様性の直接的な評価も行っている。グリーンボンドのインパクト評価のなかで、森林再生と土地の改善により、土地利用上の期待が、既存の状況から自然・原生状態へ改善した際に「獲得できた」生態系サービスの金銭的価値を、年当りヘクタール当り金額（＄/ha/年）で測定した。気候変動の場合は$CO_2$、トン当り$CO_2$であるが、ここでは生物多様性保全を金銭価値換算（＄/ha/年）として、新たな枠組みでインパクト評価を試みているところである。

こうして、生物多様性課題を考えていくと、完全なサーキュラーエコノミー社会の実現が想起される。完全なサーキュラーエコノミー社会の完成形の1つとしてスペースコロニーがあげられるだろう。宇宙空間で生態系サービスを模倣し、循環させ、保全するという観点に立つと、これらの技術や構想が、サーキュラービジネスにおいて重要な役割を期待されるようになるのではないかと考えている。一見かけ離れた技術ではあるが、宇宙ビジネス×サーキュラーエコノミー、あるいは宇宙ビジネス×生物多様性という枠組みも期待される。

### 7.6.3 人権課題

人権というと、これまではほとんど国家レベルで扱われていた課題であったが、それが2011年に国連で承認されたUNGP（UN Guiding Principles on Business and Human Rights：国連ビジネスと人権に関する指導原則）によって大きなターニングポイントを迎えた。UNGPには、人権を保護する国家の義務とともに人権を尊重する「企業の責任」が明記され、さらに国家・企業に対し人権救済への取組みを求めるようになった。これまでの人権に関する企業の責任範囲が自社か、あいは自社に加えて関連会社であったものが、取引先まで含めたサプライチェーンに拡大したことも最近の注目点である。

人権尊重に関する課題への対応は、一般的には人権尊重責任に関する方針を定めて公表するとともに、その責任を果たすことをコミットし、この方針を経営トップからすべての部門に定着させることが必要となる。そして、積極的に人権尊重責任を果たしていくうえで求められるのが「人権デューデリ

図表 7 − 6　企業との対話における投資家の人権課題フォーカスポイント

| Ⅰ．人権方針<br>　・人権方針の有無<br>　・国際人権基準の有無（世界人権宣言やILOの中核的労働基準、国連ビジネスと人権に関する指導原則など）<br>　・海外展開の場合、国際人権基準が守られないリスクの高い国・地域で事業する場合の企業のスタンス<br>　・方針においてその実施体制の有無<br>　・社内研修の実績<br>　・人権報告書の有無<br>Ⅱ．サプライチェーン<br>　・サプライヤーへの言及の有無<br>　・調達方針・行動規範等の遵守への対応の有無<br>　・サプライヤーへの確認の有無（監査のタイミング等）<br>　・サプライヤー監査の公表の有無<br>Ⅲ．人権DD<br>　・人権DDの有無とプロセス<br>　・結果の公表の有無<br>Ⅳ．児童労働<br>　・対応策<br>Ⅴ．強制労働<br>　・対応策<br>Ⅵ．安全衛生<br>　・対応策 | Ⅶ．環境<br>　・対応策（生産過程等における環境汚染、有害化学物質使用等）<br>Ⅷ．技能実習生<br>　・サプライヤーを含むビジネスパートナーが外国人技能実習生を雇用しているか<br>　　有りの場合、人権侵害防止策の有無<br>Ⅸ．生活賃金<br>　・サプライヤーを含むビジネスパートナーへの生活賃金（Living Wage）の保障のための対策<br>Ⅹ．差別・ハラスメント<br>　・性別や国籍・人種による差別・ハラスメントを禁止する規程、障がい者に対する合理的配慮に関する規程の有無<br>ⅩⅠ．是正プロセス<br>　・（サプライヤーを含む）人権問題が判明した場合の対応<br>ⅩⅡ．救済<br>　・グリーバンス（苦情処理）メカニズムの有無<br>　　有の場合、どこまでの範囲で利用できるのか<br>　　有の場合、言語の種類<br>　　有の場合、手続の利用についての公開性 |

出所：りそなアセットマネジメント作成。

ジェンス」である。人権デューデリジェンスとは、指導原則にある「人権への負の影響（人権の侵害）」の特定、防止、軽減等の措置を行うことであるが、これは、人権リスクをゼロにすることを目的としているわけではない。いわゆる統合的、リスク・ベースド・アプローチという観点から、発見された人権侵害への該当事項に対し、どのようなかたちで対応するかが非常に問われるのである。

　また、グリーバンス（苦情処理）メカニズムは人権課題を考えていくうえで重要な取組みであり、最近日本企業も注目している。ただ、グリーバンスメカニズムの枠組みは日本にないため、多くの企業で取組みが進まない一因となっていた。このため弊社はグローバル・コンパクト・ネットワーク・ジャパンやILO（国際労働機関）、OECD（経済協力開発機構）と連携して枠組みを整備するなど関与を続けてきた。

　弊社は対話・エンゲージメントを通して企業の課題解決に向けたサポートを行うだけでなく、そもそも課題解決の枠組みや仕組みがなければ、それらを関係者とともに構築し、企業が課題への対応を行うためのフィールドを整備することも重視しており、今後も企業のサポーターとして活動を続けていきたいと考えている（図表7-6）。

## 7.7　結びにかえて

　ESGを経営の根幹に据える理由として、オランダの総合化学メーカーのRoyal DSMの前CEOのフェイケ・シーベスマ（Feike Sijbesma）氏の退任メッセージが非常に示唆的であると感じているので最後に示す。なお、同社は経営トップがサステナビリティ分野のルールづくりに積極的に関与する一方で、炭素税の創設などを見越して、樹脂分野では、植物由来のバイオプラスチック素材の準備を進めている。

　「10年前には社会的に善いことと利益は相反していた。現在はそれらを両

立させることが可能な時代になっている。そして10年後は、それらが両立できていなければ誰も働いてくれず、社会から望まれない会社になる」[23]。

## 【参考文献】

環境省環境研究総合推進費戦略的研究プロジェクトS-10　地球規模の気候変動リスク管理戦略の構築に関する総合的研究（2017）『地球規模の気候リスクに対する人類の選択肢詳細版（2017年3月公表　最終草稿)』（https://www.nies.go.jp/ica-rus/report/version2/）。

森・濱田松本法律事務所編（2020）『ルール・チェンジ武器としてのビジネス法』日経BP

りそなアセットマネジメント（2021）Stewardship Report 2020/2021（https://www.resona-am.co.jp/investors/pdf/ssc_report2020-2021.pdf）。

りそなアセットマネジメント（2022）Stewardship Report 2021/2022（https://www.resona-am.co.jp/investors/pdf/ssc_report2021-2022.pdf）。

A. H.マズロー（2001）『完全なる経営』金井壽宏監訳、大川雄二訳、日本経済新聞出版。

P.ダスグプタ（2021）『日本語版生物多様性の経済学：ダスグプタ・レビュー要約版』WWFジャパン監訳（https://www.wwf.or.jp/activities/data/20210630biodiversity01.pdf）。

---

23　森・濱田松本法律事務所編（2020）参照。

# 第 7 章 補論 1

## ESG評価にみる国内企業のESGへの取組みの現状と課題

### 1 重要性が高まる企業のESGに係る取組み

近年、地球温暖化といった気候変動問題、新型コロナウイルス感染症拡大等といった環境・社会問題を背景として、投資家の間で、ESG（環境・社会・ガバナンス）要因が企業のリスク管理および機会に与える影響に対する認識が高まっている。ESG課題を投資判断に組み込むことを提唱する責任投資原則（PRI）への署名機関数は、世界で4,494機関に達した（2022年5月6日現在）。広義のESG投資であるサステナブル投資残高は2020年時点で35.3兆ドルとなり、世界の運用資産残高に占める割合は35％となった[1]。

2015年にフランスで開催された国際連合（国連）気候変動枠組条約第21回締約国会議（COP21）において、気候変動に関する2020年以降の新たな国際枠組みであるパリ協定が採択された後、企業においてもパリ協定と整合した中長期の温室効果ガス削減目標の設定・認定数が増加する等、気候変動に係る取組みが進んでいる。2017年6月に公表された、気候変動のリスクおよび機会を特定し、財務情報として開示する、気候関連財務情報開示タスクフォース（以下、TCFD）提言への賛同企業数も世界的に増加している。

国内では、ガバナンス分野に関連して、東京証券取引所（東証）が2015年6月にコーポレートガバナンス・コードを導入し、2018年および2021年の改訂を経て、上場企業を中心とした取組みが進んでいる。環境分野について

---

1　Global Sustainable Investment Alliance, "Global Sustainable Investment Review 2020," July, 2021.

は、2021年に改訂されたコーポレートガバナンス・コードにおいて、コンプライ・オア・エクスプレインの枠組みのもとで、気候変動等の地球環境問題への配慮をはじめとするサステナビリティをめぐる課題に積極的に取り組むよう検討を深めることを求めるとともに、プライム市場の上場会社に対しては、TCFDまたはそれと同等の枠組みに基づく開示の質と量の充実を進めるように求めている。社会分野においては、人的資本を中心とした議論の進展とともに、新型コロナウイルス感染症拡大の影響で投資家の注目度も高まっている。

## 2 ESG評価の活用状況と課題

　ESG投資を行うにあたり、機関投資家等によって活用されているのが、企業のESGに係る取組みをスコアや格付のかたちで評価するESG評価である。ESG評価は、ESG関連の社内調査を補完することや同業他社比較のベンチマークとして活用されている。

　ESG評価の算出においては、一般に、ESGの各分野に関するデータ項目が設定され、それらのデータに基づいて、各分野の得点と総合得点が算出される。そのうえで、総合得点に応じて、複数の段階による格付が付与される。ただし、ESG評価には、標準的な評価手法が確立されていないため、項目、計測指標、情報ソース、最終的なESG評価の表示、等において各評価機関の評価に独自性がみられる（図表7補1－1）。

　ESG評価が活用される理由としては、それが投資パフォーマンスにとって重要な情報をもたらすとの認識等がある。環境・社会・労働安全衛生に係るリスク管理を専門とするグローバル・コンサルティング企業であるERM傘下のシンクタンクSustainAbilityが実施する、大手機関投資家および専門家を対象とした、企業に対するESG評価の活用に関する調査によれば、投資家がESG評価を使用する理由としては、投資パフォーマンスに関連する

図表7補1－1　ESG評価の概観

| 評価機関名 | ブルームバーグ | リフィニティブ | V.E |
|---|---|---|---|
| ESG評価名 | ESG 開示スコア | ESGスコア | ESGスコア |
| 対象企業 | 約1万3,000社 | 約1万2,000社 | 約5,000社 |
| 情報ソース | 公開情報等 | 公開情報等 | 公開情報および企業とのコンタクト情報等 |
| スコア | 0～100 | 0～1 | 0～100 |
| 格付等 | － | D－～A+の12段階（D～Aの格付に応じて定性評価） | Weak、 Limited、 Robust、 Advanced の4段階 |

注：対象企業数は時点の記載がないものは2022年5月時点。
出所：各種資料より野村資本市場研究所作成。

重要情報およびデータを提供するとの回答が最も多く（回答割合は71％）、企業のESGパフォーマンス／リスクに係るリサーチを補完するとの回答が2番目に多かった（同65％）（図表7補1－2）。

　ESG評価をめぐっては、その活用に関する課題として、ESG評価に標準化された評価手法が確立されていないこと等の理由により、評価間にばらつきが存在していることがあげられる。こうした点をふまえて、ESG評価の利用者である市場参加者には、各ESG評価の特徴および評価間のばらつきの状況等を把握するための取組みが重要である。

　この点に関連して、証券監督者国際機構（IOSCO）は2021年11月に公表したESG評価・データに係る最終報告書（IOSCO報告書）のなかで、①ESG評

| サステイナリティクス | S&Pグローバル | FTSE Russell | MSCI ESG Research |
|---|---|---|---|
| ESG Risk Rating | SAM ESGスコア（S&PグローバルESGスコア） | ESG Ratings | MSCI ESG Rating |
| 約1万2,000社 | 約8,000社 | 約7,200銘柄 | 約8,500社（2020年11月時点） |
| 公開情報および企業のフィードバック等 | 公開情報および企業への質問票（直接回答と間接回答）等 | 公開情報および企業のフィードバック等 | 公開情報および企業のフィードバック等 |
| 0～100 | 0～100 | 0～5 | 0～10 |
| 無視できるリスク、低リスク、中リスク、高リスク、深刻なリスク、の5段階 | Gold Class、Silver Class、Bronze Classの3段階。スコアの改善率が高い先はIndustry Moverに認定 | — | CCC～AAAの7段階（格付に応じて、Leggard、Average、Leaderと定性評価） |

価・データ提供機関の内部プロセスの改善、②ESG評価・データの情報に係るデューデリジェンスの強化、③ESG評価・データ提供機関と企業との対話の拡充、等に係る提言を行った[2]。

　IOSCO報告書によれば、ESG評価・データ提供機関の内部プロセスについては、透明性の高い評価手法およびそれに基づく高品質のデータ提供のための手順の実施・整備等があげられる。ESG評価・データの情報に係るデューデリジェンスには、活用主体である市場参加者が、評価・データの内容・方法・課題・利用目的等について幅広く理解を向上させていくことが含

---

2　International Organization of Securities Commissions（2021）.

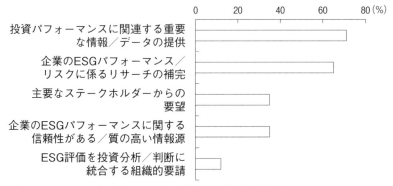

図表7補1－2　投資家がESG評価を使用する理由に関する質問への回答（上位5項目）

出所：SustainAbility（2020）p. 22より野村資本市場研究所作成。

まれる。ESG評価・データ提供機関と企業との対話の拡充については、ESG評価・データ提供機関による、明確な窓口提供・データの根拠・事実確認の時間の配慮、等について検討が可能とされる。

　国内においても金融庁が2022年2月に「ESG評価・データ提供機関等に係る専門分科会」の設置を発表し、当該分科会にてIOSCO報告書を基礎とした議論が行われた。2022年6月までに計7回の会議が開催され、同年7月に報告書が公表された[3]。サステナブルファイナンスの推進において、ESG評価がその市場機能を適切に発揮していくために、上記報告書の論点をふまえた、ESG評価・データ提供機関、投資家、企業等による対応が進んでいくことが期待される。

3　金融庁サステナブルファイナンス有識者会議 ESG評価・データ提供機関等に係る専門分科会（2022）参照。

## 3 日本企業のESG評価の進展

本節では、企業の開示量を定量化したブルームバーグのESGスコアを用いて、日経500種平均株価の構成銘柄のなかで数値が取得可能な日本企業を対象として、ESG評価の状況を確認する。

### 3.1 ESG評価の推移

日本企業のESG分野別スコアの推移を確認すると、総じて改善傾向となっていることがみてとれる。環境スコアは、2019年1月と2021年12月において、分野別の中央値について約3〜11の改善が進んでいる（図表7補1－3）。

絶対水準においては、ガバナンススコアが最も高く、環境スコアがそれに次ぐ。そして、社会スコアが最も低い。ガバナンススコアの水準が相対的に高いことは、コーポレートガバナンス改革の進展などで国内企業のガバナン

図表7補1－3　日本企業のESG分野別スコア

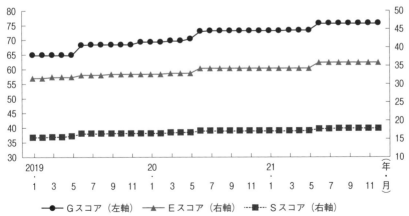

注：数値は中央値。
出所：Bloombergより野村資本市場研究所作成。

ス分野の開示が進んでいること等が理由として考えられる。他方、環境および社会分野においては、環境対応の認識の向上や新型コロナウイルス感染症の拡大を経て、取組みが進んでいると考えられるが、相対的に評価の改善余地が大きいことがみてとれる。

## 3.2　規模別のESG評価

ESG各分野の規模別スコアは、いずれの分野のスコアについても、規模が大きいほど高水準となっている。環境スコアは、2019年1月と2021年12月において、規模別の中央値について約3～10の改善が進んでいる（図表7補1－4）。相対的に低水準となっている小型株においても2021年にスコアの改善がみられている。また、環境スコアについては、社会スコアおよびガバナンススコアと比べて中小型株と大型株のスコアの差が大きく、特に中小型株のスコアの改善余地が大きいといえる。

社会スコアは、2019年1月と2021年12月において、規模別の中央値について約3の改善がみられる（図表7補1－5）。いずれの規模の企業群において

図表7補1－4　日本企業の環境スコア

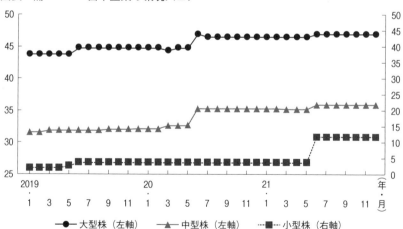

注：数値は中央値。大型株は東証規模別株価指数の大型銘柄、中型株は同中型銘柄、小型株は同小型銘柄に該当する銘柄。
出所：Bloombergより野村資本市場研究所作成。

## 図表7補1-5　日本企業の社会スコア

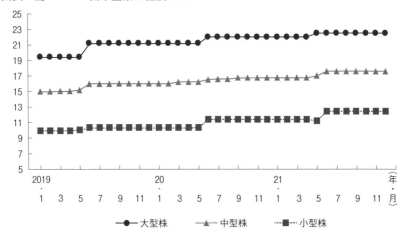

注：数値は中央値。大型株は東証規模別株価指数の大型銘柄、中型株は同中型銘柄、小型
　　株は同小型銘柄に該当する銘柄。
出所：Bloombergより野村資本市場研究所作成。

## 図表7補1-6　日本企業のガバナンススコア

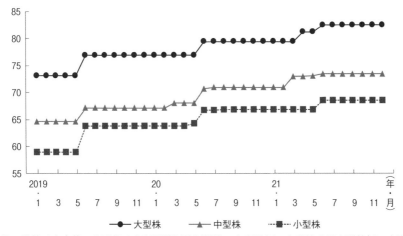

注：数値は中央値。大型株は東証規模別株価指数の大型銘柄、中型株は同中型銘柄、小型
　　株は同小型銘柄に該当する銘柄。
出所：Bloombergより野村資本市場研究所作成。

も改善はみられるものの、ガバナンスおよび環境分野と比較すると相対的に低水準となっている。社会スコアについては、中小型株と大型株のスコアの差が小さく、いずれの規模の企業群においても改善の余地が大きいといえる。

ガバナンススコアは、2019年1月と2021年12月において、規模別の中央値について約9〜10の改善がみられる（図表7補1−6）。いずれの規模の企業群においてもスコアは改善傾向にある。また、ガバナンススコアについては社会スコアと同様、中小型株と大型株のスコアの差が比較的小さくなっている。このことから、他の分野と比べると、小型株においても中型株・大型株に近い水準まで開示が拡充されてきていることが示唆される。

## 4 今後の課題

日本企業のESG評価について、企業の開示状況を反映するブルームバーグスコアによってESG分野ごとの評価をみると、いずれの分野においても総じて評価が改善傾向にある。他方、分野および規模によって、開示の状況および改善度合いは異なっており、それぞれの企業の状況に応じた施策・市場参加者による後押しが必要と考えられる。

環境分野においては、規模別の評価において、大企業の評価が相対的に高い水準にある。東証プライム市場において、TCFD提言に沿った情報開示が求められることで、引き続き取組みが進展するものと推測される。今後は、中小規模の企業を中心として、幅広い企業に対して開示拡充の取組みが重要になると考えられる。

社会分野においては、幅広い規模の企業において開示の改善の余地があるとみられる。同分野については、新型コロナウイルス感染症拡大の影響で注目度が高まっており、今後、開示拡充の取組みが進むことが見込まれる。

ガバナンス分野の評価は環境・社会分野と比べ相対的に高い水準となって

いる。同分野については比較的小規模企業についてもある程度の開示の拡充が進んでいることが確認された。今後、開示面の拡充とともに実質面についても取組みを進めていくことが必要と考えられる。

ESG評価・データ提供機関に係る専門分科会報告書によれば、企業に対して、ESGに係る課題を中長期的な企業価値の維持・向上に重要なものとしてとらえたうえで、対応を進めていくことが提言されている。

今後、企業によるESG評価・データ提供機関および投資家との対話の充実等を通じた、ESGに係るさらなる取組みの進展が期待されよう。

【参考文献】

金融庁サステナブルファイナンス有識者会議 ESG評価・データ提供機関等に係る専門分科会（2022）「ESG評価・データ提供機関等に係る専門分科会報告書－ESG評価・データの質の更なる向上を通じた市場の発展に向けて－」

International Organization of Securities Commissions（2021）. *Environmental, Social and Governance (ESG)Ratings and Data Products Providers Final Report*.

Global Sustainable Investment Alliance（2021）. *Global Sustainable Investment Review 2020*, p. 9.

SustainAbility, an ERM Group company（2020）. *Rate the Raters 2020: Investor Survey and Interview Results*, p. 22.

［富永　健司］

# 第7章 補論2

## 情報提供者からみた開示拡充への「期待」と「懸念」
### ―投資家は、情報開示の海に飲み込まれてしまうのか―

## 1 はじめに

　サステナビリティ関連の情報開示を担当するものとして、情報開示に対する要求水準が高まっていることを、日々、肌で感じている。たとえば、直近の動きとして、欧州では人権や環境デューデリジェンス（DD）の実施を義務づけるといった内容を含む企業サステナビリティDD指令法案が公表されたり、企業が環境や人権などのサステナビリティ関連事項に与える影響、サステナビリティ関連事項が企業に与える影響などについての開示を求める企業サステナビリティ報告指令（CSRD）の採択が予定されている。また、米国では、米国証券取引委員会（SEC）が気候関連情報開示の強化・標準化についての規則案を公表したりという動きがある。わが国でも、岸田政権下での「新しい資本主義」のもと人的資本に関する議論が活発化しており、2023年度の有価証券報告書において人的資本に関する開示義務化の動きもあるところであり、「開示の拡充」の波は高まるばかりである。他方、開示に関するさまざまな基準が乱立し、アルファベットスープとも揶揄される現状に対して、サステナビリティに関する情報開示の共通の枠組みを策定するという動きがみられ、3月末には、IFRS財団（国際会計基準財団）が設立した国際サステナビリティ基準審議会（ISSB）よりサステナビリティに関する開示基準を定めた草案が公開されているところである。

　企業はこの情報開示の拡充の動きにあわせ、各社とも情報開示の拡充に向けた努力をしているが、「きれいごと」や抽象的な理念ではなく真に投資家

が必要とする情報をどのように伝えるかについて、情報開示担当者は頭を悩ませている。本論文では企業におけるサステナビリティに関する情報開示を担当する実務的な立場から、情報開示拡充への期待と懸念についての雑感を述べることとしたい。なお、本見解は筆者の個人的な見解であり、筆者の所属する組織の見解ではないことに留意されたい。

## 2 情報開示は誰のためのものか

　ここでは情報開示拡充の動きを俯瞰したうえで、情報開示が誰のためのものかについて考えてみることとしたい。

　ESG（環境・社会・ガバナンス）を含む非財務情報の重要性が認識されるようになって数年が経つ。不確実性の高まる時代のなかでは、財務情報のみでは企業価値を測定することが困難になり、将来の財務パフォーマンスに影響を及ぼす可能性のある非財務情報の可視化に対する要請が高まっている。企業は膨大な時間とコストをかけ、統合報告書やサステナビリティ報告書などの媒体を通じた情報開示に取り組んでいるにもかかわらず、機関投資家をはじめとしたステークホルダーからは、ビジネス戦略や財務との関係がわかりにくい、客観性、比較可能性が乏しいといった指摘もあり、企業側の情報開示と投資家の求める水準には開きがあるように感じられる。

　このギャップを埋めるべく、さまざまな取組みが進められている。たとえば、日本では、ルールへの形式的な対応にとどまらない開示の充実に向けた企業の取組みを促すことを目的として、2019年には金融庁において「記述情報[1]の開示に関する原則」を策定するとともに、記述情報の開示の好事例集を提供している。この記述情報の開示の好事例集については、有価証券報告書における開示例に加え、任意の開示書類における開示例のうち有価証券報

---

1　法定開示書類において提供される情報のうち、金融商品取引法193条の２が規定する「財務計算に関する書類」において提供される財務情報以外の情報。

告書における開示の参考となりうるものも紹介されるほか、随時アップデートされており、2020年度には新型コロナウイルス感染症とESGに関する項目が追加されている。

　そのようななか、2021年6月には金融担当大臣より「企業を取り巻く経済社会情勢の変化をふまえ、投資家の投資判断に必要な情報を適時にわかりやすく提供し、企業と投資家との間の建設的な対話に資する企業情報の開示のあり方について幅広く検討を行うこと」という諮問が出され、2021年9月には、金融審議会ディスクロージャーワーキング・グループにて有価証券報告書における開示のあり方、任意開示等における開示の質・量の充実化、国際的な開示基準動向への参画等に関する審議が行われている。このように情報開示の拡充の動きはわが国でも活発に議論が進められているところである（図表7補2－1）。

　これをみても企業はさまざまな媒体を用いて「投資家」すなわち国内機関

図表7補2－1　わが国における企業による投資家への情報提供方法（2022年3月現在）

| 企業 | 開示の種類 | | 記載事項要件 | 名称 | 情報の内容 | 投資家 |
|---|---|---|---|---|---|---|
| | 法定開示 | 金商法 | 規定あり | 四半期報告書 | 投資判断に必要とされる情報 | |
| | | | | 有価証券報告書 | | |
| | | | | 内部統制報告書 | | |
| | | 会社法 | | 計算書類事業報告 | 株主・債権者に対する情報 | |
| | 取引所規則による開示 | | | 決算短信 | 有価証券報告書を補足する情報 | |
| | | | | コーポレートガバナンス報告書 | | |
| | 任意開示 | | 自由演技 | 統合報告書／サステナビリティ報告書等 | 企業の創意工夫を施した情報 | |

出所：金融審議会ディスクロージャーワーキング・グループ第1回事務局資料より野村ホールディングスサステナビリティ推進室作成。

投資家、海外機関投資家、個人投資家に対してさまざまな情報を提供していることがわかる。しかしながら、前述のとおり、企業側の情報開示と投資家の求める水準のギャップが存在するのはなぜであろうか。投資家が求める情報としては、大別すると、会計報告などの企業の実績、組織や内部統制などの企業の基盤、ビジョンや戦略などの企業の将来があると考えられる。これに対し企業が開示してきたものは、過去・定量・経済的価値に関する情報が多かったことからギャップが生まれてきていると思われる。

　最近は情報開示拡充の観点から、法定開示による強制開示での情報開示項目の拡充のほか、任意開示の活用により、将来・定性・社会的価値に関する情報が開示されるようになってきた。実務家としては、投資家に対し、自社の将来・未来を伝え、自社の価値を伝え、最終的に、自社をさまざまな場面で「選択」あるいは「評価」してもらえるようにという視点で情報開示に向き合っている。これは情報開示の拡充につながり、非常に望ましいことではあるものの、はたして、すべての投資家にとっても同様に望ましいのだろうか。情報開示を通じて自社の未来、価値を語る場合、どのような情報でそれを語るのか、どのようなデータでそれを裏付けるのか、各社各様であり、統一的な物差しを使うことはむずかしい。

　この点、ISSBのサステナビリティ開示基準の策定に示されるように、ガバナンス、戦略、リスク管理、指標と目標という４本柱を軸とした開示とすることで開示の一貫性や比較可能性を担保しようという動きがあるわけであるが、投資家と一言でいっても、その属性は多岐にわたり、大量の開示情報を読み、理解し、それを自己の投資決定に反映させることができる投資家がいる一方で、そのような対応をとることがむずかしい投資家が存在することも事実である。投資家のための情報開示の拡充が、かえって投資家の意思決定を阻害していないか、という点が実務者として感じる懸念である。

　また、実務家として、情報開示の相手先として念頭に置いているのは、国内外の機関投資家、個人投資家のほか、ESG評価機関といった「投資」の側面の存在だけではなく、取引先、将来の自社社員になる可能性のある学生、社員の親類も含めた、幅広い関係者も意識している。国内外の機関投資

家やESG評価機関では、企業の情報を調査分析するリソースも多く、また、求める情報も細かく専門的なものが多いため、それらを意識すると開示する情報の内容は高度になり、その粒度は細かくなっていく。

　他方、個人投資家の場合、そこまでのリソースを割くことはむずかしく、企業側の情報開示が細分化・高度化すればするほど個人投資家にとってはわかりにくくなってしまう。また、「投資」から離れた立場から情報をみているステークホルダーにとって、真に必要とする情報開示ができているのかという悩みもある。実務者としてはそのジレンマを感じながら情報開示業務にあたっている。たとえば、投資家やステークホルダーの属性ごとに情報量や内容を調整するという考え方もあるが、この場合、情報開示を担当する側の労力は相当なものになると考えられるし、ステークホルダー別に情報開示を担当する部署を分けた場合、統一性が崩れてしまうという懸念もある。

　このようなジレンマ解消の唯一絶対の解はないと考えられるが、複数の情報開示媒体、情報開示機会を活用し、どの属性にとっても十分かつ最適であり、なおかつ、会社としての統一された情報開示のあり方を考えていくことが必要である。同時に、特に個人投資家においては、企業の開示する情報について、「どこに何が書いてあるのか」「何を意識して読み解けばよいのか」「どの情報を他社と比較すればいいのか」といったことを自ら判断するために、情報開示の波に飲み込まれないような金融リテラシーの向上も必要である。

## 3　情報開示と戦略

　なぜ情報開示の拡充が求められているのかを考えた場合、その背景には、情報開示を通して企業の行動変容を促すという要素もあると考えている。たとえば、気候関連財務情報開示タスクフォース（TCFD）の提言では、気候変動が自社のビジネスに与える影響をリスクと機会というかたちで開示する

ことを提言している。TCFD提言に賛同し、TCFD提言に沿った情報開示を行うためには、気候変動が自社のビジネスに短期・中期・長期においてどのような影響があるのかを事業部門だけではなく、財務、リスクも含め、会社全体で考えていかないと、そもそも情報開示ができない。その議論の過程で、自社の将来像を考えることにより、結果として、会社として進むべき方向性の把握、ビジネスモデルの転換を含めた行動変容につながっていくと考えられる。そのように考えると情報開示の拡充は、投資家へ投資判断に有用な情報を提供する、あるいはステークホルダーに対して自社の情報を提供するだけではなく、企業行動の変容を促すためのものといえるだろう。

　換言すれば、情報開示を通して、企業は自社の未来・将来像を示す→投資家やステークホルダーはそれをみて企業を評価・判断する→企業は未来・将来像に向けた取組みを進め、その成果、状況を開示する→投資家やステークホルダーはそれをみて企業を評価・判断する……という情報開示を起点としたサイクルが確立されていくことで、企業価値の向上につながることになるわけだが、現代社会においては、単に経済的価値を向上させることだけではなく、社会的価値の実現も企業には求められる。そのため、たとえば、新しい技術開発により生産性を倍増させたとしても、それが環境に負荷を与える、あるいは、不当な労働条件のもとで行われているというものであれば、社会的価値のないものであり、社会的にも、また投資家の目線としても受け入れがたいものである。

　このように考えると、従来の情報開示は、すでに存在する取組みや戦略を適切なかたちで開示するという「過去」に焦点が当たっており、情報開示の実務としても社内で決定されたものをどう開示するかに力点が置かれてきたが、これからは、情報開示の基準で何が求められているのか、投資家は何を求めているのかを把握し、それを戦略や企業の意思決定において考慮・反映していくという、情報開示と企業戦略の立案が両輪のように動いていく関係に変化してきていると感じている。通常、情報開示は経営企画等の本社企画部署が集中して担当していると思われるが、情報開示と企業戦略が融合している状況においては、全社横断で取り組む課題であると痛感している。

## 4 情報開示拡充への期待と懸念

　情報開示の拡充により企業行動が変容し、ひいては持続可能な社会の実現に貢献するというサイクルが確立することにより、いま、世界が直面しているさまざまな危機—自然環境に対する危機、人権に対する危機、健康で安全な生活に対する危機など—の軽減・解消が図られることが期待されている。その一方で、情報開示の拡充により、その拡充の波に乗り切れない投資家の出現という懸念がある。情報開示を担当する実務者としては、すべての投資家、あらゆるステークホルダーの存在を意識して、情報開示に向き合う必要がある。

　情報開示担当者の役割としては、社会に起きている変化をとらえ、どのような社会を目指すのか、それに向けて自社は何ができるのか、何ができていないのでどう対応していくのか、自社のなかでしっかりとした議論の場を提供し、その議論をふまえてどう開示するかを考えるというステージに変化してきているように感じている。

　誤解をおそれずにいうと、昔のように「鉛筆をなめて開示文言を考える」時代ではなく、実態の伴った開示を行うためにはどうするのかという組織論も含めた議論の機会を社内に提供するという役割も期待されているのではないだろうか。実務者としては、情報開示の意義・役割が高度化し、チャレンジングな状況であるが、そのようななかだからこそ、創意工夫を発揮し新しい情報開示のあり方をつくっていかなくてはならないとあらためて気を引き締めているところである。

［山本　裕子］

# 第 8 章

# 人的資本の報告に対する
# 関心の高まりと課題

小澤 ひろこ　加藤 茂博

人的資本に対する関心が高まっており、上場企業に対して人的資本に関する情報の開示を義務化したり、規範として導入したりする動きが出ている。たとえば、米国では、2020年8月に米国証券取引委員会（Securities and Exchange Commission：以下、SEC）が人的資本についての開示を求める規則を追加した（Regulation S-K[1]）。具体的な開示項目についての記載はないが、例示として、人材の開発、企業自身の魅力向上および従業員の維持の取組みをあげている。日本においては、2021年の改訂コーポレートガバナンス・コードが中核人材における多様性の考え方と状況、経営戦略と整合した人的資本への投資に関する情報開示を求めている[2]。

金融庁のディスクロージャーワーキング・グループは、有価証券報告書の有用性向上を目的に新しい開示項目を検討した。そして、2022年6月13日に公表した報告書[3]では、「「新しい資本主義」の実現に向けた議論の中では、人への投資の重要性が強調されている。具体的には、人件費を単にコストと捉えるのではなく、人的投資を資産と捉えた上で、人的投資が持続的な価値創造の基盤となることについて、企業と投資家で共通の認識をすることを目指している」と明示したうえで、図表8-1を開示の新項目として提案している。

有価証券報告書の新基準は、多様性、特にジェンダーダイバーシティに焦点が当たった内容となっているが、ディスクロージャーワーキング・グループが国際サステナビリティ基準審議会（International Sustainability Standards Board：以下、ISSB）が現在策定中の「国際サステナビリティ開示基準」（後

---

1　https://www.sec.gov/rules/final/2020/33-10825.pdf
2　金融庁（2021）「コーポレートガバナンス・コード」（2021年6月）の補充原則2-4①、補充原則3-1③、補充原則4-2②、原則5-2。https://www.jpx.co.jp/news/1020/nlsgeu000005ln9r-att/nlsgeu000005lne9.pdf
3　金融庁金融審議会（2022）。

**図表8－1　有価証券報告書における人的資本に関する開示項目**

| ① | 中長期的な企業価値向上における人材戦略の重要性を踏まえた「人材育成方針」（多様性の確保を含む）や「社内環境整備方針」について、有価証券報告書のサステナビリティ情報の「記載欄」の「戦略」の枠の開示項目とする |
|---|---|
| ② | それぞれの企業の事情に応じ、上記の「方針」と整合的で測定可能な指標（インプット、アウトカム等）の設定、その目標及び進捗状況について、同「記載欄」の「指標と目標」の枠の開示項目とする |
| ③ | 女性管理職比率、男性の育児休業取得率、男女間賃金格差について、中長期的な企業価値判断に必要な項目として、有価証券報告書の「従業員の状況」の中の開示項目とする |

出所：金融庁金融審議会（2022）より引用。

述）を考慮して整合性のある内容とすることを強調していることから[4]、人的資本に関する開示項目の検討は将来追加される可能性が高いと推察される。

　「国際サステナビリティ開示基準」は、2022年3月31日に公開草案が公表され、120日間のコンサルテーション期間を経て最終化される。「国際サステナビリティ開示基準」の公開草案は、人的資本に関する具体的な開示項目を提案してはいないが、人的資本を含むESG情報の開示基準「SASBスタンダード[5]」の考慮を求めている（図表8－2）[6]。

　「SASBスタンダード」が提示する開示項目は、労働者の権利、多様性、エンゲージメントなど幅広い。さらに、人的資本の状況や活用（投資）、組織風土といった視点を追加・見直し中であり、カバー領域がより広くなる。

---

4　金融庁金融審議会（2022）。
5　SASBスタンダードとは、Sustainability Accounting Standards Board（サステナビリティ会計基準審議会、略称SASB）が策定したESGに関する情報開示の基準である。企業の情報開示の質向上に寄与し、中長期視点の投資家の意思決定に貢献することを目的に、将来的な財務インパクトが高いと想定されるESG要素に関する開示基準を77の業種別に設定している。これについては日本取引所のウェブサイト「ESG情報開示枠組みの紹介（https://www.jpx.co.jp/corporate/sustainability/esgknowledgehub/disclosure-framework/index.html）」が参考になる。
6　IFRS S1号「サステナビリティ関連財務情報の開示に関する全般的要求事項」［案］（2022年3月）。

図表 8 − 2　SASBスタンダードと人的資本に関する開示トピック

| 概要 | 人的資本に関する開示トピック |
|---|---|
| SASBスタンダード<br>発行主体：Value Reporting Foundation<br>発行年：2018年 | ・労働慣行<br>・労働の安全と衛生<br>・従業員エンゲージメント<br>・ダイバーシティ＆インクルージョン<br><br>現在、①メンタルヘルス、ウェルビーイング、健康に関するベネフィット②組織風土③人材投資④正規雇用以外の労働力⑤サプライチェーンにおける労働条件⑥従業員の構成、およびコストを追加・見直し中。 |

出所：日本取引所グループ、東京証券取引所「ESG情報開示実践ハンドブック」（2020）
　　　より引用。

　金融庁のディスクロージャーワーキング・グループがISSBと歩みを同じくする方針を打ち出しているということは、今後、人的資本に関する情報開示の要請は、領域が広がる可能性が高いということになる。

　ESG投資において人的資本に関する情報開示が求められていることもあり[7]、このような人的資本に関する情報開示を制度化したり規範化したりする動きは今後も活発化すると思われる。企業は、動向をキャッチするアンテナを張っておくことが重要となるが、しかし、これらの制度や規範は、具体性に欠けたり、側面が異なっていたりと、個々の解像度が高くなく、また全体像がクリアではないため、「そもそも人的資本に関する情報開示とは何か」の全体像をつかむことがむずかしい。

　その結果、前述の金融庁のディスクロージャーワーキング・グループが目指している「人的投資が持続的な価値創造の基盤となることについて、企業と投資家で共通の認識をすること」に資する報告にはなりにくく、開示のための開示に陥りやすい。実際に、2021年11月に人的資本経営＆報告のセミナー参加者を対象に行った調査では（セミナー参加者の多くは人事やダイバー

---

7　代表的なESG評価機関の１つであるFTSE Russelは、労働基準や健康と安全といった人的資本に関する項目を評価テーマに組み入れている。

シティといった人的資本に関する業務を担当）、「人事部門は人的資本に関する情報開示を積極的に主導すべきであるが、十分に対応できる知識、組織体制や開示方針が整ってなく、開示項目や説明シナリオができていない」との回答が多数であった。

そこで、まずは、「求められている人的資本の報告とは何か」その全体像をつかみたいと思う。国際標準化機構（International Organization for Standardization：以下、ISO）が人的資本の報告に関する指針を公表している。当該テーマに関する国際的かつ包括的な唯一の規格なので、ここでは「ISO30414ヒューマンリソースマネジメント―内部及び外部人的資本報告の指針」（以下、ISO30414人的資本の報告の指針）をみていきたい。

**8.2** 人的資本経営の報告の概要―マネジメント・アプローチに基づく人的資本の報告―

「ISO30414人的資本の報告の指針」は、2018年にISOが定めた指針である。人的資本は、最も重大な組織の資源かつリスクであり、マネジメントすることにより長期かつ持続可能な価値を生み出す組織の能力を最大化でき、マネジメントしない組織はそれらを損なう可能性があるとの考えのうえに成り立っている（マネジメント・アプローチ[8]）。目的は、人的資本の業績への貢献を可視化することである。想定利用者は、内外のステークホルダーであり、内部は経営意思決定＆執行レイヤー（層）、外部には就職希望者や地域社会、人的資本経営＆報告に関心をもつ投資家が含まれている。

「ISO30414人的資本の報告の指針」は、マテリアリティ（重要性）の原則を採用しており、よって、報告主体は、ステークホルダーにとって重要な指標を自ら選択する設計となっている。すべての指標を内外へ報告することを求めていないことに注意したい。

---

[8] マネジメント・アプローチとは、経営資源（ここでは人的資本）を効果的に活用することで、組織の成果を最大化させ組織の成功（目標達成）を実現すること。

具体的には、次の11の領域と58の指標およびその測定基準を提示している（図表8-3）。11の領域には、要員計画、人材育成、人事評価と報酬、労務関係といった従来の人事業務を越え、コンプライアンス、コスト、企業文化などの他部門が担当することが多い業務が含まれ、範囲は広範である。

図表8-3　11の領域と大規模な企業を対象とした指標

| 領域 | 指標の例 | 指標の数 | |
|---|---|---|---|
| | | 内部報告 | 外部報告 |
| コンプライアンスと倫理 | 苦情や懲戒処分の件数、種類など | 5 | 3 |
| コスト | 人件費や採用コストなど | 7 | 1 |
| ダイバーシティ | 年齢、性別、障がい、経営陣の多様性など | 5 | 5 |
| リーダーシップ | 経営陣の公正性、誠実性、一貫性など | 3 | 1 |
| 企業文化 | 従業員エンゲージメント、定着率など | 2 | 0 |
| 労働安全衛生、安全・ウェルビーイング | 労働災害の件数や研修に参加した従業員の割合など | 4 | 3 |
| 生産性 | 収益、売上高、従業員一人当たりの利益、人的資本Return on Investmentなど | 2 | 2 |
| 採用、異動、離職 | 離職率、社内で充当されたポジションの割合など | 15 | 5 |
| スキルと能力 | 人材育成コスト、一人当たりの研修時間など | 5 | 1 |
| サクセッションプラン | 後継者の育成状況（準備率）、社内昇進と社外採用の割合など | 5 | 0 |
| 労働力（workforce availability） | フルタイム換算での従業員数など | 5 | 2 |
| 合計 | | 58 | 23 |

出所：ISO『ISO30414ヒューマンリソースマネジメント-内部及び外部人的資本報告の指針』和英対訳版　第1版（2018年12月）、9-11頁。

図表 8 − 4　指標を組み立てる枠組み

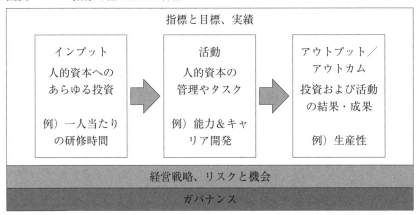

出所：「ISO30414人的資本の報告の指針」より筆者作成。

　「ISO30414人的資本の報告の指針」が提示している58の指標は、インプット（投資）→活動（人的資本の管理）→アウトプット／アウトカム（投資および活動の結果・成果）の基本構造に基づく活用を前提としている（図表 8 −4）。この基本構造は、企業価値、経営戦略、リスクや機会と関連性のあるシナリオのうえに成り立つ枠組みであり（戦略的焦点の原則）、この枠組みに従って指標を組み立てることで、内部のステークホルダーは、人的資本に投資（インプット）し、その結果どのような成果（アウトプット／アウトカム）になったのかがわかり、また、この枠組みに基づいて情報開示することにより、外部のステークホルダーは、組織が人的資本への投資と生産性やパフォーマンスの改善をどのように関連づけて考えているのかを理解することができる設計となっている。

　「ISO30414人的資本の報告の指針」の枠組みは、経営戦略が定まっていて、それに基づいて人的資本に関するアジェンダを設定することを求めており、経営企画やリスクマネジメントなどを担当する関連部署との連携や経営意思決定＆執行レイヤーの関与を必要とする。規則や規範に詳しい実務担当者が関連する情報を集めて報告するだけでは、持続的な価値創造との関連性がわからない取組みや実績のカタログになってしまう点に注意したい。

「ISO30414人的資本の報告の指針」の報告の枠組みは、ISSBの「国際サステナビリティ開示基準」（現時点では公開草案）が提案している報告コンテンツの基本構造「ガバナンス、戦略、リスク管理、指標及び目標」と整合している。また、TCFD（気候関連財務情報開示タスクフォース）や金融庁のディスクロージャーワーキング・グループの人的資本に関する開示の新項目②（図表8−1を参照）も同じ枠組みを採用しており、企業報告のグローバル潮流となっている。そこで、ピープルアナリティクス＆HRテクノロジー協会は、主要な統合報告書（2021年度版）の評価制度で優良とされた企業約30社を対象にこの枠組みに基づく人的資本の報告の実態調査を行った[9]。

結果は、経営トップのメッセージや価値創造プロセス、マテリアリティにおいて人的資本が重要な要素であると明確に示している一方で、人的資本に関する項目が含まれているボードのスキルマトリックスは半数以下であり、また、人的資本に関する重要施策が中長期の経営戦略に組み込まれた報告は7割、人的資本関連のリスクを明示している割合はほぼ半数にとどまるものであった。経営戦略やリスクマネジメントを担当する部署との連携や経営意思決定＆執行レイヤーの関与が十分とはいえない状況にあるという課題がみえてきた。

さらに、「新しい資本主義」の背景の1つとなっている労働分配率について[10]、各社の実績調査を試みた[11]。ここでの労働配分率は、収益・売上高に

---

9 調査項目は、マネジメント・アプローチの主要な項目とした。調査の対象とした報告書は、統合報告書と有価証券報告書、また、必要に応じてウェブサイトである。

10 内閣官房 新しい資本主義実現本部事務（2021）によると、先進国の労働分配率（雇用者報酬を国民総所得（GNI）で割った値）は、趨勢的に低下傾向であり、これが1つの背景となって、各国において、資本主義の見直し、民主主義の危機といった議論が生じている。

11 内閣官房 新しい資本主義実現本部事務（2021）によると、大企業（資本金10億円以上）の労働配分率は2000年度の60.9%から2019年度は54.9%に6.0%減少している。

占める総人件費[12]の割合とした。IFRSを採用している企業については、有価証券報告書の従業員給付を採用したが、日本や米国の会計基準を採用している企業については、総人件費に関する報告がなかったり、あったとしても統一されていなかったりしたため、比較可能な調査は実施できなかった。

　総人件費は、付加価値や労働生産性等の分析における基礎的な指標であり、「ISO30414人的資本の報告の指針」の指標の1つでもある。しかし、外部のステークホルダーは、それらを比較可能なかたちで入手できない状況にある[13]。国内で検討が進んでいる情報開示のテーマは多様性が中心であり、それ自体は重要なアジェンダではあるが、グローバル潮流の報告の枠組みに対応するためには、総人件費に代表される基本的な指標も積極的に開示していくことが課題となる。

## 8.4　人的資本開示を活かし市場とアナリストにできること

### 8.4.1　人的資本開示によって市場の役割や貢献はどう高まるのか

　市場は、将来が不透明ななかでも効率的に需給のマッチングを果たし、価格を通じて環境変化をシグナリングし、資源配分の効率化に働きかけるよう期待されている。振り返って、これまで情報開示が遅れていた「人的資本」の社会的な、そして企業内での最適配置は、効率的に行われていただろうか。

　人材マッチングの効率性を「需要不足失業率」と「構造的失業率」に分けて考えてみると、好景気な時代にも、スキルや経験のアンマッチなどの構造

---

12　「ISO30414人的資本の報告の指針」を参考に入手可能な実績を活用して計算した。
13　JPX（日本取引所グループ）の調べによると、2022年5月末時点でIFRS基準を適用しているのは244社であり、母数をプライム市場1,837社とした場合10%程度である。会計基準に基づき従業員給付の額を公表している企業の割合は少ないことがわかる。

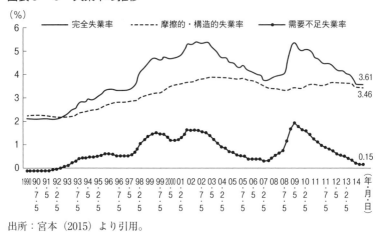

図表 8 - 5　失業率の推移

出所：宮本（2015）より引用。

的な要因を表す摩擦的・構造的失業がいかに大きな影響を与えているかがわかる（図表 8 - 5 ）。

　人的資本や労働市場に関する積極的な情報開示によって、これらの構造的なアンマッチを減らし、人的資本へ投資され、より需要が高い分野にスキルや人材がシフトしていくよう導かれ、結果として、人的資本がよりいっそう企業活動に活かされていくことが期待されている。

### 8.4.2　外部市場のシグナルと分断されてきた これまでの企業内労働市場

　これまで多くの企業において、ほぼ制限のない配属や職務の選択権が雇用主に許されてきた。多くの日本企業は、総合職という統一的な賃金モデルを用いて「ONE-MODEL戦略」で戦いに挑んできた。それほど公平性や雇用維持のための柔軟性を優先し、外部と分断された社内労働市場の最適化に腐心してきた。問題はそのようなシンプルな戦略でこれほど変化が激しく多様な環境に対応し切れるかどうかである。

　人材の不足感が強まっているIT（情報技術）分野を例にとると、新規求人倍率は需給を反映して急上昇し、全職種中でも突出して高い。ところが旺盛

226

な需要に人材供給が追いつかない理由の１つは、IT職種の賃金が相対的に低く、働き手にとって魅力的ではないためである（図表８－６）。

　背景には、日本企業が、賃金が市場価値に応じて決まらないONE-MOD-EL型賃金制度を採用し、職種横断的な平等性や年功序列の要素が根強いことがある。経団連（2020）によれば、社外から採用したデジタル人材の処遇

図表８－６　全国の全業種の年収に対するIT職種（上級専門職）の年収の割合
－日本はIT業種の年収が全職種中央値を下回る－

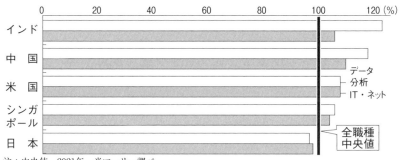

注：中央値。2021年。米マーサー調べ。

出所：松井基一『チャートは語る「IT人材難、低賃金が拍車」』（2022年５月29日）日本経済新聞電子版　https://www.nikkei.com/columns/wappen_44OB44Oj44O844OI44Gv6Kqe44KLより引用。

図表８－７　日米のICT投資額推移（名目）

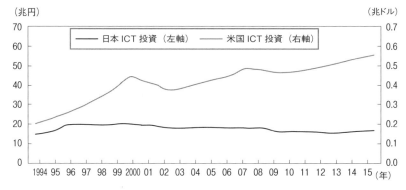

出所：総務省『平成30年版　情報通信白書』より引用。
　　　https://www.soumu.go.jp/johotsusintokei/whitepaper/ja/h30/html/nd113110.html

に関し、65.2%の企業が一般社員と同じ賃金制度を適用すると回答。専門人材の賃金制度を別途設けている企業は6.1%しか存在しなかった。

加えて、ICT（Information and Communication Technology：情報通信技術）投資においても20年間で3倍に投資額を増やした米国と比較し、日本の投資額はほとんど変化していない。「ONE-MODEL戦略」を前提としてきた日本は、人事の公平性や異動の柔軟性を確保しやすくするため、既存事業領域の知識分野をできるだけ固定化させ、結果としてOut of "ONE-MODEL" と認識される分野を外部化し、人材投資も既存の秩序を乱さない程度の大きさに抑えることで、変化への対応を遅らせた（図表8－7）。

### 8.4.3 未来への投資とリスクテイクを可能にするガバナンスとは

社外取締役比率やスキルマトリックスが注目を浴びているが、本来多様な専門性が求められるのは、環境変化に対してより大きな戦略的リスクを伴った意思決定を遅滞なく行うことができるようにするためである。したがって、より重要なのは、自社に影響のある将来の環境変化のリスクをより専門的な観点から正しく認識することであり、戦略的な投資や変革を検討すべき隣接、新規領域についてリスクテイクするため、新しい分野に関する専門的視点が適切に提供されているかどうかである。ボード（取締役会）メンバーが功労報酬的な性格をもつと既存路線踏襲思考となる。

Crossland, C. and Hambrick, D. C.（2011）の研究においては、「経営者の自由裁量」および「経営者の業績に与える影響」が日本は世界でも最も小さいことが報告されている。過去の業績が実力のエビデンスであることは言をまたない。しかし、将来行う事業が、過去の延長戦上にない場合、未来からのバックキャスティングで、今後に必要な専門的視点をもったボードでなければ新しい分野で未来を切り拓くことはむずかしいだろう。McKinsey & Companyがグローバル企業2,135名にインタビューしてまとめたレポート「デジタル革命の本質」によると、デジタル変革が失敗する要因は「シニアマネジメントのフォーカスと文化」「デジタル・テクノロジーの理解不足」

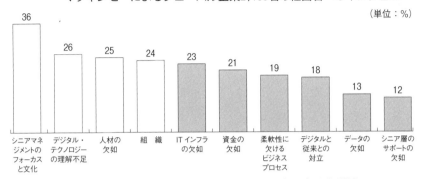

図表 8 − 8　デジタル改革が失敗する要因の割合
マッキンゼーによるグローバル企業2,135名の経営者へのインタビュー

（単位：％）

| シニアマネジメントのフォーカスと文化 | デジタル・テクノロジーの理解不足 | 人材の欠如 | 組織 | ITインフラの欠如 | 資金の欠如 | 柔軟性に欠けるビジネスプロセス | デジタルと従来との対立 | データの欠如 | シニア層のサポートの欠如 |
|---|---|---|---|---|---|---|---|---|---|
| 36 | 26 | 25 | 24 | 23 | 21 | 19 | 18 | 13 | 12 |

出所：黒川、松本、平山、梅村、片山、山本、Hämäläinen（2020）より引用。

などであり、大きな失敗要因はすべて人的資本にかかわる問題となっている（図表 8 − 8 ）。

　これまでハードウェアの開発で業績をあげてきた企業が、今後ソフトウェアの事業にシフトするならソフトウェアの専門家が、サービス産業化を推進するならサービス産業の経験者がボードメンバーとして意思決定を率いていかなければ、たとえ経営計画で変革を表明しても、投資家は実行性の伴わない計画と評価するだろう。既存の事業分野での成功者は変革への抵抗勢力となる可能性すらある。人的資本の情報開示においては、ガバナンスレイヤーの戦略適合性が戦略実行性の判断基準として期待されていることを忘れてはならない。戦略変更はガバナンスレイヤーから。戦略と人的資本はどのレイヤーにおいても不可分なのである。

### 8.4.4　経団連方針の転換「メンバーシップ型」雇用から「ジョブ型」雇用へ

　VUCA[14]と呼ばれる環境変化の激しい時代において、「変化のスピード」が速いだけでなく、「価値の多様性」が急速に進展している。2020年以降、

---

14　Volatility（変動性）、Uncertainty（不確実性）、Complexity（複雑性）、Ambiguity（あいまい性）の頭文字で、先行きがみえにくく、将来を予測するのが困難であること。

経団連も「ジョブ型雇用制度」へと方針転換を打ち出した。「ジョブ型」という名のもとで多極的な労働市場の変化にどう向き合っていくかを考える大きな転換点となりつつある。それはすなわち、「モデル賃金が通用する世界と通用しない世界がある」と認めざるをえない現状があるということである。

　政府の打ち出した「同一労働同一賃金」も元来雇用形態の異なる社員を不平等な扱いから守る目的から始まったが、裏を返せば、「仕事内容が異なれば、処遇も異なる」という社外の労働市場に感応性が高く流動性の高い職種では、社外の処遇と内部の処遇を均衡させる圧力を受けているのだ。

　しかし、「ONE-MODEL」と多極的な価値は、隔世の感があるほど乖離した世界観である。統一的な制度や公平性を重んじ、多極的な契約管理になじみの薄い企業にとって、価値の異なる隣接領域のスキルに投資し、組織として融合していくためには、大きな意識改革が必要になるだろう。

## 8.4.5　注目を浴びるピープルアナリティクスや HRテクノロジー

　「ピープルアナリティクス」と呼ばれる人事における新たな分析手法が、デジタル時代の新たな中枢的な機能として注目を集めている。そして、それを実現する技術として「HRテクノロジー」という言葉を耳にしない日はない。

　ピープルアナリティクスは以前からいろいろな分野で活用されており、卑近な例としては、1人当りの人的資本コストが高いスポーツ分野で、ディープな取組みが長年続けられている。映画化された実話『マネー・ボール』では、どのような選手を獲得すれば投資効果が高いのかについて数理的分析を駆使し、弱小球団オークランドアスレチックスの改革に至る経緯が映画化されている。スポーツにおいても選手の能力可視化と業績寄与度予測能力が勝敗を決する。スポーツでもデータはプレーと切っても切り離せない関係にある。限られた資金を選手という人的資本にデータを活用して投資し、最大限の成果をあげるにはどうしたらよいのだろうか。

マネー・ボールでは、アスレチックスのGM（ゼネラルマネジャー[15]）が、データアナリストを雇い、打率や打点、本塁打などのわかりやすい指標が評価されがちな世界で、セイバーメトリクス手法（野球におけるピープルアナリティクス手法）を取り入れ、得点圏や犠打など偶然に影響される要素を排除した出塁率や選球眼などを独自に尺度化して過小評価されている選手を再評価した。この荒療治ともいえる大胆な移籍や選手起用で、予算3,972万2,689ドルのアスレチックスが、予算1億1,445万7,768ドルのヤンキースを相手にした、資金力に大きな格差がある戦いに勝利する。

ホームランバッターばかりを高給で雇ってもゲームに勝てるわけではないことは多くの人が知っている。では、どうしたら勝てるのか。チームの選手全体の能力を棚卸しして可視化し、個別の獲得選手の必要性やチームとの相性、過剰な能力を評価。不必要な選手はトレードに出し、市場で割安に放置されている選手のなかで最も勝利への貢献可能性の高い選手を獲得し、ROI（投下資本利益率）を最大化することで、アナリストがチームの価値向上戦略において中心的な役割を果たした。ピープルアナリティクスはデータを活用して科学的に人的資本価値の向上に資するものである。

## 8.4.6 変化するCHROや人事部門の役割

『MBAの人材戦略』の著者ミシガン大学のデイビッド・ウルリッチ教授は人事の役割を、1．戦略パートナー（Strategic Partner）、2．管理のエキスパート（Administrative Expert）、3．従業員のチャンピオン（Employee Champion）、4．変革のエージェント（Change Agent）の4つと提唱した（図表8－9）。

人事がアスレチックスのアナリストのように、人的資本の棚卸しや客観的な評価を行い、加えて社外の労働市場での価値や、独自の戦略的優位性構築の仮説に基づいた尺度を確立するためには、何より事業を知悉する戦略実現パートナーである必要がある。そして対極的に、個々人の状況を理解し、コ

---

15　企業の管理職の役職の1つで、現場で直接指揮をとるのではなく、経営や企業戦略などの重要な事項の決定権と責任を有する。

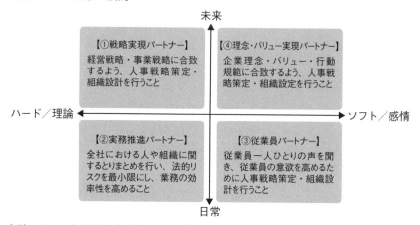

図表 8 - 9　人事の役割

未来

【①戦略実現パートナー】
経営戦略・事業戦略に合致
するよう、人事戦略策定・
組織設計を行うこと

【④理念・バリュー実現パートナー】
企業理念・バリュー・行動
規範に合致するよう、人事戦
略策定・組織設定を行うこと

ハード／理論　　　　　　　　　　　　　　　　　　　ソフト／感情

【②実務推進パートナー】
全社における人や組織に関
するとりまとめを行い、法的リ
スクを最小限にし、業務の効
率性を高めること

【③従業員パートナー】
従業員一人ひとりの声を聞
き、従業員の意欲を高めるた
めに人事戦略策定・組織設
計を行うこと

日常

出所：Ulrich（1997）を参考にRecruit Management Solutions作成。

ミットメントをとりつける新たなかたちの従業員のパートナーとしての能力
も要求される。戦略実現のために組織開発の観点から現状を分析し、業績寄
与度や定量的な根拠をもって必要な人材や施策を提示し貢献できる能力が求
められている。

　Ram Charan、Dominic Barton、and Dennis Careyはハーバードビジネス
レビュー "People Before Strategy: A New Role for the CHRO" のなかで
CHRO（Chief Human Resource Officer：最高人事責任者）はCEO（最高経営責
任者）、CFO（最高財務責任者）とともにGroup of Threeとして経営の戦略立
案を決定するコアグループを形成するべきだと述べている。

　事業戦略と人的資本は不可分。戦略実行性の制約条件は多くの場合、人的
資本なのである。企業が「価値創造に投じられる資本はお金と人」であり、
限られた資本を有効に活かすため財務と人的投資は密に連携し意思決定を行
うことが必要なのである。

　ウルリッチが人事の役割を整理したとき、「人的資本の情報開示」は想定
されていなかった。「投資家との対話」についても同様である。これらは人
的資本の重要度が増したことで新たに生み出された役割なのである。Group
of Threeの一員として貢献するCHROは必ずしも人事の専門家出身とは限ら

ない。これまでCFOがCEOと密にコミュニケーションがとりやすかったのは、Financeという共通言語があったからである。人事用語だけでは言葉が通じない。境界領域を担うCHROはいわばバイリンガルになる必要がある。しかし、筆者が数万人のキャリアパスを分析した限り、人事の専門家としての活動だけでこの能力は身につかない。ビジネスパートナーとして事業リーダーの変革を人的観点から支援したり、海外子会社の経営やM&Aの統合戦略を経験したりしながら、バイリンガルの視点を身につけていくことが一般的である。逆に事業責任者や経営企画などが戦略実現のため人的資本についてマスターすることも起こるだろう。人的資本を通じて戦略実行性を高め情報開示を通じて投資家とも対話できる。そんなCHROが事業の価値創造を牽引してくれることを期待したい。

### 8.4.7 選択権を制約された人事、選択権を行使するミレニアル以降の世代

　グローバルな世代別の価値観をモニタリングしている調査においても、歴史的な転換点を感じさせる結果が報告されている。ミレニアル世代（1983年から1994年までに生まれた世代）、Ｚ世代（1995年から2002年までに生まれた世代）を対象とした調査において、これまでグローバルな集計より転職意向が低かった日本のミレニアル世代の２年以内の離職意向が年々上昇し、2019年調査でついにグローバルと同水準に並んだ。５年以上の勤続意向ではグローバル水準を下回り、それ以降のＺ世代においてはグローバル水準の約半分。５年以上企業にとどまる意思のない若者が90％に達するという驚くべき結果となった（図表8−10）。

　この若者の価値観の変化には、すべての企業が無関係ではいられない。ここ数年の間に多くの人気企業でも、難関を潜り抜け将来を嘱望される若者が、人も羨む恵まれた環境をいともあっさりと捨てて退職していく姿を目の当たりにしているはずである。

　企業人事は人材管理を行ううえで、入社・退社について人材やルールの選択権をもっていた。その選択権を行使して外部調達した人材を長期に企業内

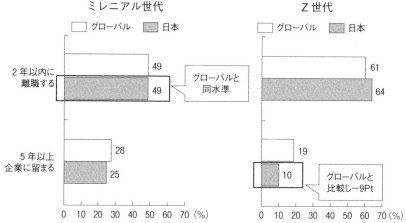

図表 8 −10　ミレニアル世代とZ世代の２年以内離職意向と５年以上勤続意向

出所：Deloitte社『2019年　ミレニアル年次調査』より引用。

人材市場にとどめ、育成し、社内ローテーションをつかさどり、最適配置することで経営戦略の実践に寄与してきた。

　企業側では解雇を通じた人材の再選択の権利が大きく制限されているのとは対照的に、ミレニアル世代、Ｚ世代は２年という短期でも半数は転職を検討し、５年以上の期間ではほとんどの若者が転職を考えている。結論的には、企業は契約継続について、一方的に選ばれる立場に立たされている。この非対称的で被選択的な色彩が年々高まる環境下で、人事戦略を実践しなければならない。それどころか、入社時の採用選考でも、変革に必要な新たな技術領域では必要人材が確保できず、経営からの企業変革のための人材調達要請に応えられない深刻な逆選択時代。市場からの逆選択を通じて、変革人材の調達力を向上し、多様な価値観の若い世代をエンゲージしていく努力が求められている。

### 8.4.8　スキル陳腐化の激しい分野では年齢と賃金の関係はフラット化し逆転する

　世代間で価値観にこれほど大きな変化が起きているのはなぜか。これまで

人材流動化が比較的少ないといわれていた日本において、世代を経るごとに加速的に継続勤務意向が減少し、Z世代ではグローバル平均の半分程度にまで落ち込んでしまった。これまで定着率を高めていた構造が環境変化のなかで、逆回転して悪影響を与えているとしか考えられない結果だ。

　既存のビジネスモデルの改革を迫られるような環境変化のなかでは、企業の異なる成長フェーズで参加した従業員たちの間で、「世代間の平等性」や「職種間の平等性」が損なわれてしまう可能性がある。

　それは経済成長の恩恵を受けられた度合いの違いにとどまらない。David J. Deming、Kadeem Norayらの研究によると、コンピュータサイエンスなど変化や陳腐化が激しい領域においては、既存のスキルの陳腐化の速度が速く、経験の蓄積が生産性向上につながりにくい。近年の劇的な研究の加速で、数年前の先輩が仕事の傍ら勉強するより、最初から大学で最新のアルゴリズムを学んできた新人のほうがより最新の知識を使いこなせることが珍しくない。結果として大学卒業直後の賃金プレミアムが最も高く提示され、それは年齢とともに低下していく（図表8−11）。

　これは組織の上が詰まっているというレベルの話ではなく、年功序列と実

図表8−11　コンピュータサイエンスの職務×専攻適合プレミアム

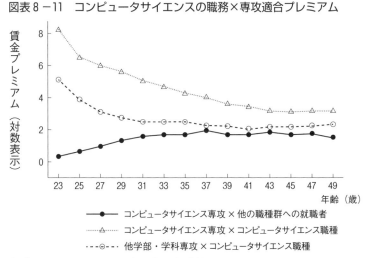

出所：Deming and Noray（2020）より引用。

力が正反対であり、年齢や経験が実力と逆相関や無相関となる分野が新たに
誕生してきているということである。公平性で結束を呼びかけ、年功的な賃
金上昇で定着を図るのは当然この領域ではむずかしい。劇的な変化に逆らっ
て既存の秩序を保とうとするのでなく、加速する変化を味方につけ競争優位
につなげていくような新しい人的資本の戦略が、いま求められている。

## 8.4.9　人的資本の情報開示にどう応え、価値創出のシナリオを描くのか

　コーポレートガバナンス・コードの改訂に続き、経済産業省の「非財務情
報の開示指針研究会」で開示の指針の検討が進んでいる。第3回委員会では
経済産業省委託調査「経営戦略と連動した人材戦略に関する調査」（2021年
3月）から主な国際基準や枠組みの指標比較が提示され、「主要国際基準に
おいて、人材育成、ダイバーシティ、従業員の安全、健康に関する指標が設
定されている」と報告されている（図表8−12）。

　国際機関や投資家との連携を考えるうえで、これらの基礎的な指標が指針
から外される可能性は低いだろう。人的資本は自分の考えや意志をもち、歩
いて会社を出入りする資本だ。まず聞かれていることは、心身ともに健康で

図表8−12　人的資本の開示に関する主な基準・枠組みの指標比較

| ・多くの基準等において、人材育成、ダイバーシティ、従業員の安全、従業員の健康に関する指標 | | | | | | | | | |
|---|---|---|---|---|---|---|---|---|---|
| | 基本情報／財務 | | | | 育成 | | | 流動性 | | |
| | 従業員数／基本情報 | コスト | 生産性 | 他の要素との結合 | リーダーシップ | 育成 | スキル／経験 | 採用 | 維持 | サクセッション |
| NFRD | | | | | | | ✓ | | | |
| SEC | ✓ | | | | | ✓ | | ✓ | ✓ | |
| SASB | | | | | | ✓ | | ✓ | ✓ | |
| GRI | ✓ | | | | | ✓ | | ✓ | ✓ | |
| WEF | ✓ | | | | | ✓ | | | | |
| ISO | ✓ | ✓ | ✓ | | ✓ | ✓ | | | ✓ | ✓ |

出所：経済産業省（2021）から抜粋。
　　　https://www.meti.go.jp/shingikai/economy/hizaimu_joho/pdf/003_03_00.pdf

安全が保障されていないと100％の力を発揮できないということだ。100％でないということは、せっかく調達した人的資本が、欠勤やプレゼンティーイズム（不完全状況出勤）などで価値がディスカウントされた状態でしか活用できず機会損失が発生しているということだ。人的資本の開示では、そのディスカウントレートを尋ねられているのだ。意志をもつ対象のワークエンゲージメント（やる気）を引き出し、納得できるジョブアサインメント（職務や配置）ができているかも100％を引き出すためには重要な点だ。

ダイバーシティについては、世界最低レベルの女性活用をはじめ、結果からみて不平等であることが、インクルーシブ（包摂的）でなく、差別的な考えが根底にある排他的な企業だと投資家に判断されても仕方がない。たとえば、女性活躍のロールモデル（模範になる人）がないということは、結局、その役割自体の設計や必要なスキルを学ぶ過程にジェンダーバイアス（性差別）があり、男性向けに制度がつくられているということだ。単なる数字合わせでなく、背後の構造を明らかにすることが要求されている。

育成については、経済産業省人材版伊藤レポート（持続的な企業価値の向上と人的資本に関する研究会報告書）が、人的資本の棚卸しを行って現状を明らかにし、事業戦略に照らして将来のあるべき姿を明らかにし、戦略実行性

が設定されている。

| ダイバーシティ | | | 健康・安全 | | | | 労働慣行 | | | | | コンプライアンス／倫理 |
| --- | --- | --- | --- | --- | --- | --- | --- | --- | --- | --- | --- | --- |
| ダイバーシティ | 非差別 | 育児休暇 | 安全 | 身体的健康 | 精神的健康 | エンゲージメント | 労働慣行 | 児童労働／強制労働 | 賃金の公正性 | 福利厚生 | 組合との関係 | |
| ✓ | ✓ | | ✓ | ✓ | | | | ✓ | | | ✓ | |
| | | | | | | | | | | | | |
| ✓ | ✓ | | ✓ | ✓ | ✓ | | ✓ | ✓ | ✓ | ✓ | ✓ | |
| ✓ | ✓ | ✓ | ✓ | ✓ | | | ✓ | ✓ | | | | ✓ |
| ✓ | | | ✓ | ✓ | | | | | ✓ | | | |
| ✓ | | | ✓ | ✓ | ✓ | | | | | | | ✓ |

を高めるために人的資本にどんな投資を行うか説明するよう求めている。この点について、ピープルアナリティクス＆HRテクノロジー協会の調査の結果では、多くの企業がそもそも自社の従業員のスキルを十分に把握できていない実態が明らかとなった。経済産業省や金融庁、東証は、「総合職」という何でもできる社員が３万人いますという説明では、何ができるかわからず、専門性やスキルの価値がディスカウントされ、結果として人的資本価値も、企業の市場価値もディスカウントされる可能性があると懸念している。

　コーポレートガバナンス・コードの要請で各社が人的資本の棚卸しに苦慮するなか、これまでジョブディスクリプションも管理されてこなかったハンディを抱える日本の新たな政策として、「スキル標準」を策定するための調査が始まっている。人的資本のスキルも把握できていない状態で、投資や育成戦略を事業戦略にあわせて実行することは不可能だ。人的資本のスキルを棚卸しし、何ができる人材がいるのかを説明できるようにすることは、最初に実現すべき前提条件である。

　加えて、IFRS採用企業以外は財務諸表や統合報告書にそもそも人件費の正確な記載がなく、一部の人件費は製造原価に含まれるなど、人件費を独立に取り出し、いくら投資されているかを可視化できない企業が多い現状だ。ましてや福利厚生費や株式報酬、育成投資コストなど人的資本に関する投資をトータルに把握できる企業はほとんど存在していない。もちろんそれでは人的資本の生産性や労働分配率も精緻に算出したり、開示したりすることはむずかしい。人的資本にいくら投資されているか、人件費が正確にわからない状態で人的資本経営や情報開示を適切に進めていくことは不可能である。

　人的資本の状態や価値を可視化することは、スタートにすぎない。人的資本経営の実践のために必要なことはHuman Capital Allocationである。そして、VUCAといわれる時代において、経営資源の配分は決して静的なものではない。刻々と変化する各事業の経営環境に合わせ、不断に経営資源の配分を続けていかなければならない。

　財務の分野においては、Capital Allocationはかなり精緻にモニタリングする企業も増加しており、業績の改善にもつながっている。同様に貴重な人的

資本をどの事業にどれだけ配置しているか。そのために人材にはいくら、どんなかたちで投資しているかを可視化し、価値創造につなげていくために、人的資本管理を財務や事業ポートフォリオ管理と一体的に可視化するためのフレームワークも整備していくことは、今後の事業運営においては不可欠になるだろう。

　これは「財務資本」と「人的資本」という最も重要な経営資源の再配分と戦略を統合することが目的である。人が変わらなければ戦略だけで企業を変えることはむずかしく、変わる者だけが生き残ることができる。その変革は終わりのない持続的なものなのである。

**【参考文献】**
株式会社リクルートマネジメントソリューションズ（2010、2013）「人材マネジメント実態調査」。
金融庁金融審議会（2022）『ディスクロージャーワーキング・グループ報告－中長期的な企業価値向上につながる資本市場の構築に向けて－』（2022年6月13日）。
黒川通彦、松本拓也、平山智晴、梅村太朗、片山博順、山本康正、Lari Hämäläinen（2020）「デジタル革命の本質：日本のリーダーへのメッセージ」McKinsey＆Company（2020年9月）。
　　https://www.mckinsey.com/jp/~/media/mckinsey/locations/asia/japan/our%20work/digital/accelerating_digital_transformation_under_covid19-an_urgent_message_to_leaders_in_japan-jp.pdf
経済産業省（2022）『人材版伊藤レポート（持続的な企業価値の向上と人的資本に関する研究会報告書)』。
　　https://www.meti.go.jp/shingikai/economy/kigyo_kachi_kojo/20200930_report.html
経済産業省（2021）委託調査「経営戦略と連動した人材戦略に関する調査」「非財務情報の開示指針研究会」第3回事務局資料（2021年3月）。
内閣官房新しい資本主義実現本部事務（2021）『賃金・人的資本に関するデータ集』（2021年3月）。
経団連（2020）「人材育成に関するアンケート調査結果」一般社団法人日本経済団体連合会。
　　http://www.keidanren.or.jp/policy/2020/008.html

宮本弘曉（2015）『摩擦的失業と構造的失業』、日本労働研究雑誌　労働政策研究・研修機構。
https://www.jil.go.jp/institute/zassi/backnumber/2015/04/pdf/070-071.pdf

Crossland, C. and Hambrick, D. C. (2011). *Differences in managerial discretion across countries: How nation-level institutions affect the degree to which CEOs matter*, Strategic Management Journal, 32 (8). 797–819. https://doi.org/10.1002/smj.913.

Deming, D. J. and Noray, K. (2020). *Earnings Dynamics, Changing Job Skills, and STEM Careers*, The Quarterly Journal of Economics, Volume 135, Issue 4, November 2020, pp 1965–2005. https://doi.org/10.1093/qje/qjaa021.

Ulrich, D. (1997). *Human Resource Champions: The Next Agenda for Adding Value and Delivering Results*, Harvard Business Review Press.

Deloitte (2019). *A generation disrupted: Millennial Survey* (Deloitte社：2019年ミレニアル年次調査). https://www2.deloitte.com/jp/ja/pages/about-deloitte/articles/about-deloitte-japan/millennial-survey-2019.html.

Charan, R., Barton, D. and Carey, D. (2015). *People Before Strategy: A New Role for the CHRO*, Harvard Business Review Press.
https://hbr.org/2015/07/people-before-strategy-a-new-role-for-the-chro

# 第 8 章 補論

## 従業員のファイナンシャル・ウェルネス向上

### 1　ファイナンシャル・ウェルネスとは

　ファイナンシャル・ウェルネスとは、個人が金融面で満ち足りた状態にあることを示す概念である。確立された定義はなく、ファイナンシャル・ウェルビーイングという用語もあるが、基本的には同様な意味と考えてよい[1]。

　後述するように、近年米国ではファイナンシャル・ウェルネス・プログラムへの注目度が高まっているが、米国の消費者金融保護局（CFPB）によれば、ファイナンシャル・ウェルビーイングは、「足下の金銭的な義務を果たすことができ、将来の金銭的な状況について安心感があり、生活を楽しむための選択ができる状態」である（図表 8 補- 1 ）[2]。また、世論調査・コンサルティング会社大手のギャラップは、ウェルビーイングの 5 つの要素を提示しているが、そのなかに自身の経済的生活が有効に管理できているファイナンシャル・ウェルビーイングが含まれている[3]。

　ファイナンシャル・ウェルネスは、健康と同様に基本的には個人の問題であり、企業が従業員の金融面の状況をどの程度気にする必要があるのかにつ

---

1　前野・前野（2022）では、ウェルビーイングとウェルネスは兄弟のようにとらえればよいと指摘されている。ウェルネスは身体の健康という面で使われることが多く、ウェルビーイングは心の健康や幸せの要素を含むが、ウェルビーイングもかつては健康に関する用語だったものが変化してきた経緯がある。
2　Consumer Financial Protection Bureau（2015）を参照。
3　その他の 4 つは、キャリア・ウェルビーイング、ソーシャル・ウェルビーイング、フィジカル・ウェルビーイング、コミュニティ・ウェルビーイングである。Rath and Harter（2010）を参照。

図表 8 補－ 1　ファイナンシャル・ウェルネスの構成要素

| | 現在 | 将来 |
|---|---|---|
| 安心・安定 | 日次、月次で金融面のコントロールができている | 金融面のショックを吸収する能力がある |
| 選択の自由 | 生活を楽しむための金融面の自由がある | 金融面の目標達成に向けて順調に歩んでいる |

出所：CFPB（2015）より引用。

いて、明快な答えはない。ただ、足元の家計が黒字で、住宅ローン返済や老後の備えなど中長期的な展望も順調であれば、現在の仕事を十分に遂行し、将来のための能力開発に関心を払うといった精神的な余裕も生じやすいであろう。逆に金銭的な悩みを抱えていれば、仕事に集中できず本来の能力を発揮できないことも容易に想像できる。企業が従業員のファイナンシャル・ウェルネス向上を支援することは、健康維持・増進の支援と同じような観点から、一定の合理性を伴うといえよう。

## 2 企業からみたファイナンシャル・ウェルネス

### 2.1 米国企業で高まるファイナンシャル・ウェルネスへの注目

　米国企業の福利厚生制度において、近年、ファイナンシャル・ウェルネスは 1 つのキーワードになっている。ファイナンシャル・ウェルネス・プログラムに何を含めるかは企業やサービス提供業者によって幅があるが、一般に、企業年金（退職資産形成）、保険等によるセーフティネット、教育関連の給付、緊急時の資金確保策、融資関連のプログラムなどが含まれる。ファイナンシャル・プランニングや資産管理ツールも、しばしばファイナンシャル・ウェルネス・プログラムとしてあげられる。

　上記のうち、企業年金制度の401（k）プランは、金融に関する知識装備と

実践のプラットフォームのような役割を担ってきたといってよい。米国にも公的年金制度は存在するが、中所得以上の人々にとっては、私的年金を通じた退職資産形成が重要になっている。401(k)プランでは加入者が同制度を有効活用できるよう、加入者コミュニケーションが提供される。以前は拠出のメリットを説いたり投資の基礎知識を提供したりする内容が中心的だったが、次第に年金関連以外にも拡張していき、コミュニケーションの目的も、狭義のリタイアメント準備の支援から、総合的なファイナンシャル・ウェルネス向上へと発展してきた。

たとえば、401(k)プランのレコードキーパー（運営管理業者）最大手のフィデリティ・インベストメンツは、従業員のさまざまなライフ・イベントに対するソリューション提供を通じて、ファイナンシャル・ウェルネスの改善を支援している。同社によれば、退職資産形成は引き続き優先課題であるものの、従業員のニーズは多様化しており、包括的なファイナンシャル・ウェルネス支援に関する雇用主への期待が高まっている。なお、同社は、ファイナンシャル・ウェルネスとは個人が「金融面の状況について良好だと感じていること」および「自分のお金について次に何をすればよいかわかっていること」であるとし、「次に何をすればよいか」を予算管理、負債管理、貯蓄・投資、プロテクションの4つに分けてガイダンスを提供している[4]。

また、定型化された内容のファイナンシャル・ウェルネス・プログラムでは不十分で、企業の状況に応じてカスタマイズすることの重要性が指摘され始めている。具体的には、①雇用戦略全体におけるファイナンシャル・ウェルネスの位置づけをふまえること、②従業員の人口構成や行動特性をふまえること、③従業員サーベイを通じて最大のファイナンシャル・ストレッサーを見出すこと、④プログラムの具体的な目標を設定すること（ただし、目標を何にするのがよいかは雇用主によって異なる）、などがあげられている[5]。「企業はファイナンシャル・ウェルネス・プログラムを提供するべきか」という

---

4 フィデリティのウェブサイトより（https://www.fidelity.com/whatisfinancialwellness/overview/）（最終アクセス2022年8月22日）。
5 Ward（2021）を参照。

議論はすでに決着しており、より効果的な方法などが論じられている感がある。

## 2.2 日本でも重要性の増す ファイナンシャル・ウェルネス

　日本では、ファイナンシャル・ウェルネスはいまだなじみのない用語である。また、日米両国は、年金や医療をめぐる制度、雇用慣行や離転職の頻度など、さまざまな点で異なることも事実である。しかしながら、日本企業も、あらためて従業員のファイナンシャル・ウェルネスに目を向ける局面に立たされている可能性がある。

　日本企業でもさまざまな福利厚生制度が提供されており、資産形成に関連するものとしては、退職一時金、企業年金、財形貯蓄制度、従業員持株会などがあげられる。団体保険などを通じた保障提供も従前より行われている。2001年の確定拠出年金の導入により、同制度における企業の努力義務として、加入者向けに投資教育が提供されるようになった。最近では、少額投資非課税制度（NISA）を職場経由で利用できるようにする「職場つみたてNISA」が登場するといった動きもある。

　今後、マクロ的な社会経済環境の変化のなかで、日本でも企業と従業員の関係が変化していくことが想定される。高齢化による労働力人口の減少が進み、高齢者の雇用継続、女性の離職防止といった施策が推進され、職場のダイバーシティはいっそう進むだろう。個人の価値観や働き方が多様化していけば、新卒採用・長期雇用の社員を前提とした福利厚生制度が、必ずしも従業員のニーズに適合しない可能性も高まる。ファイナンシャル・ウェルネス・プログラムは、広義の報酬の一環である。どのような考え方のもとで、従業員に対する報酬に何を含めるのか、再構築すべき時がきているといえる。

## 3.1 プログラムの効果測定はむずかしい

米国の福利厚生制度に関する研究機関Employee Benefit Research Insti-tute（以下、EBRI）の調査によれば[6]、企業は、ファイナンシャル・ウェルネス・プログラムの提供により、従業員の満足度の改善、生産性の向上、金融面のストレスの減少、ヘルスケア・コストの減少、リテンション（雇用の維持）の改善などを期待している。コストをかけてプログラムを提供する以上、プログラムが従業員にもたらすインパクトへの関心は高く、計測方法やメトリクスも議論され始めている。換言すると、米国でもいまだ議論の段階であり決め手となるような方法は見出されていない。

上記EBRI調査によれば、ファイナンシャル・ウェルネス・プログラムの評価においては従業員の生産性が上位に位置するが、現実問題として生産性は計測がむずかしく、結果的に、データとしては、従業員満足度とリテンションがトラックされている模様である（図表8補−2）。

## 3.2 従業員1万人アンケートでみる 幸福度の高い人の特徴

ファイナンシャル・ウェルネスの評価はむずかしい問題だが、従業員が自身の状況をどう認識しているかの把握は、その第一歩となるだろう。ここでは、野村資産形成研究センターが2021年11～12月に実施した「ファイナンシャル・ウェルネス（お金の健康度）アンケート」の一部を紹介する[7]。

同アンケートは上場企業従業員1万772人を対象に資産形成への取組み状況等の把握を試みたもので、ウェルネスに関する3つの設問が盛り込まれ

---

6 Copeland（2021）を参照。
7 アンケート調査の全体像については、同センターのウェブサイトを参照（https://lps.nomura.co.jp/abr_center/financialwellness-report.html）。

## 図表8補－2　ファイナンシャル・ウェルネス・プログラムの評価

### 評価の際に見る要素

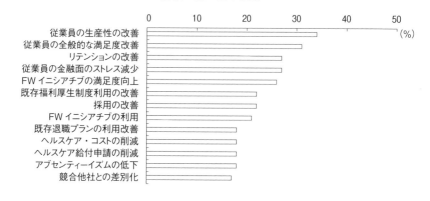

### 評価に使用するデータ

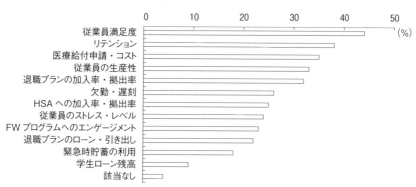

注1：評価要素は最も当てはまる3つを回答、使用データは該当するすべてを回答。
注2：FW＝ファイナンシャル・ウェルネス。HSAは税制優遇付の医療貯蓄口座。
出所：Copeland（2021）より引用。

た。具体的には、①現在の資産形成は順調か不調か、②お金・経済面の現在
と将来について安心か不安か、③人生に満足か不満か、だった。そして、3
つの設問すべてについて「順調」「安心」「とても満足」と回答した人を「幸
福度・満足度の高い人」、逆に3問すべてで「不調」「不安」「とても不満」
と答えた人を「幸福度・満足度の低い人」とみなし、両者の資産形成への取
組み等を比較した。前者は429人で、後者は459人と、それぞれ全体の約4％
だった。

まず、保有金融資産は、幸福度・満足度の高い人の21％が5,000万円以上だったのに対し、幸福度・満足度の低い人の27％が100万円未満だった。職場の福利厚生制度を通じた支援体制について満足と回答したのは、幸福度・満足度の高い人の84％に対し低い人は32％にとどまった。従業員持株会の利用割合や企業型DCの加入・拠出に関しても、両者の間に開きがあった。職場以外での資産形成への取組みについても、幸福度・満足度の高い人の91％

図表8補－3　幸福度・満足度の高い人と低い人の違い

| | 幸福度・満足度の高い人 | 幸福度・満足度の低い人 |
|---|---|---|
| 金融資産保有状況 | ・5,000万円以上：21％<br>・1,000万～5,000万円：29％<br>・100万～1,000万円：24％<br>・100万円未満：7％<br>・わからない・答えたくない：19％ | ・5,000万円以上：2％<br>・1,000万～5,000万円：6％<br>・100万～1,000万円：21％<br>・100万円未満：27％<br>・わからない・答えたくない：44％ |
| 福利厚生制度のサポート体制 | ・満足・少し満足：84％<br>・不満・少し不満：16％ | ・満足・少し満足：32％<br>・不満・少し不満：68％ |
| 職場の研修等の把握 | ・実施している：74％<br>・実施していない：10％<br>・わからない：17％ | ・実施している：34％<br>・実施していない：20％<br>・わからない：46％ |
| 従業員持株会への加入 | ・加入している：69％<br>・加入していない：24％<br>・わからない：7％ | ・加入している：40％<br>・加入していない：45％<br>・わからない：14％ |
| 企業型DCへの加入・拠出 | ・加入している：63％<br>・加入していない：15％<br>・わからない：21％ | ・加入している：44％<br>・加入していない：17％<br>・わからない：38％ |
| 職場以外での資産形成への取り組み | ・行っている：91％<br>・株式投資あり：52％<br>・投信投資あり：49％<br>・行っていない：9％ | ・行っている：51％<br>・株式投資あり：12％<br>・投信投資あり：7％<br>・行っていない：49％ |

出所：野村資産形成研究センター（2021）「ファイナンシャル・ウェルネス（お金の健康度）アンケート－上場企業1万人の声－」より引用。

がなんらかの資産形成を行っており、株式や投資信託に投資しているという回答割合もそれぞれ52％、49％にのぼった。これに対し幸福度・満足度の低い人は半分近く（49％）が職場の福利厚生制度以外の資産形成は行っていないと回答した（図表8補−3）。

　幸福・満足な人のほうが、資産形成に積極的に取り組んでおり保有資産額が大きいというのは、想定どおりの結果だった。アンケートで把握できるのは相関関係であり、因果関係を示すものではない点には留意が必要だが、資産形成の実践は幸福度の向上につながるということはできそうだった。福利厚生制度の提供が従業員のファイナンシャル・ウェルネス向上に寄与することも示唆するが、幸福・満足な人は、福利厚生制度の内外両方で積極的に資産形成に取り組んでいることから、どちらが起点となっているのかは不明だった。

　企業としては、従業員のファイナンシャル・ウェルネスと生産性や業績との相関を確認できれば、企業経営の観点からファイナンシャル・ウェルネス向上を後押しする意義を実証できるが、これはさらにむずかしい問題である。近年、健康経営への取組みが推奨されており、医療費削減やメンタルヘルス対策等の「予防効果」、従業員の活力向上、プレゼンティーイズム解消等の「促進効果」が指摘されている[8]。ファイナンシャル・ウェルネスへの応用可能性を検討する余地もあるかもしれない。

## 4　日本の課題：金融リテラシー向上とファイナンシャル・ウェルネス

　日本の家計金融資産は2021年12月末時点で、初めて2,000兆円を超えた。しかしながら、その54％が超低金利の預貯金に入れられている。個人の問題とはいえ、資産運用による収益獲得の機会損失が生じている可能性は否定で

---

8　森永（2019）を参照。

きない。その一因としてしばしば指摘されるのが、日本人の金融リテラシー不足である。

　金融リテラシーは「金融に関する健全な意思決定を行い、究極的には個人の幸福（ウェルビーイング）を達成するために必要な、金融に関する知識、技術、態度および行動の総体」と定義される[9]。金融リテラシーの目的がウェルビーイングの達成であるなら、ファイナンシャル・ウェルネス・プログラムは金融リテラシー向上と実質的に同じものを目指す取組みといえる。

　米国では全世帯の45％が投資信託を保有するが、米国投資協会（ICI）の調査によれば、その63％が職場の退職プランを通じて初めて投資信託に投資した[10]。日本において、職場の福利厚生制度をきっかけに職場の外での資産形成への取組みも進み、個人のファイナンシャル・ウェルネスが向上するという経路が描けるものなのかはわからない。ただ、預貯金に滞留している個人金融資産の一部が、ファイナンシャル・ウェルネス・プログラムを通じて成長資金供給に向かえば、日本のマクロ的な資金循環に変化をもたらす可能性がある。従業員のファイナンシャル・ウェルネス向上が企業の人的資本拡充につながるのに加えて、個人の行動変容というかたちで企業の資金調達環境にも影響を及ぼしうるものなのかは、興味深い論点といえよう。

**【参考文献】**
前野隆司・前野マドカ（2022）『日経文庫ウェルビーイング』日本経済新聞出版。
森永雄太（2019）『ウェルビーイング経営の考え方と進め方　健康経営の新展開』労働新聞社。
Consumer Financial Protection Bureau（2015）. *Financial well-being: The goal of financial education*, January.
Copeland, C.（2021）. *2021 EBRI Financial Wellbeing Employer Survey: Focus on COVID-19 and Diversity Goals*, EBRI Issue Brief, no. 544, October 28.
OECD/INFE（2012）. *High-Level Principles on National Strategies for Financial Education*, August.

---

9　OECD/INFE（2012）, p.2より。金融広報中央委員会による仮訳が行われている。
10　Schrass and Bogdan（2021）を参照。

Rath, T. and J. Harter (2010). *The Five Essential Elements of Well-Being*, Gallup, May 4.

Schrass, D., and M. Bogdan (2021). *Profile of Mutual Fund Shareholders, 2021*, ICI Research Report. Washington, DC: Investment Company Institute.

Ward, J. (2021). *To Ensure All Are Well: Building custom programs can support next phase of financial wellness*, Plan Sponsor, Aug.-Sep., pp. 16-19.

[野村　亜紀子]

# 第 9 章

# サステナビリティ情報開示と保証
## －トラスト確保の現状と展望－

久禮 由敬　盛 浩之

## 9.1　イントロダクション

### 9.1.1　サステナビリティ開示・保証の実務動向

　IFAC（国際会計士連盟）がサステナビリティ情報の開示と保証の動向を調査し、2021年にレポート[1]を発行している。

　同調査は、経済規模の大きい日本を含む6法域[2]とその他の16法域の時価総額上位1,400社（6法域は100社、その他の法域は50社）を対象に行ったもので、日本と海外の動向はおおむね整合する結果となっている。

　調査の対象となった大規模な企業においては、ほとんどの企業がサステナビリティ開示を行い、約半数が第三者保証を受けている。そのうち、約3分の2が監査法人または監査法人の関連組織（以下、監査法人系）による保証を受けている。第三者保証報告書の83%は限定的保証（limited assurance）であるが、それと同程度の保証と考えられる、Account Abilityにより公開されているサステナビリティに関する保証基準であるAA1000[3]基準に基づく中程度の保証（moderate assurance）や、これらより保証の程度が高い合理的保証（reasonable assurance）の場合もある。一部には、温室効果ガス排出量（以下、GHG排出量）等に対して合理的保証を行い、その他の情報について限定的保証や中程度の保証を行う事例がある。

　サステナビリティ開示にあたり、さまざまな開示基準が利用されているが、GRI（Global Reporting Initiative）基準が利用されることが最も多い。先進国を中心に気候関連財務情報開示タスクフォース（以下、TCFD）基準やサステナビリティ会計基準審議会（以下、SASB）基準も利用されている。

　保証基準については、監査法人系の保証業務実施者のほとんどが国際保証

---

1　国際会計士連盟（2021）。
2　法令の効力が及ぶ一定の地域のことで通常は国家が該当。
3　英国のNGO、Account Ability（AA）が発行するサステナビリティ監査等に関する国際基準。

業務基準（以下、ISAE）3000を利用しているのに対して、非監査法人系の保証業務実施者は国際標準化機構（以下、ISO）基準（ISO14064-3）を利用するケースが多く、AA1000基準を利用することもある。なお、ISO基準はGHG排出量情報に関する保証に特化した保証基準であるため、非監査法人系の保証業務実施者がGHG排出量情報以外の情報を保証する場合、ISAE3000を利用することが多いが、保証業務実施者自身が開発した基準を利用することもある。

　サステナビリティ情報は、CSR報告書、サステナビリティ・レポート、統合報告書といったさまざまな媒体で開示されている。年次報告書のリスク情報のセクションなどに関連する情報が含まれていることもある。サステナビリティ情報に関する保証は、情報が記載された媒体の情報をすべて保証する形式で行われるものではなく、作成者の要請に基づき★マークなどで特定された情報のみに対して行われることが一般的である。

## 9.1.2　サステナビリティ開示・保証の論点

　サステナビリティ開示・保証の実務に係る論点として、①開示や保証の対象となるサステナビリティ情報の範囲と情報作成方法の適切性、②保証水準と保証業務実施者の2つがある。

### (1)　開示や保証の対象となるサステナビリティ情報の範囲と情報作成方法の適切性

　サステナビリティ情報の開示と保証のニーズは日々拡大している。しかし、どのような情報がどのように開示されるべきかについては、気候変動を中心に意見の収斂もみられるが、必ずしもコンセンサスが得られていない。

　財務情報については、多くの場合、利用者は利益に着目しており、より詳細な情報として損益計算書・貸借対照表・注記を望む。サステナビリティ情報について、このように簡単に表現できるだろうか。財務情報は、取引を通貨という単位で計測し、財務諸表に金額として表現したものである。会計基準が十分に整備されており、財務諸表の作成にあたり、判断に迷うことが少ない。一方で、GHG排出量、廃棄物排出量、資源利用量等の環境パフォー

マンス指標について、何が開示されるべきか、また、どのように算定するか
は必ずしも明確でない。人権やダイバーシティといったテーマになると、計
量化できない情報（定性情報）が開示されることがあるかもしれない。サス
テナビリティ開示は、本質的に多様であり、計測しづらい情報を含んでい
る。サステナビリティ情報が有用であるためには、利用者の意思決定に役立
つ内容が過不足なく、そして人によって解釈が異なることのない方法で、開
示される必要がある。

このような課題に対応するため、サステナビリティの開示と保証のルール
の整備が進んできた。本章では、これらのルールの内容と今後の課題を整理
する。

### (2) 保証水準と保証業務実施者

サステナビリティの保証制度に係る案が、海外の主要な法域において公開
されている。議論になっているのは、保証水準を限定的保証とするか合理的
保証とするか、保証業務実施者を財務諸表の監査人に限るか限らないかとい
う点である。

保証水準の決定に際しては、利用者の保証ニーズを考慮することが重要で
あるが、コストの制約も考慮する必要がある。限定的保証と合理的保証の間
では、保証水準が異なると同時に、実施すべき手続の深度や内部統制の評価
手続の程度が異なる。

保証業務実施者を財務諸表の監査人に限定する場合、財務諸表監査との連
携を期待することができるし、財務諸表監査で培われた保証業務の専門家と
しての知見や経験を期待することもできる。一方で、財務諸表の監査人は財
務情報に関する深い知見や経験を有するが、サステナビリティ情報に関する
深い知見や経験を有しているとは限らない。理想的には、サステナビリティ
情報と保証業務両方に関して深い知見や経験を有する者を保証業務実施者と
して起用することができればいいが、そのような者が十分に確保されている
かは定かではない。そのため、保証業務実施者を財務諸表の監査人に限定す
べきか否かが論点となる。

本章では、限定的保証と合理的保証の差異や、現在の保証制度の導入に関

する議論の状況を整理する。

## 9.2 サステナビリティ開示基準

### 9.2.1 ISSBの設立とIFRSサステナビリティ基準の開発

これまで、多くのサステナビリティ開示基準が乱立してきたが、国際サステナビリティ基準審議会（以下、ISSB）への統合の動きがみられる。この動きは、より多くの作成者・利用者に利用される統一的な開示基準を浸透させ、開示の比較可能性を高めることがねらいである。ISSBはサステナビリティ開示基準を開発するために、2021年に国際会計基準審議会（IASB）により設立された。また、国際統合報告評議会（以下、IIRC）、SASB、気候変動開示基準委員会（CDSB）の3つの主要な民間開示基準作成団体がISSBに統合されることが予定されている。

ISSBは、現在気候変動に係るIFRSサステナビリティ開示基準を策定しており、2022年内に最終化することを計画している。ISSBは、投資家の意思決定に影響を及ぼすサステナビリティ情報に着目し、パリ協定やTCFD提言を背景に、サステナビリティ課題のなかでも気候変動を優先させて基準開発を行うものとした。

2022年3月31日にISSBからIFRSサステナビリティ開示基準の公開草案が公表された。当公開草案は、サステナビリティ関連財務情報を「企業価値に影響を及ぼすサステナビリティに関連するリスクと機会に関して洞察を与え、ビジネスモデルとそれを維持・発展するための戦略ならびにそのために必要な資源およびその資源との関係を評価するための十分な基礎を一般目的財務報告の利用者に提供する情報」と定義し、企業のガバナンス、戦略、リスク管理および指標と目標を含む、企業価値の評価に影響を及ぼす重大なサステナビリティに関連するリスクと機会に関する情報を（重要性が乏しいものを除き）すべて開示することを提案した。そのうえで、気候変動に関する

リスクと機会に特化した詳細な開示をTCFD提言に沿って定め、さらに
SASB基準をふまえて産業別に定められた情報を開示することも提案した。

このように、当公開草案は、一般目的財務報告の利用者をサステナビリ
ティ関連財務情報の想定利用者とした点、企業価値の評価をより明確にでき
るサステナビリティ情報を提供することを重視した点、TCFD提言を基礎と
している点に特徴がある。

## 9.2.2　既存の民間開示基準

ここで、既存の民間開示基準のうち、GRI基準、IIRC基準、SASB基準に
ついて比較しながら確認する（図表9－1）。

GRI基準やSASB基準は、気候変動を含むサステナビリティ開示について
詳細に規定した開示基準である一方、IIRC基準は、長期的な企業価値に影
響を及ぼす情報開示のあり方に関して概念を提案したフレームワークである
点で異なる。また、GRI基準とSASB基準は開示すべき情報やその情報の作
成方法について業種をふまえて詳細に定めているが、IIRC基準はそれらを
定めていない。SASB基準やIIRC基準は、企業価値に影響を及ぼす情報の開
示に着目しているのに対して、GRI基準は、財務的な所有者に限られない、
さまざまなステークホルダーへの情報開示に着目している。一般に、前者の
考え方をシングルマテリアリティ、後者の考え方をダブルマテリアリティと
呼ぶことがある。

いずれも、それぞれが重視しているステークホルダーに広く受け入れられ
ている、長い歴史のある高品質な開示基準である。

既存の民間開示基準は、GRI基準やSASB基準のように詳細な開示事項を
定めていても、開示する情報の識別については、作成者の判断に最終的に委
ねている点に特徴がある。

## 9.2.3　開示基準の課題と サステナビリティ保証に期待される役割

ISSBが公表したIFRSサステナビリティ開示基準は、重要性が乏しい場合

図表 9 − 1　主な民間開示基準の比較

| | GRI基準 | IIRC基準 | SASB基準 |
|---|---|---|---|
| 概要 | 組織が経済、環境、社会に与えるインパクトをさまざまなステークホルダー（株主、従業員、サプライヤー、社会的弱者、NGO等）に報告するための枠組み。経済、環境、社会それぞれに関して開示内容やKPIを詳細に規定し、組織は自己にとってマテリアルと判断する項目について開示。 | 組織の戦略、ガバナンス、実績、および見通しが、どのように短、中、長期の価値創造を導くかを、財務資本の提供者に対し報告するためのフレームワーク。「価値」は、組織自身に対して創造される価値（財務リターン）とステークホルダーおよび社会全体に対する価値があり、後者のうち前者に重要な影響を与えるものは統合報告書に含まれる。 | 短中長期の企業価値評価に基づく財務的意思決定に重要な影響を与えうるESG情報に関して投資家や債権者等に開示を行うための基準。エビデンスに基づき、77の産業ごとに財務的に重要な影響を与えうる、ESGに関する開示内容やKPIなどを規定。ただし、重要な影響を与えうる情報の識別は、企業の責任でなされるものとされる。 |
| 基準設定団体設立時期 | 1997年、米国 | 2010年、英国 | 2011年、米国 |
| 基準設定時期 | 2000年（初版ガイドライン。GRIスタンダードとして基準化されたのは2016年） | 2013年 | 2018年 |
| KPI | 明示 | 規定しない（原則主義） | 明示 |

出所：各基準設定団体のホームページならびに、Global Reporting Intiative（2016）、国際統合報告評議会（2021）、サステナビリティ会計基準審議会（2017）より筆者作成。

を除き基準が定めるすべての情報を開示することを要求したうえで、気候変動に係るサステナビリティ情報に関して開示すべき情報を整理した。気候変動以外のサステナビリティ情報については、今後の基準の開発が待たれる。一方で、現在利用されている既存の開示基準は、どのような情報を開示対象

とするかについて、作成者が最終的判断を行うことを認めている。

　開示基準は、情報の作成方法を必ずしも詳細に定めていない。そもそも、詳細に情報の作成方法を定めることが困難なサステナビリティ事象も存在する。たとえば、Scope1・2GHG排出量に関しては排出量の算定方法にコンセンサスが得られているため、情報の作成方法を詳細に定めることはむずかしくないが、Scope3GHG排出量や廃棄物排出量などのその他の環境パフォーマンス指標には困難が伴う。このような場合、情報の作成方法があわせて開示されなければ、利用者が開示されている情報を正しく評価することは困難となる。また、開示基準は、定性的な情報の開示を求めていることがあるが、そのような情報には常に作成者の主観性が混入するリスクが伴う。

　このように、現時点で取りまとめられている開示基準に従い、サステナビリティ情報を作成する場合、作成者の作成する情報について、下記のリスクが生じることとなる。

　　・作成者が、自らに都合のよい情報のみを開示するおそれがある。その結
　　　果、開示された情報が、利用者のニーズに応えていない可能性がある。
　　・作成者が開示する情報に、主観性が混入するおそれがある。

　そこで、サステナビリティ保証に対しては、単に開示情報のチェックにとどまらず、このようなリスクに十分に対応することが期待される。すなわち、利用者の意思決定に役立つサステナビリティ情報が、過不足なく、そして人によって解釈が異なることのない方法で、開示されることを、サステナビリティ保証が担保するよう機能することが期待されるのである。

## 9.3　サステナビリティ開示や保証に係る制度の動向

　現在、海外の主要法域において、サステナビリティ開示と保証の義務化の検討が行われている。海外における状況を図表9-2にまとめた。

　海外の主要法域において、上場企業を中心に、TCFD提言に対応する開示

の義務化の流れが進んでいる。米国や英国においては、上場企業を中心に、TCFD提言を背景として、気候変動に関する情報の開示を求める動きがある。欧州においては、2021年４月欧州委員会により公表されたCSRD（Corporate Sustainability Reporting Directive）案が、零細企業を除くすべての企業において、気候変動に加え、人的資本や社会的課題等を含むサステナビリティ情報の開示をダブルマテリアリティの考え方に基づき行うことを提案している。なお、2014年に公表されたNFRD（Non-Financial Reporting Directive）は、一定規模以上の大企業にサステナビリティ情報の開示をすでに求めていた。

　米国・欧州における最新の規則案は、サステナビリティ情報の重要性に鑑み、独立の保証業務実施者による保証を義務化することを提案している。また、Scope1・2GHG排出量から保証をスタートすることや、保証業務実施者を財務情報に係る監査人に限定しないこと、限定的保証からスタートして、合理的保証に将来的に格上げしていくことなどを提案している。なお、保証業務の水準を一定以上に保つため、デュープロセスを経た保証基準に従うことも提案している。デュープロセスを経た保証基準としてISAE3000などの基準等が考えられるが、これに限定されるものではない。

　わが国においては、2021年改訂のコーポレートガバナンス・コードより、東証プライム市場上場会社は、TCFDまたは同等の国際的枠組みに基づいた気候変動情報の開示の質・量の充実（方法や詳細は企業に委ねられる）を進めることが求められることとなった。さらに、有価証券報告書におけるサステナビリティ情報の開示に関して、金融審議会「ディスクロージャーワーキング・グループ」において議論が行われている。同グループにおいては、気候変動情報に加えて、人的資本や多様性等を含めたサステナビリティ情報の開示を拡張することが提案されている。

図表 9 － 2　海外の主要法域におけるサステナビリティ情報の開示と保証の動向

| 法域 | 開示 | 保証 |
|---|---|---|
| 米国 | 2022年 3 月にSECは規則案を公表し、登録届出書や年次報告書（10-K、20-F）において、以下の開示を義務化することを提案した。<br>・気候変動リスクのガバナンスやリスク管理プロセス。<br>・特定された気候変動リスクが財務、戦略、ビジネスモデルに与える影響。<br>・気候変動リスクに係る指標と管理。<br>・Scope1・2・3GHG排出量（Scope3は重要であるか、「指標」に入っている場合のみ）。<br>・2023年12月期より大規模早期提出会社のScope1・2情報から開示を要求し、小規模企業以外のその他の会社はその 1 年後とし、さらにScope3情報はScope1・2情報の 1 年後からとする。 | SEC規則案では以下のことが提案されている。<br>・Scope1・2・3情報について会社から独立し、能力と適性のある保証業務実施者による保証を求める（小規模企業を除く）。<br>・2024年12月期より大規模早期提出会社に限定的保証を求める。その他の会社はその 1 年後とする。それぞれにその 2 年後から合理的保証を求める。<br>・保証業務実施者は、登録会計事務所以外の者でも可。<br>・デュープロセスを経て作成された保証基準に準拠することが必要（AICPA基準やIAASB基準に限らない）。 |
| EU | 2021年 4 月欧州委員会はCSRD（Corporate Sustainability Reporting Directive）案を公表した。概要は以下のとおり。<br>・零細企業を除くすべての企業に対して、サステナビリティ情報の開示を、年次報告書とともに公表されるマネジメントレポートにおいて行うことを求める。<br>・ダブルマテリアリティの考え方に基づき、EFRAG（欧州財務報告諮問グループ）が定めるサステナビリティ報告基準に基づく開示を求める。気候変動リスク | CSRD案では以下が提案されている。<br>・限定的保証を求めるものとし、合理的保証への移行を将来的に検討するものとする。<br>・加盟国は、法定監査人以外の加盟国により認定された適合性評価機関の利用を許可できる。<br>・デュープロセスを経て作成された保証基準に準拠することが必要。 |

| | | |
|---|---|---|
| | 以外のさまざまなサステナビリティ情報の開示を求める。 | |
| 英国 | 2021年1月1日以降開始事業年度より、プレミア上場企業はコンプライオアエクスプレイン方式により、すべてのTCFD推奨開示項目を年次報告書に開示することが要求される（エクスプレインにより、年次報告書外での開示や、非開示となる場合がある）。 | 年次報告書に含まれたTCFD開示は、会計監査人によるISA720「その他の記載内容に関連する監査人の責任」の対象となる。 |

出所：米国証券取引委員会（2022）同規則案、欧州委員会（2021）、英国財務報告評議会（2022）より筆者作成。

## 9.4 サステナビリティ保証と保証基準

### 9.4.1 サステナビリティ保証の概要

　サステナビリティ保証業務の全体像を説明する。図表9－3に業務の流れを図で示した。作成者は、さまざまなサステナビリティ事象のなかから、利用者の情報ニーズをふまえて、開示する対象を選定する。この選定プロセスを「マテリアリティプロセス」という。そして、開示対象となったサステナビリティ事象に、「規準」を適用して主題を測定または評価し、開示情報を作成する。この開示情報のことを「主題情報」と呼び、規準が適用されるサステナビリティ事象のことを「主題」という。開示情報は、サステナビリティ報告書等の開示文書に掲載されるのが一般的である。

　主題となるサステナビリティ事象として位置づけられるのは、たとえば、温室効果ガスの排出状況や企業の管理職の多様性の状況といった個別の事象であるが、複数のこういった個別の事象をまとめて、気候変動リスクへの対応状況や人的資本の多様性といった総合的でより大きな事象を主題として認識することもある。

図表9-3 サステナビリティ保証業務の流れ

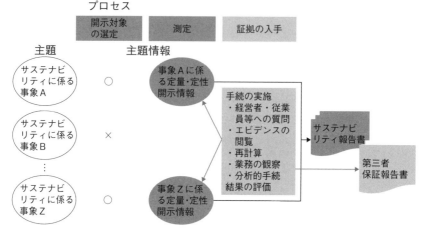

出所：国際監査・保証基準審議会（2013）国際保証業務基準3000号「過去財務情報の監査
又はレビュー以外の保証業務」、日本公認会計士協会（2019）保証業務実務指針
3000「監査及びレビュー業務以外の保証業務に関する実務指針」、国際監査・保証
基準審議会（2021）「サステナビリティ及びその他の拡張された外部報告（EER:
Extended External Reporting）に対する保証業務への国際保証業務基準3000の適
用に関する規範性のないガイダンス（EERガイダンス）」より筆者作成。

　財務諸表監査においては、主題は事業体の財政状態、経営成績および
キャッシュフローに関する状況であり、規準は会計基準（GAAP）であり、
主題情報は財務諸表となる。これと同様に、サステナビリティ保証業務にお
いては、サステナビリティ開示基準が「規準」となるのが通常であるが、サ
ステナビリティ開示基準が、財務諸表監査における会計基準のように、主題
の首尾一貫した測定を可能とし、主観性の混入を防ぐものであるかは必ずし
も自明ではない。

　保証業務実施者は、経営者等への質問、エビデンスの閲覧や再計算など
の、作成者が作成した開示情報を裏付けるさまざまな検証作業を行い、その
検証作業の結果を評価して、結論を保証報告書において報告する。この一連
の保証に関する作業に対する信頼性を担保するため、権威ある団体が保証基
準を定め、その保証基準にのっとって保証業務実施者は業務を実施するのが

通常である。

## 9.4.2　国際保証業務基準3000号「過去財務情報の監査又はレビュー以外の保証業務」（ISAE3000）

　サステナビリティ保証に適用可能な保証基準である、財務監査に関する監査基準設定団体である国際監査・保証基準審議会（IAASB）が公表しているISAE3000について説明する。

　ISAE3000の概要は以下のとおりである。

- 過去財務情報の監査またはレビュー以外の保証業務に利用される保証基準
- 主題情報の重要な虚偽表示がないかを保証するための業務基準
- 合理的保証と限定的保証の２種類の保証水準を想定
- 法令および職業会計士の団体が定める独立性等の職業倫理ならびに職業会計士の団体が定める品質管理の基準の遵守を要求（同水準以上の別の要求事項の遵守も認められる）
- 品質管理の基準およびISAE3000は、全体として適切な適性および能力を有する業務チームの組成を要求する。
- 保証業務の前提条件を明確化している。
  - 主題が適切である。
  - 規準が以下の特性を示しており、業務の状況に照らして適合している。目的適合性、完全性、信頼性、中立性、理解可能性。

　このように、ISAE3000は、保証業務の方法論について定めるだけでなく、保証業務実施者に独立性、能力要件、品質管理体制の整備を課すことで保証業務が一定の品質のものとなるようにしている。さらに、特徴的であるのが、保証業務の前提条件を明確化し、主題の適切性や規準の適合性を評価することを保証業務実施者に求めているという点である。

　ISAE3000と同等の保証基準として、日本公認会計士協会より、保証業務実務指針3000「監査及びレビュー業務以外の保証業務に関する実務指針」が公表されている。

なお、温室効果ガスに係る情報の保証に際しては、それに特化した保証基準として、ISAE3000をベースとした国際保証業務基準3410号「温室効果ガス報告に対する保証業務」（ISAE3410）が公表されており、広く利用されている。

## 9.4.3 保証業務の前提条件 ──主題の適切性と規準の適合性

### ⑴ 規準の適合性

ISAE3000は保証業務の前提条件として、主題の適切性と規準の適合性を評価することを求めている。ISAE3000と同等の保証基準である保証業務実務指針3000のA44項によれば、適合性のある規準は、以下の5つの特性を示すものとされる。

- ・目的適合性……想定利用者の意思決定に役立つ主題情報の測定または評価に資する規準であること。
- ・完全性……規準に準拠して主題情報を作成する場合に、当該主題情報に基づく想定利用者の意思決定に影響を与えると合理的に予想される要因が省略されていない規準であること。完全な規準には、目的に適合する場合、表示および開示に関する規準が含まれる。
- ・信頼性……類似の状況において異なる業務実施者が利用した場合であっても、主題の測定または評価を合理的かつ首尾一貫して行うことを可能にする規準であること。なお、信頼性のある規準には、目的に適合する場合、表示および開示に関する規準が含まれる。
- ・中立性……業務を実施する状況によらず偏向のない主題情報の測定または評価に資する規準であること。
- ・理解可能性……想定利用者に理解可能な主題情報をもたらす規準であること。

### ⑵ 主題の適切性と規準の適合性の関係

保証業務の前提条件である主題の適切性と規準の適合性の間には密接な関係がある。

264

適切な主題とは、識別可能であり、適合性のある規準に照らして首尾一貫した測定または評価を行うことができ、保証のための証拠が入手できる主題であるとともに、利用者の情報ニーズを満たしている主題である。

　サステナビリティ保証においては、気候変動リスクへの対応状況や人的資本の多様性といった総合的でより大きな事象を主題として認識することもあれば、その一部である温室効果ガスの排出状況や企業の管理職の多様性の状況といった個別の事象を主題として認識することもある。しかし、ある特定の事象を除外したサステナビリティ情報は、総合的でより大きな事象を主題として考えたときに、その主題を適切に測定または評価していない可能性がある。このようなサステナビリティ情報は、利用する主体によって、主題に関する解釈が分かれるものとなり、情報としての有用性が失われるおそれがある。そこで、ISAE3000は、保証対象の情報の有用性が失われていないか、すなわち主題が適切か、業務の受嘱時に吟味することを求めている。

　適合性のある規準とは、主題について合理的に、首尾一貫した測定または評価を実施することを可能とする規準であり、前述の5つの特性を有する規準である。保証業務実施者は、解釈の異なることのない客観的な情報を作成するプロトコル、すなわち適合性のある規準が利用されていることを確かめることが必要である。たとえば、開示情報における「健康的な食品」といった記述は、主観性を排除しきれていないため、主題情報として適切ではない可能性がある。主観性を排除した主題情報が作成されるように、主題を測定または評価するプロトコルが採用されるべきである。また、開示すべき情報を恣意的に選定することを許容するプロトコルも、総合的でより大きな主題を測定するうえで、主観性を排除するものとはいえないため、慎重に規準としての適合性を判断する必要がある。

　このように、保証基準は、利用者の情報ニーズに応え、利用者によって解釈の余地が分かれることのない有用な情報が過不足なく提供されることを担保するため、保証業務実施者に対して、情報作成のプロトコルについて規準の適合性が満たされているかを確認することを求め、また、保証の対象となる主題が適切であるかを確認することを求めている。

## ⑶　サステナビリティ開示基準の規準としての利用

　サステナビリティ保証業務においては、サステナビリティ開示基準が「規準」となるのが通常であるが、このとき、サステナビリティ開示基準が適合性のある規準となるかが問題となる。

　開示基準は、個々の情報についてその作成方法を必ずしも詳細に定めていないことがある。また、定性的な情報を作成することを求めていることがある。このような場合に、サステナビリティ開示を作成するにあたって、作成者自らが採用した規準を追加的に利用することが多い。保証業務実施者は、ベースとなる開示基準と作成者自らが追加的に採用した規準をあわせて、規準の適合性を評価することになる。たとえば、Scope3GHG排出量の計算にあたって、作成者は、サプライヤーや顧客や第三者機関等からどのような排出原単位等に関する情報を入手したか、どの範囲で活動量に関する情報を収集したか等について、自ら判断することが多い。廃棄物排出量などのその他の環境パフォーマンス指標においても、作成者が計算手法を決定することが通常である。その際、保証業務実施者は、情報の作成方法についてもあわせて明瞭に開示され、利用者が開示されている情報の意味を誤解なく理解できるかなどを検討する必要がある。また、後述のEERガイダンスは、「健康的な食品を生産している」といった定性的な情報が作成されるときには、「100g当りの塩分や砂糖が一定以下の食品を健康的な食品とする」と追加的に規準として定義することなどが考えられるとしている（なお、このような追加的な規準が健康的な食品に関する国際的な規範と矛盾しないか、企業がほかに不健康な食品をつくっていないかを検討する必要がある）。

## 9.4.4　合理的保証と限定的保証

　ISAE3000は、合理的保証と限定的保証の2種類の保証水準を想定している。合理的保証と限定的保証の差異を図表9−4に示す。

　合理的保証は財務諸表監査のイメージであり、限定的保証はレビューのイメージである。限定的保証は、いわゆるネガティブ・アシュアランスと呼ばれる保証であり、保証業務実施者が、主題情報に関する結論を述べるのでは

図表 9 - 4　合理的保証と限定的保証の差異

| | 合理的保証 | 限定的保証 |
|---|---|---|
| 目的 | 主題情報に係る保証業務実施者の結論（適正に表示されているか否か等）を表明する。 | 主題情報に重要な虚偽表示があると信じさせる事項が認められたかを表明する。 |
| 許容する保証リスク（保証の結論を誤るリスク） | 限定的保証より低い。 | 合理的保証より高い。 |
| 手続の概要 | 重要な虚偽表示リスクを識別し、リスクに対応する手続を実施する（リスク評価手続は必須）。 | 重要な虚偽表示が存在する可能性が高い領域を識別し、その領域において手続を実施する（リスク評価手続は必須ではない）。 |
| 手続の詳細 | ・主題情報を作成する内部統制のデザインと業務への適用の評価が求められる。 | ・主題情報を作成するプロセスを考慮すれば足りる。 |
| | ・内部統制の運用評価手続および外部証拠の入手に重点を置くことが多い。 | ・質問と分析的手続に重点を置くことが多い。 |
| | ・手続はより多い。 | ・手続はより少ない。 |
| | ・分析的手続に際して、利用するデータの信頼性をより深く評価し、精度の高い推定値を設定するとともに、推定値からの差異についてより強い証拠による裏付けを行う。 | ・合理的保証業務に比べ、分析的手続に関する利用するデータの信頼性の評価手続は限られ、推定値の精度は低く、推定値からの差異への裏付けのレベルは低い。 |

出所：国際監査・保証基準審議会（2013）、日本公認会計士協会（2019）より筆者作成。

なく、主題情報に重要な虚偽表示があると信じさせる事項が認められたかを表明するものである。そのため、限定的保証の保証水準は必ずしも高くはないが、主題情報の信頼性を少なくともある程度高める保証水準であることが求められる。限定的保証の保証水準は、利用者のニーズに応じて決定され、

合理的保証と同水準まで高くなることもあれば、限定的保証としての下限の水準にとどまることもある。保証水準によって、実施される手続の強さも異なり、それは保証のコストに大きく影響することになる。したがって、合理的保証のほうが限定的保証よりコストがかかることになる。

　合理的保証や限定的保証の目的や保証水準の違いは、許容する保証リスク（保証の結論を誤って表明するリスク）に影響する。すなわち、合理的保証は限定的保証よりも保証リスクを抑える必要があり、限定的保証は合理的保証よりも保証リスクが高くてもよいということになる。ただし、限定的保証の場合であっても、保証水準は主題情報の信頼性を少なくともある程度高める水準を確保しなければならないことから、保証業務実施者が業務において主題情報に重要な虚偽表示が存在する可能性が高いと認められる事項に気づいた場合には、虚偽表示であるか、虚偽表示の可能性が高くはないと結論づけられるまで追加手続を行うことが求められる。

　合理的保証や限定的保証の目的や保証水準の違いは、実施する手続のデザインにも影響する。保証水準次第では、限定的保証においても合理的保証とほぼ同じ水準の手続が計画されることもありうるが、基本的に合理的保証のほうが強力かつ広範な手続が求められる。合理的保証においては、保証業務実施者は主題情報に係る自らの結論を表明するため、主題情報に重要な虚偽表示をもたらすリスクを関連する内部統制の評価をふまえて網羅的に洗い出し、このリスクに対して外部証拠の入手や運用評価手続を含む強い証拠を得るための手続を行う。他方で限定的保証においては、主題情報に重要な虚偽表示があると信じさせる事項が認められたかを表明するにすぎないため、主題情報の信頼性を少なくともある程度高める保証水準になるまでの手続を実施することで足りる。そのため、重要な虚偽表示が存在する可能性が高い領域を識別して手続を計画して実施すれば足りるし、内部統制の評価も必要ない。質問や分析的手続などを実施すれば十分である。また、分析的手続を実施する際、合理的保証においては、限定的保証に比べてデータの信頼性についてより強い証拠の入手が求められる。このように、合理的保証においてはより強力かつ広範な手続が求められるうえ、保証業務実施者は主題情報作成

に係る内部統制の評価をふまえて手続を計画する必要がある。このため、合理的保証においては、限定的保証に比べて、保証業務実施者の保証に係るコストが重くなるだけではなく、作成者においても、保証業務をスムーズに進めるため、内部統制の整備の負担が増加することが想定される。

## 9.4.5 EERガイダンスとIAASBの動き

　IAASBは「サステナビリティ及びその他の拡張された外部報告（EER: Extended External Reporting）に対する保証業務への国際保証業務基準3000の適用に関する規範性のないガイダンス」（EERガイダンス）を2014年から開発し、2021年に公表した。EERに対する保証業務にISAE3000を適用するうえで、主要な利害関係者が直面する論点（図表9－5参照）に対し、423項にわたる詳細なガイダンスと3つの付録を公表したものである。ISAE3000は、サステナビリティ情報以外の情報に係る保証にも利用される、財務諸表監査やレビュー以外の保証業務に関する基準である。サステナビリティ開示基準の規準の適合性などのサステナビリティ情報等の保証における特有の論点に対応するため、規範性のないものではあるものの、ISAE3000の適用に関するガイダンスとしてまとめられたのである。

　最近、気候変動に係る開示の充実のニーズが急激に高まっており、2022年3月に、ISSBからIFRSサステナビリティ開示基準の公開草案が公表された。このような状況のもと、IAASBは、2022年から2023年の作業計画にお

図表9－5　EERガイダンスが取り扱った論点

| ・適切な適性および能力<br>・職業的専門家としての懐疑心と判断<br>・保証業務の範囲の決定と受嘱の前提条件の確認<br>・報告事項の識別プロセス<br>・規準の適合性と利用可能性<br>・主題情報作成プロセス・内部統制の検討 | ・アサーションの利用<br>・証拠の入手<br>・虚偽記載の重要性の評価<br>・定性的情報<br>・将来志向の情報<br>・保証報告書 |
| --- | --- |

出所：国際監査・保証基準審議会（2021）より筆者作成。

いて、ISAE3000の改訂や新規のサステナビリティ情報に特化した保証基準の開発などを検討することとしている。

## 9.4.6 その他の保証に係る基準

### (1) ISO14064-3「温室効果ガス」

ISO14064-3はISOによって作成された温室効果ガスに係るマネジメントシステムの認証のための規格であり、GHG排出量の検証に携わる検証機関に対する要求事項を定めたものである。概要は以下のとおりであり、ISAE3410と類似するものとなっている。

- ・合理的保証と限定的保証の2つの保証および保証を行わないAgreed Upon Procedures（合意された手続）を想定。
- ・関連するISOにおいて、検証を行う者の力量、公正性などの要求事項が定められている。
- ・GHG排出量の検証に特化して、検証に関する作業を詳細かつ具体的に定める。

ISO14064-3は、監査法人以外の保証業務実施者によりGHG排出量の保証が行われる場合に、広く利用されている。

### (2) ISA720「その他の記載内容に関連する監査人の責任」

IAASBにより公表されている国際監査基準720号（ISA720）は、サステナビリティ情報の保証に利用される基準ではなく、財務諸表監査において遵守されるべき基準である。概要は以下のとおりである。

- ・「その他の記載内容」とは、年次報告書や年次報告書と一緒に発行される開示書類に含まれる財務および非財務の情報のことをいう。
- ・財務諸表の監査人は、「その他の記載内容」を通読し、「その他の記載内容」と財務諸表の開示ならびに監査の実施の過程で得られた監査人の知識やその他の情報との間に、重要な相違がないかを検討することが求められる。
- ・通読に際し、「その他の記載内容」の重要な虚偽記載に気づいた場合、適切な対応をとることが求められる。

前述のとおり、英国においては、プレミア上場企業はコンプライオアエクスプレイン方式により、すべてのTCFD推奨開示項目を年次報告書に開示することが要求されている。年次報告書に開示された情報は「その他の記載内容」であるとして、ISA720に従い、財務諸表監査において会計監査人の手続の対象となることが明確化されている。

## 9.5　今後の課題

　2022年3月に、SECから気候変動情報に関する規則案が公開され、ISSBからはIFRSサステナビリティ開示基準の公開草案が公開された。また、ISSBは、3つの既存の民間基準設定団体を統合した。これらの新しい規則や基準の公開草案は、一定の情報を開示することを義務づけることを提案している。気候変動に係る情報に限られるものの、どのような情報を開示すべきかに関する意見の収斂は大きく進んだといえる。これらの公開草案がこのまま最終化され、実務に適用されることとなれば、作成者が自らに都合のよい情報のみを開示するリスクや開示された情報が利用者のニーズに応えていない可能性は大きく減少することになる。その結果、保証業務の前提条件である主題の適切性や規準の適合性がネックとなる程度も大きく減少することになり、保証業務実施者は保証業務をよりスムーズに受嘱しやすくなる。しかしながら、気候変動以外のサステナビリティ情報に関しては、開示基準が十分に整備されておらず、この問題が解決されていない。

　また、Scope3GHG排出量など情報の作成方法に関するコンセンサスが得られていないサステナビリティ事象は数多く存在する。また、サステナビリティ情報について定性的な情報の開示が行われるケースは依然として多く、当該情報に主観性が混入するリスクに注意する必要がある。このような情報を保証する場合に、保証業務実施者は、基礎となる開示基準と作成者によって追加的に採用された規準をあわせて考慮のうえ、規準の適合性を慎重に判

断することが求められる。なお、実務上のコンセンサスが適時に開示基準に反映されれば、かかる負担は減少することとなる。

　サステナビリティ開示に対する保証を限定的保証で行うか、合理的保証で行うかは、利用者のニーズとコストを比較して検討すべき問題である。合理的保証においては、内部統制の評価やより強い手続の実施が必要となる。保証業務実施者の負担だけではなく、作成者の負担も増加する可能性を考慮する必要がある。

　サステナビリティ開示に対する保証業務を実施する際には、このような論点に適切に対処していく必要があるため、保証業務に関する知識や経験が求められる。同時に、サステナビリティ開示に関する専門的な知識や経験も同時に求められる。そのため、どのような資質をもった者が保証業務の実施者となるべきかは判断を要する問題である。ISAE3000などは、これらの論点をカバーした保証基準であると考えられるが、非監査法人系の保証者は別の基準を利用するケースが多い現状をふまえ、今後、保証業務実施の際にどのような保証基準を用いるべきかについても議論が必要になると考える。

　（本章で展開した見解や考察は、各種基準等をベースに実務経験等もふまえた筆者独自のものであり、所属先等の見解を代表したものではない。）

## 【参考文献】

英国財務報告評議会（2022）. FRC Staff Guidance「Auditor responsibilities under ISA（UK）720 in respect of climaterelated reporting by companies required by the Financial Conduct Authority」。

欧州委員会（2021）. 同指令案「Corporate Sustainability Reporting Directive」。

国際会計士連盟（2021）.「The State of Play in Sustainability Assurance」。

国際監査・保証基準審議会（2013）. 国際保証業務基準3000号「過去財務情報の監査又はレビュー以外の保証業務」。

国際監査・保証基準審議会（2021）.「サステナビリティ及びその他の拡張された外部報告（EER: Extended External Reporting）に対する保証業務への国際保証業務基準3000の適用に関する規範性のないガイダンス（EERガイダンス）」。

国際監査・保証基準審議会（2015）. 国際監査基準720号「その他の記載内容に関連する監査人の責任」（ISA720）。

国際統合報告評議会（2021）.「International Integrated Reporting Framework」。

国際標準化機構（2019）. ISO14064-3「温室効果ガス」。

サステナビリティ会計基準審議会（2017）.「SASB Conceptual Framework」。

日本公認会計士協会（2019）. 保証業務実務指針3000「監査及びレビュー業務以外の保証業務に関する実務指針」。

日本公認会計士協会（2021）. 監査基準委員会報告書720「その他の記載内容に関連する監査人の責任」。

米国証券取引委員会（2022）. 同規則案「The Enhancement and Standardization of Climate-Related Disclosures for Investors」。

Global Reporting Initiative（2016）. *GRI Standards.*

# 第 10 章

# 資本主義の非物質化、脱炭素化と経済成長

諸 富 徹

　本章のベースとなる基本的な考え方は、拙著『資本主義の新しい形』（岩波書店、2020年）で明らかにしたところである。はじめに、なぜこの書物を執筆したのか、その問題意識を説明するところから始めさせていただきたい。

　本書の構想自体は、筆者が2015〜2016年にサバティカル（研究休暇）というかたちで10年に1回与えられるチャンスとして1年間、京都大学での講義や学内業務などすべての義務を外してもらって米国に長期滞在した機会に温めたものである。拠点としたのは、中西部のミシガン州アナーバーという町に立地するミシガン大学であった。ミシガン州最大の都市であり、自動車産業の中心地であるデトロイトから、車で30分のところにある郊外の大学町である。

　2015〜2016年の米国といえば、GAFAの存在感が経済社会のすみずみにまで感じられるようになっていた時期であり、その影響は自動車産業の都であるデトロイト周辺にも及んでいた。2008〜2009年の世界金融危機で破綻の危機に直面したGMをはじめとする自動車メーカーは、政府の支援を受けて息を吹き返していた。だがその先に、彼らの存立基盤を揺るがす可能性のある自動車による自動運転技術の急速な発展が、その姿を明確にしつつあった。大学のキャンパスでも自動運転技術の未来は、ディスカッションの格好の的であった。

　ミシガン大学は、全米における自動運転技術の有力な研究中心の1つであり、キャンパスには人工都市がつくられ、そのなかで自動運転のさまざまな実験が繰り返されていた。日本のトヨタも、アナーバーに自動運転をつかさどる人工知能の研究開発拠点を開設し、同じく自動運転技術の開発に注力するgoogleも、手狭になった市中心部のオフィスから郊外に開発した巨大な「キャンパス」に拠点を移し、大拡張しつつあった。製造業の典型である自

動車産業が根本的に変わりつつある姿を目の当たりにして、大きな知的刺激を受けた。しかも、脱炭素化とデジタル化の波に洗われる製造業の変化は自動車産業だけでなく、すべての産業領域に及ぶことは明らかで、その根底にある資本主義のあり方についても考察を加えなければならないと考えるようになった。それが、拙著『資本主義の新しい形』の構想に至るきっかけである。

　もっとも当時、米国ではリアリティをもって議論されていたこれらのテーマも、2015年時点の日本では真剣に議論されておらず、資本主義の根本的変化についての書物を出版しても、読者に十分受け止めてもらえないのではないかとの懸念もあった。しかし出版してみて思ったのは、時代の変化のほうが早いということだ。もうこの書物の記述すらも古くなってしまうぐらい世の中の変化は早く、日本でも遅ればせではあるけれども、着実な変化が起きている。本書も日本経済の変化に対して、少しでも積極的な貢献ができればと思う。

　以下ではまず、本書の内容に基づいて米国を中心とした先進資本主義国経済で20世紀末から現在までの約30年間に何が起きたのか、それに対して日本経済はどう対応し、あるいはしきれなかったのかを論じる。それを受けて、脱炭素化と経済／産業の関係に焦点を当て、脱炭素化が単なる温室効果ガスの排出削減問題にとどまらず、産業構造転換を通じて日本経済がどのように新たな成長モデルを獲得するかという課題に直面していることを強調することとにしたい。

## 10.2　過去30年間の資本主義の変化──「非物質化」

　先進国経済が低成長時代に入ったといわれて久しい。その特徴として議論されてきたのが、いわゆる長期停滞の問題である。これは、主として米国を対象として行われていた議論だが、背景には民間投資の停滞があり、成長率

の低迷がある。中央銀行による量的緩和政策の影響もあって、金利はかつてないほど低下している。こうした状況は米国や日本だけでなく、大なり小なり世界的に先進国に共通する傾向である（もっとも直近ではインフレ傾向が鮮明となり、金利が上昇、スタグフレーションが懸念されるようになっている）。

　よく知られているように企業の利益剰余金、いわゆる内部留保が2000年頃を境に急増したのも、それ以前と異なる現代資本主義の大きな特徴である（図表10−1参照）。なかでも当面は使途の決まっていない現預金が2000年以降、増大し続けるようになった。これは、企業が投資を控えていることと深い連関がある。このトレンドは、コロナ禍でさらに加速している。先進国経済に共通してみられる現象だが、かつて企業は経済の投資部門だったのが、貯蓄部門に変わってしまったのだ。

　図表10−2は、減価償却と設備投資の推移を示している。投資がずっと低迷をしていて減価償却を下回るか、あるいは若干それを上回るぐらいの投資しか行われておらず、資本ストックの伸びがきわめて緩やかだという構図は、少なくとも2020年、2021年までは基本的に変わっていない。この背景には、日本企業が人口減少でマーケットが縮小していく日本国内ではなく、海

図表10−1　日本企業における利益剰余金、現預金の推移

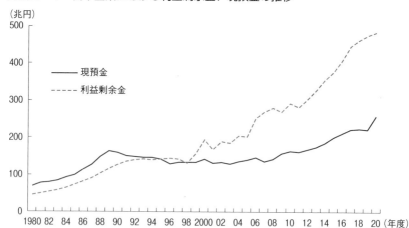

注：全産業（除く金融業、保険業）ベース。
出所：財務省『法人企業統計調査』より筆者作成。

図表10－2　設備投資額と減価償却費の推移

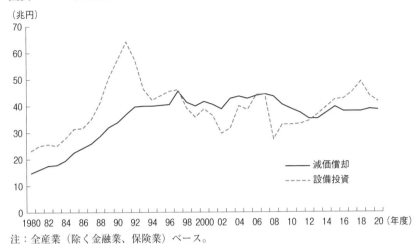

（兆円）

注：全産業（除く金融業、保険業）ベース。
出所：財務省『法人企業統計調査』より筆者作成。

外で投資をするという状況を示している。

　では、日本企業は利益をどのような使途に用いているのか。図表10－3か
ら読み取ることができるのは、2000年以降に配当金支払と内部留保が大きく
伸びている点だ。これは、2000年前後に生じた日本企業のガバナンスをめぐ
る大きな環境変化も、影響を与えたと考えられる。つまり2000年以前は、日
本企業は配当支払を比較的抑えてきたが、企業統治において株主の力を高め
るさまざまな改革が行われたことで、利益剰余金から配当が優先して支払わ
れるようになった。そのうえでなお資金が余ったら、内部留保に回すという
企業行動が、この図から読み取れる。

　ところで、どうして投資が停滞し、内部留保が伸びるのか。企業は投資を
行う必要がなくなったのだろうか。1つの説明は、先述のように投資を行う
としても、国内ではなく海外で行う傾向が強くなってきたからだ、というも
のである。もう1つの説明は、物的な意味での投資がもはや大きく伸びる状
況ではなくなってきた、というものである。つまり、先進国では産業の中心
が製造業からデジタル化したサービス産業に移ったために、工場や物流網な

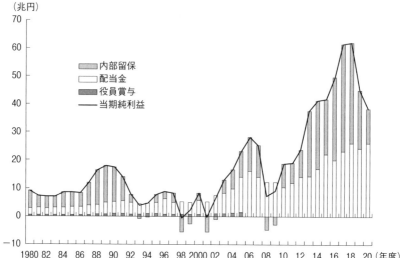

図表10-3 日本企業における当期純利益処分の推移

（兆円）

凡例:
内部留保
配当金
役員賞与
当期純利益

1980 82 84 86 88 90 92 94 96 98 2000 02 04 06 08 10 12 14 16 18 20 (年度)

注：全産業（除く金融業、保険業）ベース。
出所：財務省『法人企業統計調査』より筆者作成。

　どへの物的投資の必要性が大きく低下したのだ。

　他方、GAFAなど大手デジタル企業は、巨大な規模の研究開発投資で日本企業を圧倒している。ただし、彼らの投資の概念は製造業とは異なっている。ファブレス企業となったAppleがその典型だが、自分たち自身は、ものづくりはしない。そのかわりデザインだとか、ビジネスモデルだとか、知的財産だとか、無形資産の形成にかかわる研究開発投資に特化している。日本企業はこの無形資産投資で劣後していることが、投資低迷の重要な要因となっている。

　こうしたトレンドを筆者は、「資本主義の非物質化」と名付けている。つまり有形資産を用いてものづくりで儲けるという19世紀以来の古典的な資本主義の姿が、徐々に先進国では成り立ちにくくなってきた。価値の源泉はもはやハードではなく「手で触れられないもの」（"intangibles"）、つまり無形資産にその中心が移行しつつある。仮に、私たちが買おうとしているものがモノであったとしても、その価値は素材や、モノとしての機能に宿っている

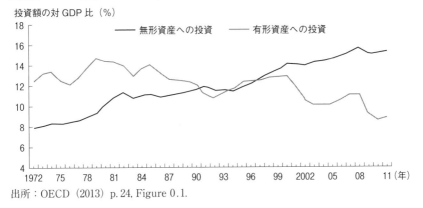

図表10－4　米国における無形資産投資と有形資産投資の対GDP比推移

出所：OECD（2013）p. 24, Figure 0.1.

のではなく、それがもつ非物質的な要素（たとえばデザイン、ブランド価値など）に宿っている。これは、私たちがショッピングなどの際に日常的に経験することだ。

　本当に「資本主義の非物質化」など起きているのだろうか、との疑問を読者はもたれるかもしれない。しかし、資本主義の動向を決定づける投資が「無形化」していることは、米国経済に関する統計に明瞭に現れている。図表10－4の右肩下がりの色の薄い実線は有形資産の投資の推移（対GDP比）を示し、逆に、右肩上がりの色の濃い実線は無形資産投資の推移（対GDP比）を示している。

　両者は1990年代半ばに比率が逆転し、以後、無形資産がどんどん優勢になっていることがわかる。ここでいう無形資産には、情報化資産（パソコン、コンピュータ機器などのハードとソフトウェアの両方）、研究開発投資、企業特殊的な資源（人的資本、組織資本、ブランドなど）が含まれる。

　日本はといえば、残念ながらというべきか、米国のような有形資産投資と無形資産投資の逆転現象は起きておらず、無形資産投資は低迷したままだ。無形資産投資の遅れは、経済成長の遅れにつながる。なぜなら、GAFAをはじめ経済を牽引する企業はみな、莫大な無形資産に投資をしており、それに投資しないということは成長できないことを意味するからだ。

　なぜ日本は無形資産経営に移行しないのか。根本的には、有形資産を中心とした経済から、無形資産を中心とした経済へと経済構造が大きく変化したことへの日本企業の認識が決定的に遅れたことが大きい。物的な製品からデジタル化されたサービスに経済的価値の源泉が移ったことへの認識も遅れたし、当然、無形資産経済において「何に投資すべきか」を問い直す必要があったにもかかわらず、それを怠ったことが投資停滞の大きな原因になっていると考える。この変化に対応して、ビジネスモデルや会社の組織構造も変えねばならなかったはずだが、それも完全に遅れてしまった。

　日本企業はそうこうしているうちに競争優位を失っていったのだが、もともと日本は製造業に強みがあるのだから、それを活かしながら経済の非物質主義的な展開に対応する日本独自のアプローチ方法を見つけることができていれば、日本経済はもう少し違った展開になっていたかもしれないと思う。

　日本企業は、外部環境の変化に対して1990年以前は欧米企業よりも迅速に、かつ優れた対応能力を示していた。たとえば1970年代の石油ショックの際は、他国に優る圧倒的な省エネを実現し、労使協調によって賃金上昇率を抑制して高インフレ経済をうまく乗り切ったことで、1980年代にその国際競争力は頂点に達した。

　こうした日本企業の優れたパフォーマンスは、高い技術力に支えられていた。自動車産業による排気ガス規制対応は、そのあまりにも有名なエピソードの1つである。1970年に米国でマスキー上院議員が自動車の排ガスをそれ

までの10分の1に規制する「マスキー法」を議会に上程したことは、日本の自動車メーカーにとっても大きな脅威となった。米国への輸出に影響が出るだけでなく、そもそも、日本でも同等の規制を求める声が強まったからだ。結果、米国では経済への悪影響が大きすぎると法案の成立が見送られたのに、日本では規制が実行されることになった。

　日本の自動車メーカーは規制をクリアーするための研究開発を強いられ、日本車はコスト高になりかねない。常識的には、日本企業にとってこれは、マイナスの影響を及ぼしうる。ところがこの規制は反対に、日本企業の競争力を高めることになった。ホンダをはじめとする日本企業はこの規制水準をクリアーする触媒装置を開発、世界に先駆けてそれを装着した自動車の発売にこぎつけた。

　もちろんコスト高となったのだが、日本企業はさらに燃費向上の技術開発を進め、排気ガスのさらなる低減を実現した。これはドライバーにとって、ガソリン代の負担抑制につながる。石油ショック後のガソリン価格高騰の時代にあって、日本車が世界を席巻していく大きな要因として、日本車の燃費のよさがあげられている。実際、米国市場では「ガソリンがぶ飲み」とも称される米国車に比して、燃費パフォーマンスのよい日本車は米国の消費者にも歓迎されていく。

　ここに、日本企業の危機認識の強さ、規制強化という脅威に対して逃げずに正面から取り組む真摯さ、そして実際に基準達成を成し遂げてしまう技術力の高さを見出すことができる。これらの要素は、自動車産業だけでなく他の産業領域にもみられる、1990年代以前の日本企業の強さの源泉だったのではないか。

## 10.4 「脱炭素化」と「デジタル化」に正面から向き合う

　いつの時代も、外部環境の変化を正しく認識し、強い危機意識をもってそ

の変化に対処して自らの競争力を高める企業が、結果として市場で勝利する。変化を正しく認識できなかったり、認識していても対応しなかったり、あるいは対応が遅れる企業は、当然のことながら市場で劣後していく。拙著『資本主義の新しい形』では、経済の非物質化の具体的表れとして「脱炭素化」と「デジタル化」を位置づけた。

　脱炭素化とデジタル化への対応に日本企業が遅れたこと、1990年代以降に日本企業の国際競争力が低下し、日本経済を生産性でみたときに、その国際的順位が下落の一途をたどっていること、これらはほぼ同時並行的に起きているが、相互に深い連関があるとみるべきだろう。これは、外部環境の変化を正しくとらえられず、あるいはとらえても真摯に対応すべき危機として認識されなかったことが、日本企業の対応の遅れにつながっていく。いまやデジタル化と脱炭素化が、日本企業の競争力に直結する課題であることを認めない人はほとんどいないであろう。

　過去30年間の日本経済の成長と脱炭素化の関係を客観的に示したのが図表10-5である。この図は、1995年以降の主要先進国の炭素生産性の推移を示している。これは、GDP／付加価値を炭素投入量（$CO_2$排出量）で割った値である。つまり「1トンの$CO_2$を出すかわりにあなたはどれぐらい価値をつくりだせているのか」を問う指標だ。この指標は、高ければ高いほどよい。そのためには経済成長するか、あるいは$CO_2$の排出量を削減するか、あるいはさらに、その両方を同時に実行しなければならない。

　図表10-5は、日本の炭素生産性指標が1995年以降、ほとんど上昇していないことを示している。これに対して、1995年時点では日本に劣後していた欧州諸国はその後、継続的に炭素生産性を改善し続け、1990年代後半に次々と日本を抜き去っていったことがわかる。

　欧州は基本的に、冷戦終結を受けて1990年代以降、本格的に気候変動問題への取組みを強化する。したがって1990年代前半までは、1970年代の石油ショックを乗り切った日本のほうが優れたパフォーマンスを示していた。ところがその後、日本の気候変動問題への取組みが停滞し、さらに経済成長も低迷したことで、その炭素生産性はほぼ横ばいとなった。むしろ欧州は2010

図表10-5　主要国第二次産業の炭素生産性の推移（当該年為替名目ベース）

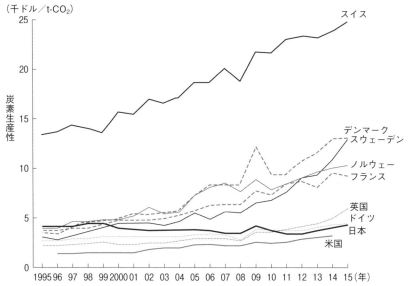

出所：環境省（2018）「カーボンプライシングのあり方に関する検討会」取りまとめ参考
　　　資料集、スライド61枚目。

年代に入ってさらに躍進し、「脱炭素経済」の構築を明確に目標に掲げて着
実な成果をあげつつある。

　これまでの「常識」では、気候変動対策を強化すると、省エネなどの対策
コストがかさみ、企業にとってはコスト増となるのでその競争力は阻害され
るとされてきた。経済成長も下押しされることになる。しかし現実はその逆
で、むしろ炭素税や欧州連合域内排出量取引制度（EU ETS［European
Union Emission Trading System］）を導入して気候変動対策を一貫して強化し
てきた欧州諸国のほうが日本経済よりも大きく成長し、「デカップリング」、
つまり経済成長と$CO_2$排出削減の同時達成を実現できている。これは、欧州
経済が21世紀型の脱炭素経済に移行しつつあるのに対し、日本経済は依然と
して排出増を伴わずに成長することができない20世紀型経済構造のままであ
ることを示唆している。

　図表10-6は、脱炭素化（ここでは実効炭素価格）と投資の関係を示して

## 図表10－6　脱炭素化と投資―実効炭素価格と投資の関係

### 1人当たり総資本形成と実効炭素価格との関係（2012）

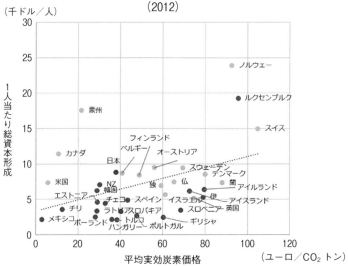

### 1人当たり知的財産生産物形成と平均実効炭素価格との関係（2012）

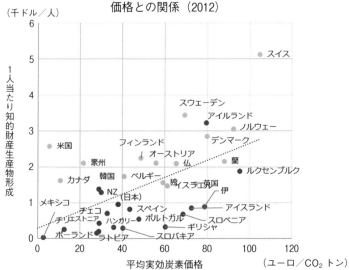

出所：両図表とも OECD（2016）*Effective Carbon Rates: Pricing CO₂ through Taxes and Emissions Trading Systems*, OECD Statistics より環境省作成。

いる。実効炭素価格とは、炭素税やエネルギー税、あるいは欧州連合域内排出量取引制度など、化石燃料の使用による$CO_2$排出にかかってくるあらゆる経済的負担を合計し、それを各国の$CO_2$排出量で割ったものである。つまり、$CO_2$の排出１単位に対して各国でつけられている価格だといえよう。一般に、脱炭素経済に向けてカーボンプライシングなどの政策措置が導入されると、実効炭素価格は上昇する傾向がある。

これも、常識的には実効炭素価格が上昇すると、投資に悪影響を与えるとこれまでは理解されてきた。日本の鉄鋼など素材産業部門の主張もまさにそうだが、炭素税などが導入されると、その支払のために投資の原資が奪われるというのだ。だが図表10−6は、投資と実効炭素価格の関係がそう単純ではないことを示している。

最初の図は、実効炭素価格が高いほど、１人当り総資本形成（有形・無形資産への投資）が上昇するという相関関係が示されている。２番目の図は、やはり実効炭素価格が高いほど、１人当りの無形資産投資は上昇するという相関関係が示されている。しかも、無形資産投資のほうが総資本形成よりも、実効炭素価格とより強い相関関係が示されている点が興味深い。

客観的なデータからいえるのは、「常識」とは異なって、気候変動対策の強化が必ずしも投資を抑制するわけではないということだ。この図はあくまでも「相関関係」を示すものであって、「因果関係」を示すものではない。したがって「炭素価格が高いほど投資は促進される」と解釈するのはミスリーディングである。だが、少なくともカーボンプライシングの強化が投資を抑制するわけではないとの知見は、今後の政策論議や経済のあり方を考えるにあたって重要な示唆を与える。

この図から読み取れるのは、脱炭素化と投資に関する次のような関係であろう。おそらく、実効炭素価格の上昇にみられるカーボンプライシングの強化は、省エネや再エネへの投資を促す。それだけでなく、エネルギー集約型の事業構造や産業構造からの脱却を促すことになる。カーボンプライシングの強化が進んだ1990年代以降は、上述したように経済の非物質化が進展し、デジタル技術によるイノベーションと無形資産の台頭によって特徴づけられ

る。その背後にあるのは、無形資産への投資の顕著な増大である。

　つまり、こうした事業構造転換や産業構造転換により、主要先進国の産業構造において素材産業からより付加価値が高く、$CO_2$排出の少ないデジタル化されたサービス産業への移行が起こり、その転換を実行するために盛んに投資が行われたと考えることができる。こうした動きは、脱炭素化とは無関係に進展したのだが、実効炭素価格の上昇が、そうした転換を後押しした可能性がある。これは結果として、経済構造の脱炭素化を推し進め、デカップリングの実現におおいに寄与したと考えられる。問題は、日本企業でこうした転換が起きなかった、あるいは積極的に起こそうとしなかった点にある。次に、その実態をデータに基づいて、より詳しくみてみたい。

## 10.5 $CO_2$を大量排出する素材産業は利益をあげられていない

　産業構造転換の遅れは結局、日本企業の利益率の低さに直結する。ちょっと前までの常識では、気候変動対策に費用をかけるほうが、利益率は低くなると信じられていた。日本は欧州に比べて本格的なカーボンプライシングの導入を避け、構造転換を先送りしてきたので、その点での追加費用負担は低かったはずだ。では、それで高い利益率を誇っていたのかというと、事実は逆である。

　図表10－7は、日本の製造業における炭素生産性と利益率の関係を図にプロットしたものである。図の横軸には炭素生産性、縦軸には利益率（ROA）がとられている。右上の第1象限は、炭素生産性が高く、かつ利益率も高い領域を示している。これとは対照的に左下の第3象限は炭素生産性が低く、かつ利益率も低い領域を示している。

　図で十字に描かれた太実線は、それぞれの指標における製造業平均がどこにあるのかを示している。ここから、第1象限に位置するのは製造業では自動車産業（「輸送用機械器具製造業」）であることがわかる。

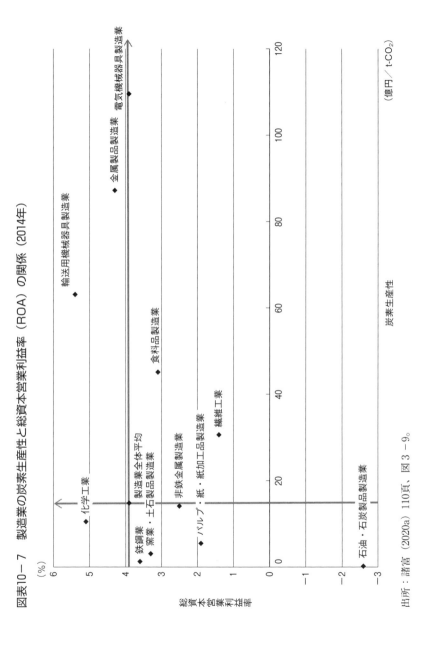

図表10-7 製造業の炭素生産性と総資本営業利益率（ROA）の関係（2014年）

出所：諸富（2020a）110頁、図3-9。

第2象限には化学工業（製薬産業を含む）が位置する。その炭素生産性は低いものの、利益率は高いことがわかる。これに対して、第3象限に位置する鉄鋼、窯業・土石、パルプ・紙・紙加工品製造業、石油・石炭製品などの産業はいずれも、日本の$CO_2$大量排出上位11業種に属するが、その炭素生産性でみたパフォーマンスが低いだけでなく、その利益率が製造業平均レベル以下である点に特徴がある。特に、石油・石炭製品製造業は、その利益率がマイナスに沈んでいる。

　カーボンプライシングの導入を避け、マイルドな気候変動政策しか実行してこなかったのは、まさにこれらの産業に打撃を与えないためであった。だがその実態は、製造業の他の領域と比べても、利益率で大きく劣後する状態であることが明らかとなった。こうして負担をかけないよう配慮し、産業保護を行ってきた結果がこのパフォーマンスだとすれば、はたしてこれまでの政策は有意味だったと評価してよいのだろうか。これらのセクターに脱炭素を求めないことが、必ずしも日本経済の向上につながらないのであれば、いまや政策転換が必要なのではないか。つまり産業保護にそろそろ終止符を打ち、脱炭素化を求めるとともに、利益率の向上に向けてプレッシャーをかけるべきではないのか。筆者は、その役割こそカーボンプライシングが担うべきだと考える。

## 10.6 カーボンプライシング導入による産業構造の転換

　図表10-8は、カーボンプライシングの導入が産業構造の転換を促すメカニズムを示している。カーボンプライシングは、経済学的には経済学者ピグーの主著『厚生経済学』（1920年）にその理論的起源をもつが、基本的には$CO_2$の排出削減を費用効率的に実行するための政策手法として理解されてきた。この点はもちろん、いまも変わらない。

　だが、1990年代以降、カーボンプライシング導入で約30年間の経験と知見

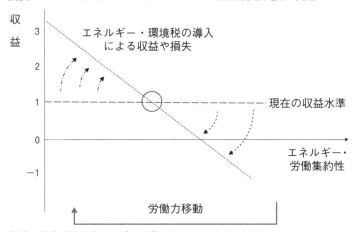

図表10−8　カーボンプライシングによる産業構造転換の促進

出所：諸富（2020a）216頁、図終−6。

の蓄積が進むなかで、それが時間をかけてイノベーションを促しつつ、産業構造の転換を促し、デカップリングを実現する潜在的可能性をもつことが明らかになってきた。これは、カーボンプライシングの新しい論点である。では、いったいどういうメカニズムで、カーボンプライシングが産業構造転換の促進という機能を発揮するのだろうか。それを示したのが図表10−8である。

　図の横軸にはエネルギー集約性、汚染集約性（生産1単位につきどれだけエネルギーを消費／汚染を排出するかを示す指標）をとり、縦軸には利益率がとられている。カーボンプライシングが導入されていない状態では、横軸のエネルギー・汚染集約性にかかわりなく、どの企業も一定の利益率を達成している（図の点線で示される「現在の収益水準」）。ところが、カーボンプライシングが導入されると、エネルギー／汚染集約度の高い、つまり$CO_2$排出水準の高い企業はより大きな負担を負うことになり、その収益水準は押し下げられることになる。図表10−8ではこの変化を、点線の回転で示している。

　ここではあがってきた炭素税収を、なんらかのかたちで産業に還流させることを想定している。したがって、図の丸印を起点として右側の産業は、

### 図表10－9　主な炭素税導入国の水準比較

○多くの炭素税導入国において税率の顕著な引上げが行われている。
○また、フランスでは、中長期的に大幅な炭素税率の引上げが予定されている。
○我が国の地球温暖化対策のための税の税率は、2016年4月に最終税率の引上げが完了
　したが、諸外国と比較して低い水準にある。

### 主な炭素税導入国の税率推移及び将来見通し

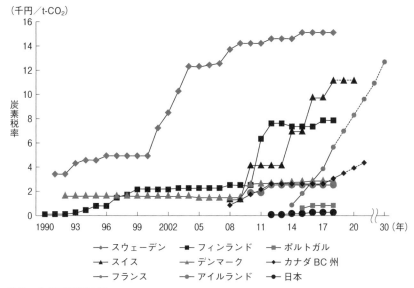

出典：みずほ情報総研
注1：税率が複数ある国については、フィンランドは輸送用燃料の税率（2011～2017年）、
　　　スウェーデンは標準税率（1991～2017年）、デンマークは標準税率（1992～2010年）
　　　の税率を採用（括弧内は税率が複数存在する期間）。
注2：為替レート：1CAD＝約88円、1EUR＝約127円、1CHF＝約117円、1DKK＝約17
　　　円、1SEK＝約13円（2015～2017年の為替レート（TTM）の平均値、みずほ銀行）。
出所：環境省（2018）『諸外国における炭素税等の導入状況』（平成30年7月）より引用。

　カーボンプライシングの負担増のほうが還流額よりも大きいので、利益率は
下方に押し下げられるのに対し、丸印よりも左側の産業は、カーボンプライ
シングの負担増のほうが還流額よりも小さいので、逆に利益率は押し上げら
れることになる。結果、収益水準を示す点線は丸印を中心に時計回りに回転
する。

利益率が悪化し、場合によっては赤字に陥ったエネルギー・汚染集約性の高い産業は、その事業構造を入れ替えて脱炭素化を図って生き残るか、あるいは事業縮小を迫られる。これに対して汚染集約度の低い企業は、逆に収益性が増して事業を拡大することが可能になる。エネルギー・汚染集約企業から放出された労働者は左側の産業へ移動し、$CO_2$排出が少なく、利益率のより高い産業が拡大することになる。こうして産業構造の転換が促進され、結果的に経済全体の炭素生産性が高まることになる。これがまさに、カーボンプライシングの新しい役割である。

　ところが、日本のカーボンプライシング（ここでは炭素税＝温暖化対策税）の水準を国際比較のなかで位置づけた場合、それが著しく低い状態にあることは、もはや覆い隠しようがない（図表10-9）。これは、$CO_2$大量排出業種の産業保護の観点からは正当化されたかもしれないが、結果としてこれらの産業のイノベーション停滞の一因となったばかりか、産業構造転換が進まず、日本の産業構造が20世紀型のそれにとどまり、結果として生産性でみた国際順位がどんどんと落下していく背景要因の１つとなっている点はもはや、見過ごせない。

## 10.7　EUによる素材産業の脱炭素化支援

　欧州は、さらに先に進んでいる。2050年カーボンニュートラルを実現するうえで、カーボンプライシングだけでは間に合わないと判断したEUは、積極的に素材産業の脱炭素化への支援にかじを切った。

　リーマンショック後、長らく低迷していたEU ETSの価格水準は急速に回復し、上昇基調にある。ただ、それでもトン・カーボン当り80ユーロの水準では、素材産業の脱炭素化を促進するには十分な経済的動機にはならない。なぜなら、たとえば鉄鋼産業を脱炭素化するために必要な技術として水素還元法を採用すると、そのコストはトン・カーボン当り100ユーロを超えてし

まうからだ。このような価格体系のもとでは、経営者は自ら脱炭素化に取り組むよりもカーボンプライシングの価格を支払ったほうが、負担が小さいと判断してしまう。

　そこでEUは、次の政策手段で素材産業の脱炭素化支援を打ち出している。第一は、欧州委員会が公債を発行して調達した財源で、投資補助金を素材産業に支出して、脱炭素製法の導入を促すことである。第二は、そうして製造された脱炭素製品を、公共事業の際に優先的に落札させるグリーン公共調達の仕組みである。第三は、それでも高価な「グリーン水素」などの脱炭素戦略製品については、「炭素差額決済」という仕組みを用いて、なんらかの公的な枠組みで買取り保証を準備することで、民間企業が腰を据えて研究開発と商品化にまい進できるよう支援する。第四が「炭素国境調整メカニズム」である。これは、欧州と同水準の炭素価格を課していない国・地域からの炭素集約型製品から、脱炭素化に取り組む欧州企業を守るために設けられる措置で、ある種の関税といってよい（European Commission 2021）。

　素材産業の脱炭素化はもはや、夢物語ではない。スウェーデンの鉄鋼メーカーは、水素還元製鉄の実用化を2035年に成し遂げ、2045年に商用化するスケジュールを公表している。そして近い将来、水素還元製鉄を日本に輸出し、対応が遅れる日本の鉄鋼メーカーから日本の製造業の鉄需要を奪うことまで視野に入っている[1]。日本の素材産業の対応が遅れると、欧州勢に日本企業の需要を奪われ、欧州市場からは締め出されることになりかねない。彼らが何をすべきかは、もはや明らかであろう。

## 10.8　スウェーデンのデカップリングから何を学べるか

　本章の結論として、日本の脱炭素型経済成長の可能性を検討することにし

---

1　「スウェーデン、製鉄革命で$CO_2$ゼロ挑む」（日本経済新聞2019年 9 月 2 日朝刊）、「水素で製鉄、欧州大手SSABが鋼材供給　$CO_2$大幅減」（日本経済新聞2022年 5 月24日朝刊）。

図表10-10　日本、米国、スウェーデンの実質経済成長率の推移

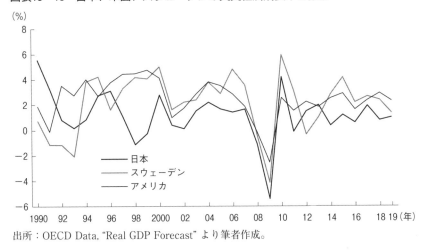

出所：OECD Data, "Real GDP Forecast" より筆者作成。

　よう。検討にあたってまず、スウェーデンの過去30年間の経済パフォーマン
スから得られる知見を紹介したい。スウェーデンは福祉国家として有名だ
が、その経済実績は日本よりはるかによい。図表10-10に示されているよう
に過去30年間、1990年代初頭のバブル崩壊や2010年代初頭の欧州債務危機な
ど一部の時期を除き、ほぼ全期間にわたって日本よりも高い成長率を記録し
ている。また、スウェーデンの賃金水準は過去30年間上昇し続け、同期間に
賃金がまったく上昇しなかった日本は、そのはるか後塵を拝している。

　$CO_2$排出削減に関しても同様だ。国際エネルギー機関（IEA）のデータを
用いて1990年を起点とし、2017年と比較してみよう。1990年のGDPを100と
すると2017年の日本のGDP指標は131なのに対し、スウェーデンは177と日
本を大きく上回っている。他方、1990年の$CO_2$排出量を100とすると、2017
年の日本の$CO_2$排出量指標は108と増えてしまっているのに対し、スウェー
デンは72と逆に大きく減らすことに成功している。ここからわかるように、
スウェーデンはデカップリングを達成しているのに対し、日本は成長すれば
それにつれて$CO_2$も増えてしまう20世紀型の経済構造のままである。

　常識的には福祉国家は政府支出の規模が大きく、税負担は重くなるため

（スウェーデンの付加価値税率は25％！）、経済実績はそうでない国を下回りそうだ。また、環境政策に熱心に取り組む国は、そのためのコスト負担が重くなり、成長率を押し下げそうである。ところが、スウェーデンと日本の比較からわかるのは、福祉国家であり、環境政策に熱心なスウェーデンのほうが成長率が高く、賃金もはるかに上昇し続けているという現実だ。なぜ、こうしたパラドックスともいうべき事態が起きているのか。

その秘密は、産業の新陳代謝が盛んな点にある。スウェーデンは伝統的に製造業が強く、GDPに占める製造業比率は日本とほぼ同等だ。他方でスウェーデンは、起業が盛んで家具販売のIKEA、ファストファッションのH＆M、音楽配信のSpotifyなど、新興グローバル企業を次々と生み出している。企業の新陳代謝を促して、低付加価値産業には退出を促し、高付加価値へと人と資源をシフトすること、それを促進する戦略的な経済政策を採用していることが生産性を高め、成長率を底上げすることにつながっている。

## 10.9　日本の脱炭素型経済成長に向けて

現状ではこのように、スウェーデンのはるか後塵を拝している日本だが、同様にデカップリングを実現することはできるのだろうか。「それは可能だ」というのが筆者の答えである。そのエビデンスとして、筆者が代表を務める京都大学再生可能エネルギー経済学講座と英国のケンブリッジ・エコノメトリクスによる共同研究の結果を示したい。

この研究では、ケンブリッジ・エコノメトリクスのマクロ計量モデル（E3MEモデル）を用いて、2050年カーボンニュートラルに向けた炭素税が日本経済に及ぼす影響を分析した。その結果を示したのが、図表10-11である。

この図は、炭素税が導入される2021年から2050年にかけて、日本のGDPがレファレンスシナリオからどのように乖離するかで、政策の経済的な影響を示している（乖離のない場合は0.0％となる）。ここからわかるように、炭素

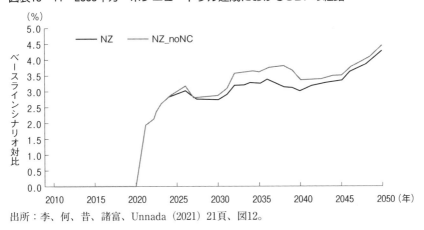

出所：李、何、昔、諸富、Unnada（2021）21頁、図12。

税の導入で炭素中立に向かうことにより、GDPはそうでない場合よりも3.0
〜4.5％上昇する。これは、①炭素税が脱炭素化投資を誘発するほか、②雇
用拡大による賃金上昇が消費を刺激し、その効果がエネルギーコスト上昇に
よる消費抑制効果を上回ること、さらに、③化石燃料の輸入が抑えられるこ
とで貿易収支が改善すること、以上３つの要因による。

　しかも驚くべきことに、「原発なし」シナリオ（図表10−11のNZ_noNC）の
ほうが、「原発あり」シナリオ（図表10−11のNZ）よりも高い成長率を達成
すると予測されている。これは、原発の代替電源としての再エネによる発電
コストが十分に下がるほか、原発フェーズアウト（段階的廃止）による投資
縮小効果を、再エネ拡大による投資拡大効果が上回るためである。

　以上が、本研究による結果の主要ポイントである。2050年にカーボン
ニュートラルという高い目標を実現するため、炭素税率は高い水準に上昇せ
ざるをえず、経済に悪影響を及ぼすと予想されたが、われわれの事前想定に
反するかたちで、むしろそのほうが成長は促進されるとの結果が得られた。
この結果は、各国で実現しているデカップリングが決して偶然の産物でない
ことを示すエビデンスとなりうる。また、「なぜ実効炭素価格が高いと投資
が大きくなるのか」という問いに対して有力な回答を提供できる点でも意義

深い。

　われわれはそろそろ、「カーボンプライシングの導入＝経済にマイナス」というこれまでのステレオタイプな物の見方から解放されるべきだろう。「環境か経済か」の二項対立的な議論から脱却し、カーボンプライシングをうまく活用して$CO_2$を削減しつつも成長する、新しい経済発展にどう導くべきか、建設的な議論を開始すべき時期にきているのではないだろうか。

[参考文献]

諸富徹（2020a）『資本主義の新しい形』岩波書店。

諸富徹（2020b）「『グリーンディール』から『緑の産業政策』へ－気候中立を目指す欧州の気候変動政策－」『RESEACH BUREAU　論究』第17号（2020年12月）、10－24頁（http://www.shugiin.go.jp/internet/itdb_rchome.nsf/html/rchome/Shiryo/2020ron17.pdf/$File/2020ron17.pdf）。

李秀澈・何彦旻・昔宣希・諸富徹・Unnada Chewpreecha（2021）「日本の2050年カーボンニュートラルの実現がエネルギー構成及びマクロ経済へ与える影響分析－E3MEマクロ計量経済モデルを用いた分析」京都大学大学院経済学研究科再生可能エネルギー経済学講座ディスカッションペーパーNo. 32。

European Commission（2021）. *Proposal for a Regulation of the European Parliament and of the Council Establishing a Carbon Border Adjustment Mechanism*, COM（2021）564 final.

OECD（2013）. *Supporting Investment in Knowledge Capital, Growth and Innovation.*

第 11 章

# インパクト投資：
# 社会・環境課題解決型資金の流れ

安間　匡明

　わが国でも、「インパクト投資」が脚光を浴びている。しかし、それはまだこの２年ぐらいのことである。

　2020年８月になって初めて、日本経済新聞（以下、日経）の経済ナレッジバンクに「インパクト投資」という言葉が追加された。１年後の2021年８月に、日経は「インパクト投資に広がり、看板倒れを防止」と題して、「ESG（環境・社会・企業統治）投資の中で、投資先の企業を通じた環境や社会への貢献度を測定・開示する「インパクト投資」が広がっている」と報じた。この頃から、主要な国内メディアがインパクト投資を取り上げ始めている。2021年11月には、日経文庫から『インパクト投資入門』（須藤奈応著）が発売される。2022年になると、２月に日経は４回の特集記事を組み、その初回[1]において「「Beyond ESG（ESGの先）」といわれるインパクトファイナンスが広がりをみせている。企業の環境や社会、ガバナンス（統治）への取り組みを「考慮する」ESG投資に対して、投資や融資を通じて環境や社会問題の「解決を目指す」のがインパクトファイナンスだ。ここ数年でインパクトを重視する投資家の裾野は広がり、こうした資金の提供を受け新規上場を目指す企業も出てきた」と報じた。ここでの注目は、ESG要素を「考慮」するから、「課題の解決を目指す」という変化である。ESG投資において企業や金融機関は、環境・社会に対するネガティブな影響を削減し、ポジティブな影響を増やすように自らの投資行動に配慮はしているが、自らの投資行為の目的あるいは責務として環境・社会の課題の解決を目指しているわけではない。課題解決そのものを目指すインパクト投資はその意味でESG投資よりも課題の解決に踏み込んでいる。

---

1　「目指すはソーシャルIPO　起業家たちの挑戦」（日本経済新聞2022年２月７日朝刊）。

　そもそもインパクト、インパクト投資とは何か。なぜインパクト投資が注目されるのか。インパクト投資をめぐる世界や日本の市場の動向はどうなっているのか。

　インパクト投資（impact investing）という言葉は、2007年に米国のロックフェラー財団がイタリアのベラジオで主催した会議で初めて生まれたとされる。これに対して、ESG投資の起源は、国連が支持する責任投資原則（PRI）が発足した2006年にさかのぼるが、その1年後にインパクト投資は生まれたことになる。一方、インパクト投資の前には、それとは似て非なるものとしてSocially Responsible Investment（以下、SRI）と呼ばれる投資があった。しかしながら、SRIは金融の主流にはなりえなかった。一方で、SRIとインパクト投資は、明確に区別されている。SRIは、企業の社会的責任をふまえつつ、企業の行動や取組みを改善するものとしてとらえられていた。一方で、インパクト投資では、環境・社会課題の解決に対しより能動的な取組みが求められている。

　ニューヨークに拠点のあるインパクト投資推進の非営利組織であるGlobal Impact Investing Network（以下、GIIN）による現在の定義では、「インパクト投資とは、ファイナンシャルリターンとともに、社会・環境に関してポジティブで計測可能なインパクトを創出する意図をもって行われる投資である」とされる（図表11−1）。

　では、そもそも「インパクト」とは何か。インパクトとは、経済活動が環境・社会に与える影響（変化）である。変化には財務的な変化も含まれるが、むしろ、その他（非財務）の側面への影響のことを指している。影響には正と負の両方があり、外部不経済としての環境破壊・汚染、あるいは外部経済としての社会における相互の信頼関係の改善、格差の解消などがこれに該当する。インパクト投資は、負の影響を削減しつつ、より大きな正のイン

1．投資家にインパクト創出の意図がある
2．経済的リターンと社会的・環境的インパクト創出をともに目指す
3．広範なアセットクラスで適用される
4．インパクト測定と管理を行う

出所：GIINの下記ウェブサイトより筆者作成。
　　　https://thegiin.org/assets/Core%20Characteristics_webfile.pdf

パクトを創出しようとするものである。

　GIINは、この定義を補足するものとして、４つの要素をあげている。第一はインテンショナリティと呼ばれるもので、社会・環境に対してポジティブなインパクトを創出しようとする投資家の意思はインパクト投資にとって不可欠なものであるとしている。第二に、ファイナンシャルリターンの実現である。個々の投資家の期待に沿ったレベルのリターンの実現を求めており、投資家によりその水準は異なるものの、いかなる場合でも最低限、元本の償還は必須であるとしている。第三は、必ずしも定義といえるものではないが、インパクト投資に期待されるリターンの水準や投資対象となるアセットクラスは、幅広く多様なものである（あってよい）ことを掲げている。第四に、最も重要な特徴として、インパクト測定・マネジメント（Impact Measurement and Management：以下、IMM）をあげる。投資家は、投資によって創出されるインパクトを透明性と説明責任をもって計測して報告して管理することが求められ、同時にその事例の普及や拡大に努めることも期待されている。

　GIINは、さらにインパクト投資の中核的な特徴（Core Characteristics）として次の４要素を強調して説明する。「投資家のインテンショナリティ」「投資設計におけるエビデンス重視とデータの利活用」「インパクトのマネジメント」と「得られた知見の共有とインパクト投資産業の成長への貢献」である。GIINの意図に沿ってこれを意訳して説明すれば、投資家は、まず社会・環境に関する課題を解決しようとする明確な意図・目的をもとう（もつべきだと言い換えてもよい）。その意図・目的があれば、自身が期待するファ

イナンシャルリターンの実現と同時に、ポジティブなインパクトの実現とより大きなインパクトの創出に向けてプロアクティブ経営管理を行っているはずである。その前提として測定可能な指標やデータが不可欠となるはずであり、そうした透明性のある手法でインパクトを測定・報告しなければならない。そして、社会・環境課題の解決に向けてインテンショナリティのある投資家であれば、その好事例を他者と共有して、業界全体の発展に貢献できるはず、ということになる。

　このように、インパクト投資は、投資家が事業に投資をしたうえで、結果として生み出されているインパクトを事後的に計測モニタリングすれば足りるというものではない。より高いインパクトを求めて、投資家自らが、インパクトの創出に向けてマネジメントを行い、そこに追加性のある貢献をすることが求められている。資金使途を限定しただけの債券や、事業のアウトプットを測定・モニタリングするだけの金融商品とは異なる。このため、その設計内容にもよるが、多くのグリーンボンドやソーシャルボンドは、インパクト投資に必ずしも当てはまらない。

## 11.3　インパクト投資の種類・事例

　インパクト投資にはそのアセットクラスに応じて４つの種類がある。

　第一の類型は、未公開企業向け投資である。ベンチャーキャピタルやバイアウトファンドなどのファンドによる未公開企業向けの投資あるいは個別企業への直接投資である。一定のインパクトテーマを定めたうえで、ポジティブなインパクト創出を行える未公開企業向けに投資を行って、ハンズオンで企業価値向上に向けた支援を行うとともに、目標を定めて創出するインパクトの最大化を目指すものである。わが国でも、ベンチャーキャピタルのファンド投資において実例がある。新生企業投資がGeneral Partner（GP）を務める「はたらくファンド」は、少子高齢化、労働人口不足といった緊急の社

会課題に着目し、「働く人」を中心に据え、子育てや介護等のさまざまなライフイベントを経ながらも持続的に「働き続けられる」環境づくりと人材創出につき、投資の面からサポートし促進することを目的に、2019年に設立された。すでに７社に投資を行っており、今後のEXITが期待されている。ほかには、リアルテックホールディングスが2021年４月に設立したディープテック系のインパクト投資ファンドや、環境エネルギー投資や三菱UFJ銀行が再生可能エネルギー事業を目的として設立したファンド、フューチャーベンチャーキャピタルが大阪信用金庫とともに設立した地域課題を解決する「おおさか社会課題解決ファンド」などがある。かかるインパクト投資では、リスクマネーの供与と経営関与を通じてファンド運営会社による濃厚・濃密な支援が行われ、創業期の単一事業によりイノベーション性の高いビジネスモデルを通じて、尖ったポジティブインパクト創出が追求できるため、比較的わかりやすいインパクト創出の実現が期待される。

　第二の類型は、上場企業株式を対象として行われるファンド投資（私募あるいは公募の投資信託）である。海外で著名なものとしては、ブラックロック社が2020年３月に設立した「Blackrock Global Impact Fund」がある。これは、世界の社会・環境課題の解決に貢献できる商品・サービスを提供する企業へのアクティブ投資を通じて、長期的なリターンの向上を目指した投資である。Materiality（事業活動の半分以上が社会・環境課題に直結して貢献する）、Additionality（他者が追随できないほどの圧倒的な課題解決力）、Measurability（インパクトの定量測定が可能である）の３つを基準に、世界で600社の投資対象のユニバースから、50社程度を選定して運用している。投資先には、エーザイやカチタスといった日本企業も含まれる。創出されるインパクトのモニタリングはもちろんのこと、単なるエンゲージメント活動にとどまらず、投資先企業の企業価値とインパクト創出に関してハンズオンでさまざまな経営上の助言・支援を行っている。海外では上場株式を通じたインパクトファンドは珍しくない。英国のベイリーギフォード社も、「ポジティブ・チェンジ」と呼ばれるインパクトファンドを運営し、わが国でも個人向けに販売されている。わが国おいても、2021年に、りそなアセットマネジメント

が運営する「りそな日本株式インパクト投資ファンド」、続いて、三菱UFJ信託銀行が運営するインパクト投資ファンドが設定されている。

　第三の類型は、融資を通じたものであるが、主なものとして２種類ある。１つは「ポジティブインパクトファイナンス」である。三井住友信託銀行や静岡銀行は、国連環境計画・金融イニシアチブ（以下、UNEP FI）が策定した「ポジティブインパクト金融原則」に基づいて、企業の生み出すインパクトを包括的（holisticなアプローチ）に分析したうえで、ネガティブインパクトの削減を含めて、重要なインパクト項目についてはKey Performance Indicator（以下、KPI）を設定し、管理・公表しながら、企業の価値創造プロセスを支援する。もう１つは、「サステナビリティリンクローン」（以下、SLL）と呼ばれるものである。Loan Market Association（LMA）が策定した「サステナビリティリンクローン原則」に基づき、社会・環境課題に関するKPI（Sustainability Performance Target：以下、SPT）を設定したうえで、借入人は当該ターゲットに向けて取り組むものである。特徴としては、SPTの設定はあるものの、グリーンボンドやソーシャルボンドとは異なり資金使途の特定や制限はない。一方では、義務ではないが、SPTの達成有無に応じて金利の引下げや引上げといった仕組み上のインセンティブが組み込まれていることも多い。SLLは、わが国のインパクト投資のなかで資金量のうえでは最も利用されているものといえる。2019年11月に三菱UFJ銀行が、日本郵船向けに行った500億円の融資が最初とされるが、2022年１月末までにすでに67件の融資が組成されている（環境省グリーンファイナンスポータルの「国内におけるサステナビリティリンクローン組成リスト」参照）。大手銀行に加えて、滋賀銀行、中国銀行などの地方銀行も金額が比較的少額のものを含めてSLLを活発に行っている。

　第四の類型は、サステナビリティリンクボンド（以下、SLB）と呼ばれる債券である。わが国では、不動産大手のヒューリックが2020年10月15日、日本初となるSLBを発行した。基本的には、SLLの債券版であるといってよい。こちらは、国際資本市場協会（ICMA）が策定したサステナビリティリンクボンド原則に基づいて、SLLと同じようにSPTを設定のうえで、必要に

応じて債券の金利などの条件の変化を通じて発行体へのSPT達成へのインセンティブを与えるものであり、SLLと同じく資金使途に制限はない。インセンティブ構造は、未達時の金利の引上げ（ステップアップ）や償還額の増額・前倒しなどである。しかしながら、これでは発行体と投資家のインセンティブがずれてしまうため、これを解決しようとする取組みも行われている。ステップアップされた金利を寄附する仕組みなどである。その事例としてはANAホールディングスの発行事例（2021年5月）がある。一方で、グリーンボンドやソーシャルボンドをインパクト投資と呼ぶかどうかはインパクト投資の定義に照らした分類の判断にかかっている。資金使途を特定・拘束しただけでは、インパクト投資とはいえないが、少なくとも投資の効果測定とモニタリングまで踏み込んでいれば、インパクト投資に近いものとなる。

## 11.4　グローバルなインパクト投資の状況

　次にグローバルなインパクト投資の現況をみてみよう（図表11－2）。

　GIINが作成した最新の統計（Annual Impact Investor Survey 2020）によれば、世界市場全体では、2020年時点で7,150億ドルのインパクト投資残高がある。しかしながら、この金額のうち、36％は世界銀行や国際協力機構（JICA）のような公的な開発金融機関によるものである。開発金融機関は、公共政策としてのインパクト投資を行っており、インパクト評価も、以前から民間のインパクト投資よりもコストをかけてより厳密に行ってきた。しかしながら、納税者の資金により成り立つ公的資金には限界があるため、資金の追加動員を図るうえで重要なのは民間資金であり、開発金融機関に求められる役割も民間資金の動員を推進できる触媒的機能である。先述の7,150億ドルのうち、純粋な民間資金のインパクト投資は、残りの4,600億ドル程度となるが、これは35.3兆ドルとされる2020年のESG投資額（GSIA発表）の

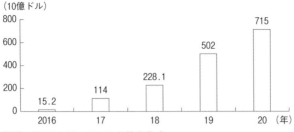

図表11－2　インパクト投資残高推移

(10億ドル)

出所：GIINのデータにより筆者作成。

1.3％程度、全体の約80分の1にすぎない。しかしながら、民間のインパクト投資は急激に伸びており、今後も拡大が見込まれる。

　運用資産別にみてみると、同じGIINの統計によれば、Private Debt（融資、私募債）が21％、上場株式が19％、Private Equityが17％、実物資産投資（不動産等）が17％、Public Debt（公募債）が17％となっている。アセットクラスとしては比較的均等に分散しているようすがうかがえる。

　投資家のリターンに関するアンケート結果（GIINのSurvey）をみると、経済的リターンについては88％が「期待どおりもしくはそれ以上のリターンを獲得」とあるほか、社会・環境のインパクトに関しては、99％が「期待どおりもしくはそれ以上のインパクトが認められた」としている。

　海外のインパクト市場の最大の特徴は、保険会社、年金基金、財団、ファミリーオフィスなどのアセットオーナーのインパクト志向が強いことである。この背景には、インパクト投資という名前が生まれる以前から、欧米にはインパクト投資と同じ趣旨の投資が存在したことがある。米国では、Community Development Financial Institutions（CDFIs：地域開発金融機関）の制度にみられるように、貧困層の住む地域における住宅についてソーシャルサービスを改善するための投融資の仕組みが1990年代から存在した。欧州においても、以前からインパクト投資の伝統は存在している。たとえば、ベルギー、ドイツ、英国、スペインにも展開するオランダのトリオドス銀行は1980年に設立されたが、すでに30年以上のインパクト投資のトラックレコー

ドをもっている。欧米では、預金者や年金・保険の加入者である究極的なアセットオーナーたる個人が自分の金融資産を、リターンの実現と同時に環境社会課題の解決に向けて使ってほしいという意識が高く、かつ資金を運用する側の金融機関もその期待に応えるべくさまざまな努力を続けることによって個人投資家のニーズにも応えるという循環ができあがっている。言い換えれば、インパクト投資のインテンショナリティの源泉は、年金基金や保険会社の運用責任者の背後にいる資金提供者、つまり個人の目的意識が集約されて生まれたものである。個人は自分の老後や子孫の繁栄や幸福に重大な関心をもっており、長期的な目線で環境や社会の問題の解決に資金を役立てるべきだと考え、リターンと課題解決の両方を実現できる有能な金融機関を志向・選択しているともいえる。

## 11.5　わが国のインパクト投資市場

　次に日本のインパクト投資市場をみてみよう。日本のインパクト市場に関しては社会変革推進財団（SIIF）が事務局を務めるGSG国内諮問委員会が、毎年アンケート調査と市場推計に関する調査を行っている。最新の報告書「インパクト投資の現状と課題」（2021年度版）の数字は2022年4月初めに公表されたものであるが、アンケート（回収数77）により確認できた総投資残高は1兆3,204億円である（図表11－3）。

　これは、前年度の数字3,287億円（図表11－3では5,126億円だが、比較するために2021年度調査の新基準を適用して再計算）からの約4倍に相当する。飛躍的増加の要因としては、新たな回答者として残高の大きな大手金融機関が加わったこと、および、前年までの回答先が新規・既存の両商品で投資残高を大幅に増やしたこと（特に融資による増加）があげられる。アセットクラス別の数字を回答してくれた金融機関の総残高1兆1,079億円（先述の総投資残高の84%）を分母としてみると、「融資等」（公社債以外の債券を含む）が

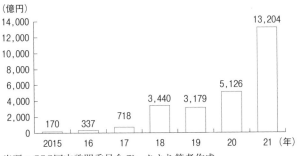

図表11－3　わが国のインパクト投資残高推移

（億円）

出所：GSG国内諮問委員会データより筆者作成。

58％、上場株式が35％、未公開企業向け投資が５％となっている。グローバルな傾向と比べると、大手上場企業向けのプロダクツへの偏りがみられることがわかる。

　さて、総額１兆3,204億円とは別の２つの数字がある。１つは、インパクト評価の結果を投資家と共有できていないものがあり、旧基準ではこれを含めて残高を計算していた。これを含めると上述の数字は１兆4,814億円となる。また、参考値であるが、市場の最大推計値として５兆3,300億円という数字がある。これは、アンケート調査で把握できたものに加えて、公開情報ベースで確認できたインパクトの測定に基づく評価を投資前と投資実行後に実施している「商品」の組成金額の総和で、インパクト投資になりうるものの最大推計値である（図表11－４参照）。

　ここで、このアンケート調査の数字のインパクト投資残高への算入基準を説明しておこう。算入基準は４つある。基準①は、調査回答先が国内拠点の法人であることである。本調査は「日本における」インパクト投資に関する調査であるため、回答組織は日本国内拠点の法人に限定する。ただし、インパクト投資先の地域は国外であってもかまわないが、多国籍法人の場合にはあくまで日本法人のインパクト投資活動に限定した回答とする。基準②は、アウトプットかつ／またはアウトカムをインパクト測定・マネジメントの指標としていることである。事業のアウトカムの指標を必須とするか、アウト

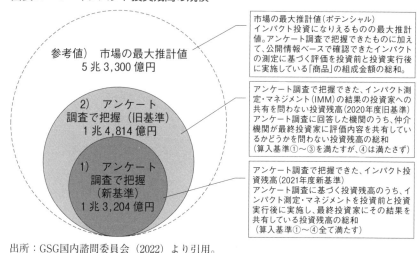

図表11－4　インパクト投資残高の規模

参考値）　市場の最大推計値
5兆3,300億円

2）　アンケート
調査で把握（旧基準）
1兆4,814億円

1）　アンケート
調査で把握
（新基準）
1兆3,204億円

市場の最大推計値（ポテンシャル）
インパクト投資になりえるものの最大推計値。アンケート調査で把握できたものに加えて、公開情報ベースで確認できたインパクトの測定に基づく評価を投資前と投資実行後に実施している「商品」の組成金額の総和。

アンケート調査で把握できた、インパクト測定・マネジメント（IMM）の結果の投資家への共有を問わない投資残高（2020年度旧基準）
アンケート調査に回答した機関のうち、仲介機関が最終投資家に評価内容を共有しているかどうかを問わない投資残高の総和
（算入基準①〜③を満たすが、④は満たさず）

アンケート調査で把握できた、インパクト投資残高（2021年度新基準）
アンケート調査に基づく投資残高のうち、インパクト測定・マネジメントを投資前と投資実行後に実施し、最終投資家にその結果を共有している投資残高の総和
（算入基準①〜④全て満たす）

出所：GSG国内諮問委員会（2022）より引用。

プットの指標のみでも可とするかという事業のインパクト指標の対象については、2020年度調査と同様、本年度の調査でも特に基準を設けていない。国際的にも足並みはそろっておらず、国内市場の成熟度合いに応じて今後も引き続き基準の検討を続けていくこととする。基準③は、投資判断時および投資後のいずれにおいてもインパクト測定を実施していることである。インパクト測定の実施者は、投資判断時は投資家組織自体もしくは運用会社や組成機関や委託を受けた第三者評価機関に限定するが、投資後は限定しない（その他仲介金融機関（証券会社等）、債券発行体、投融資先事業者でも可）。基準④は、IMMの結果が投資家に共有されていることである。定義にあるように、インパクト投資においては「（投資家のインパクト創出の）意図」が重視されているため、最終投資家と投資先との間に仲介機関（運用会社や組成機関）が介在する場合には、機関投資家・個人投資家いずれであっても最終投資家の「インパクト創出の意図」や「インパクトに基づく判断」があったと推定するためには、前提として仲介機関等の実施するインパクト測定・マネジメントの結果が最終投資家に対して共有されている必要がある。ただしこれはいわゆる開示ではなく、投資家への共有であり、私募の商品の場合には必ず

しも開示を意味しない。

　次にアンケート調査の結果をみてみよう。日本の金融機関がインパクト投資に取り組む動機は何か。図表11－5にあるように、インパクト投資に取り組む動機として、「非常に重要」と回答した割合が最も高かったのは、「顧客の要望に応えることにつながる」(83%)、次いで「責任ある投資家としてのコミットメントの一環である」(79%)が高かった。GIINの調査(2020)では、「非常に重要」と回答した割合が最も高かったのは、「投資でインパクトを追求することは当社のミッションの中心にある」と「責任ある投資家としてのコミットメントの一環である」(各87%)であった。グローバルとの比較から、日本のインパクト投資家は「より顧客志向」で顧客の要望に応えることがインパクト投資に取り組む動機になっている傾向がみてとれる。

　取り組む金融機関の組織内部の変化も著しい。1年前と比べ、組織内の支持は逆に低まっているが、「より多くのインパクト投資を計画・実行している」と答えた比率が57%から67%に高まり、第二に、「「なぜ」インパクト投資を行うのか、から「どのように」インパクト投資を行うかへ意識がシフト

**図表11－5　インパクト投資に取り組む動機**

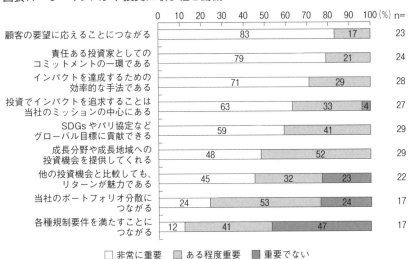

出所：GSG国内諮問委員会（2022）より引用。

### 図表11− 6　１年前と比べたインパクト投資をめぐる組織内の変化

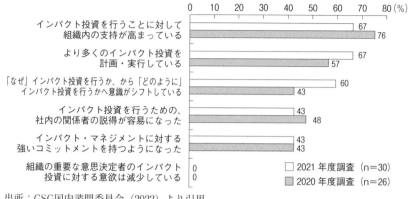

出所：GSG国内諮問委員会（2022）より引用。

### 図表11− 7　インパクト投資を増やすうえでの課題

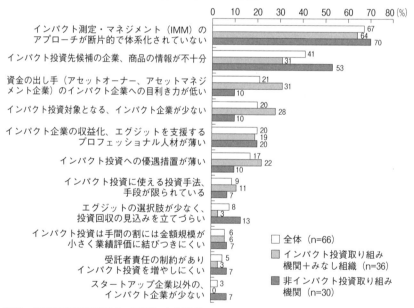

出所：GSG国内諮問委員会（2022）より引用。

している」と答えた割合が43％から60％に上昇するなど、興味深い数字が示されている（図表11－6）。

インパクト投資を増やすうえでの課題として、アンケート回答組織全体では「インパクト測定・マネジメント（IMM）のアプローチが断片的で体系化されていない」（67％）との回答が最も多く、次いで「インパクト投資先候補の企業、商品の情報が不十分」（41％）との回答が多かった（図表11－7）。インパクト投資取組み機関においては、「インパクト測定・マネジメント（IMM）のアプローチが断片的で体系化されていない」（64％）との回答が過半数以上で最も多く、次いで「インパクト投資先候補の企業、商品の情報が不十分」「資金の出し手（アセットオーナー、アセットマネジメント企業）のインパクト企業への目利き力が低い」（各31％）との回答が多かった。

## 11.6　インパクト投資をめぐる国内の議論

以上、国際的にも認知されたインパクト投資の定義・特徴・種類と内外市場における現況をみてきた。しかしながら、読者はインパクト投資にいくつかの質問をもたれると思う。

第一は、投資家はなぜインパクト創出の意図をもつ必要があるのかという点である。この点は、ESG投資との差異を考えれば、ある意味では当然の疑問である。ESG投資は企業価値の向上や長期的なリターンの向上を究極の目的としたうえで、社会・環境に与えるインパクトに配慮したうえで統合した意思決定（ESGインテグレーション）を行うものであるから、ある意味では自然に多くの投資家に受け入れられている。しかしながら、インパクト投資のインテンショナリティは多くの金融機関にとっては必ずしも当然ではない。それが違和感なく受け入れられるためには、既存の経済活動が生み出す外部不経済、放置された環境・社会問題がもたらすコスト、そのリスク、それらの相互作用が生み出す投資全体のリターン低下や経済全体の成長率低

下を金融機関・個人投資家・事業会社が、重大な課題として認識することが前提となる。そして、金融を含めたビジネスの成長だけでなく、私たちの社会の発展やウェルビーイングの改善のためには、社会・環境の課題を解決することが投資上のリスクの削減となるばかりか、長期的には高い収益性をもたらす機会であることも認識する必要がある。まさに、国際統合報告評議会（IIRC：現在のValue Reporting Foundation）の広めてきた「統合思考」と同じような考え方（単なる統合報告書の作成のことではなく、企業の価値創造を統合的にとらえる考え方）が社会・経済全体にいきわたる前提が必要である。すでに、ユニバーサルオーナーとなされる海外の大手機関投資家は、その投資の多くがパッシブ運用となる結果、投資先のチェリーピック（いいとこどり）は不可能となり、その投資ポートフォリオは外部不経済にまみれていることを強く認識している。また、リスクを回避するために規模の大小を問わず分散投資が進んだいま、規模の小さな投資家にとっても、同じことが認識され始めている。さらに、先に述べたように、欧州や米国の年金や保険の現場では、わが国よりは個人投資家に対する金融のエンゲージメントが進み、個人投資家からも金融に対して課題解決への期待度が高まっているともいえる。わが国でも、金融業界における統合思考が深まるとともに、金融の果たすべき役割への期待を高める取組みが必要である。

　第二は、課題解決に向けられた投資が、期待されるファイナンシャルリターンを生むとは限らないため、インパクト投資は、通常投資に比べて不必要にリスクを高め、投資のユニバースを狭め、結果的にファイナンシャルリターンを犠牲にしているのではないか、というものである。これもある意味もっともな懸念である。しかしながら、次のように考えるべきであろう。目の前の課題を既存の技術やビジネスモデルで解決しようとすると、当然のことながら追加コストが生じリターンをめぐる採算はあわないため、リターン創出に必要なのは、そのコストを補って余りある差分をつくりだす技術とビジネスモデルのイノベーションである。最初は机上の理論・アイデアにすぎないイノベーションを社会実装して、スケールアップする企業経営者の能力が不可欠である。そして、企業経営者の能力を発揮させるために必要なの

が、金融機関が本来もっているべき、かかる潜在的な事業機会と経営者の能力を見極める目利き能力であり、リスクを軽減して投資可能にするストラクチャリング能力であり、投資可能なプロダクトに仕上げる分散投資を実現する能力である。わが国に不足しているのは、アカデミア、産業界のイノベーションやそのイノベーションを事業化する知識・スキル・経験であり、資本市場から新しい事業にリスクマネーを供給できる目利き能力である。イノベーションを生み出し、リスクマネーを健全に供給できるのであれば、インパクト投資に対するネガティブな認識は大幅に減るだろう。

第三は、インパクトの測定・管理のコストは誰が払うのか、あるいはそれ自体がリターンを引き下げることにならないか、というものである。これは、リターンのアップサイドの低い、デット（融資・債券）の現場でよく聞かれる問題意識である。あるいは未公開企業向け投資のスタートアップ支援の場では、創業初期の段階では、まずは事業存続の可否を左右する社会実装の実現やスケールアップのほうがはるかに重要であり、インパクトの創出やそのIMMの実施などはどうしても劣後せざるをえない、という事情でもある。この点は、インパクトの金銭価値化やインパクトのパスウェイの可視化・数値化を通じて長期的なリターンとの相関関係を明らかにすることにより、発行体の認識するリターンの対象をより広くとらえることで解決できないかと考えられる。これも広い意味での統合思考が試される課題である。

第四は、ポジティブなインパクトばかりを強調しているが、ネガティブインパクトの緩和はしなくてよいのかというもので、この点は指摘のとおりである。インパクト投資においてもポジティブインパクトだけでなくネガティブインパクトの削減をしっかりと行うべきである。母屋で大きなインパクトを出しているつもりでも、離れ屋でそれを上回るネガティブインパクトを出しているのであれば、インパクト投資としてまったく意味がない。これこそが「インパクトウォッシング」と批判されるものであり、資金使途を特定することで、サステナビリティを強調するグリーンボンドやソーシャルボンドでも問題となることがある。この点は、UNEP FIのポジティブインパクトファイナンス原則のホリスティックなアプローチに学ぶべき点が多い。

第五は、金融商品によっては、社会・環境に関する具体的なKPIに紐づけられていないものもあり、それがインパクト投資といえるのかという疑問である。たとえばSLLやSLBの一部は、設定されるSPTが、$CO_2$削減や職場環境の改善に関しての具体的な数値指標である場合もあれば、ESG（環境・社会・ガバナンス）関連指数の1つ「ダウ・ジョーンズ・サステナビリティ・インデックス（DJSI）」の構成銘柄や、同様の指数「FTSE4グッドインデックス」の構成銘柄への指定などとして設定されている事例がある。後者はSLLやSLBの原則上も明確に許容されており、これはこれで企業のESG取組みを独立した外部評価を通じて測るものである。しかし、環境社会課題の解決を目指してその具体的な成果・貢献度を測定・報告するという、インパクト投資の本来の趣旨からするとインパクト投資の一部とみなせるかどうか、丁寧な確認が求められるところである。要は外部評価機関による評価の向上が、社会・環境課題の解決に真につながっているか、その最終的なパス、因果を確認する必要がある。

　第六は、IMMの標準的な手法は何なのか。本稿ではこの点について紙面の制約から詳説できないが、少なくともエクイティファイナンスにおいては、①原則、②フレームワーク、③指標の3つが重要であると考えられる。①の原則としては、インパクト投資運用原則（Operating Principles for Impact Management）が代表的なものである。IFCが当初作成にかかわったが、現在は独立した民間主導の事務局によって運営されている。②のフレームワークとしては、Impact Management Projectが策定したfive dimensions of impactとABC Classificationが、インパクトの計測・マネジメントのコンセンサスとなっている。また、③の指標（メトリクス）としては、GIINの策定したIRIS＋が標準的なものとして使われている。デットについては、UNEP FIのポジティブインパクトファイナンス原則が参考となる。以上については、GSG国内諮問委員会IMMワーキンググループが2021年5月に作成した「インパクト投資におけるインパクト測定・マネジメント実践ガイドブック」に紹介されている。

　インパクト投資に関心をもたれる方のために、国内の推進状況を説明する。

　1つはGSG国内諮問委員会である。これはインパクト投資を推進する34カ国が加盟する国際的連携組織Global Steering Group for Impact Investment（以下、GSG、本部は英国）の日本の支部（National Advisory Board）としての委員会（委員13名）であり、2014年の発足以来、小宮山宏三菱総研理事長が委員長を、鵜尾雅隆日本ファンドレイジング協会代理事が副委員長を務めている。この事務局を社会変革推進財団および複数の団体が担っている。

　なお、2015年に設立されたGSGは、2013年に開催されたG8会合（英国議長）において招集されたG8インパクト投資タスクフォースが起源である。その後、2021年に再びG7の議長国となった英国は、独自に国際的なタスクフォースを組織し、わが国からは、アセットマネジメントONEの菅野暁社長、エーザイCFOの柳良平氏、東京大学グローバルコモンズ所長の石井菜穂子教授が運営委員・WGメンバーとして参加した（役職は当時のもの）。

　GSG国内諮問委員会は、2020年6月以降、金融庁との共催で「インパクト投資に関する勉強会」（座長：水口剛高崎経済大学学長、副座長：池田賢志金融庁チーフサステナブルファイナンスオフィサー）を7回開催しており、「第1フェーズの到達点と今後の課題」が2021年9月3日の会合で報告された。すでに今年3月からは第2フェーズの会議がスタートし、毎回約200名が参加している。この会議の委員は当初35名であったが、アセットオーナー枠の拡大がなされ、当初の第一生命に加えて生損保社5社が新たに委員として参画している。しかしながら、公的年金・企業年金を問わずまだ年金基金からの参画は得られていない。引き続き、わが国においては、年金基金を中心とするアセットオーナーの理解と投資参画がインパクト投資の推進に必要不可欠である。

なお、この勉強会のもとには、勉強会の運営委員会が組織され、その傘下には、２つのワーキンググループ（以下、WG）が組織されている。いずれもIMMのあり方について調査・議論して提案を行うもので、すでにエクイティファイナンスに関しては既述のIMMのガイドブックを作成した。現在はデットのIMMについてWG会合が開催されている。

　また、2021年11月29日には国内21金融機関（2022年５月現在は30の金融機関）が参加する「インパクト志向金融宣言」（事務局：社会変革推進財団）という新しい業界横断的な活動が始動した。これは、インパクト投資の推進のためには、①金融機関のパーパスとしてのインパクト創出や統合思考経営を通じての経営全体のインパクト志向が求められること、②個々の金融商品におけるIMMの実践と質の向上が求められることをふまえた取組みである。金融機関の経営全体においてインパクト志向を高めるためには具体的にいかなる取組みが必要なのか、あるいは、個々の金融商品におけるインパクトの測定・管理の質を高めるためにはどうしたらよいのか、このような課題により実践的に取り組んでいくことになっており、今年からワーキングレベル会合およびその運営委員会が開催されている。７月以降には、複数の分科会が立ち上げられ、活動がより具体化する。

　その他、環境省におけるESG金融ハイレベル会合の傘下には、ポジティブインパクトファイナンス・タスクフォース会合が設けられ、金融庁とも深く連携している。また内閣官房・内閣府では、「地方創生SDGs金融調査・研究会」が開催されており、地域金融機関による地方創生への貢献が求められている。

　インパクト投資と広義のサステナブルファイナンスとの関係にも触れておきたい。2000年12月に金融庁においてはサステナブルファイナンス有識者会議が設置され、2002年４月末現在すでに11回の会議を開催している。水口剛高崎経済大学学長が座長を務められており、サステナブルファイナンスのあり方について政策提言を行っている。2001年６月には最初の報告書がまとめられ、インパクト投資についても、インパクトとリターンの好循環をつくりだしていく必要性が指摘された。また、2002年４月25日の同会議では、PRI

の木村武理事が登壇し、国民主役のESG投資の推進の必要性に触れ、年金基金による受益者へのエンゲージメントの強化が重要であると指摘した。この主張は、最終的には年金基金によるインパクト投資の推進を促す発言であるととらえられるため、同会議の議論やその提言の動向も見逃せない。

　2022年6月7日、「経済財政運営と改革の基本方針2022」（通称「骨太方針2022」）が閣議決定された。同方針では、第2章で「新しい資本主義に向けた改革」と題して、「人への投資」「科学技術・イノベーションへの投資」「スタートアップへの投資」「グリーントランスフォーメーションへの投資」「デジタルトランスフォーメーションへの投資」などの重点分野を掲げたうえで、社会課題の解決に向けた取組みとして「社会的インパクト投資、共助社会づくり」を推進せんとしている。同方針本文は、「「成長と分配の好循環」による新しい資本主義の実現に向け、これまで官の領域とされてきた社会課題の解決に、民の力を大いに発揮してもらい、資本主義のバージョンアップを図る。〜中略〜　従来の「リスク」、「リターン」に加えて「インパクト」を測定し、「課題解決」を資本主義におけるもう一つの評価尺度としていく必要がある。また、社会課題の解決と経済成長の両立を目指す起業家が増えており、ソーシャルセクターの発展を支援する取組を通じて、その裾野を広げるとともに、更にステップアップを目指す起業家を後押しする」と明確にインパクト投資を政策の中枢に位置づけた。わが国の経済財政政策の基本文書においてインパクト投資の重要性が位置づけられたもので、今後の官民の協調的な取組みの行方が注目される。

## 11.8　終わりに

　最後にインパクト投資の今後と金融機関の展望について述べる。

　11.4および11.7において、日本では生損保会社の参画が始まったばかりで年金基金の理解が得られていないことに触れた。日本において年金基金のイ

ンパクト投資への参画が得られていないことの最大の原因は、年金基金の運用業界における保守的な受託者責任の解釈にある。これまでは受託者責任論を厳格に解釈し、年金運用者がインパクト投資に踏み込むことを、もっぱら委託者の利益に忠実に運用するべきという意味での「忠実義務」に違背する（いわゆる「他事考慮」）と考えてきた。しかしながら、この点については海外で注目すべき動きがある。2021年7月に、PRI、国連環境計画金融イニシアティブ（UNEP FI）ほかが連名で『インパクトの法的枠組み』というレポートを公表した。英国の法律事務所であるフレッシュフィールズ・ブルックハウス・デリンガーが執筆したものである。同レポートは、Instrumental Investing For Sustainable Impact（手段的IFSI）とUltimate ends Investing For Sustainable Impact（目的的IFSI）の2つを区別した。後者は、財務リターンを犠牲にするわけではないが、あくまでも財務リターンの追求と独立・並行してインパクトの追求を行う考え方である。一方、前者は、インパクトを追求することが財務リターンを実現するための手段であると位置づけている。投資リターンは環境・社会のさまざまな要因に依存しているため、環境や社会の諸条件が損なわれると、リターンを生む活動のリスクになると考えられるため、手段的IFSIは、リターンの維持向上のためにも必要なものと考えられる。

　年金シニアプラン総合研究機構特任研究員の三木隆二郎氏は、同機構の年金調査研究レポート（2022）において、Instrumental IFSIの考え方に沿って、年金基金がインパクト投資を行うことは受託者責任には反しないととらえて、「つまり、この第3世代報告書によって明らかになったことは、「運用リターン達成に有効であるならば、ESG要素の考慮に加えてインパクトも追求すべし」という、前向きな結論が導出されたと言えよう。今後は世界の4,000を超える署名機関投資家に対して、運用リターンにつながる形でのインパクト追及を促すことが想定される。これによってインパクト投資の残高がすぐに飛躍的に増大するわけではないだろうが、少なくとも法的環境整備という点では重要な突破口が開かれたと評価できよう」と結論づけている。このように、年金基金によるインパクト投資への参加につき議論が始まるこ

とが期待される。

　もう1つのインパクト投資の課題・論点は、金融機関がこれまでの金融とは異なる新たな価値創造プロセスを構築できるかどうかという根本的な課題にかかわる。そもそも、インパクト投資の発展のためにはそれによって本当に環境・社会課題が解決されているのかがきわめて重要であるが、インパクトの創出とその確認のためには、インパクトの測定と管理が効率的になされ、誰にもわかるかたちで提供されなければならない。この観点からIMMの仕組みの不断の改善・向上が不可欠である。効率的かつ信用できるIMMを開発する主体は、金融機関自身であり、その努力と叡智が求められる。また、その努力を促すのは、金融機関自身の存在意義としてのインパクト志向であり、金融機関の生み出す価値創造へのコミットメントである。しかしながら、従来の金融の価値創造プロセスを維持したままで、投融資先におけるインパクト創出を志向し、付加的にインパクトの計測と管理を行えば、これらはコストアップ要因であり、金融機関のリターンを下げることになる。ここにインパクト投資に取り組む金融機関の大きなジレンマがある。

　さて、金融機関の株価純資産倍率（PBR）は、自国の成長率と正の相関があるといわれるが、自己資本の規模に対しては逆（負）の相関をもつとされる。金融機関が資本の規模の利益を享受しえないのは、規模拡大に応じて投融資先を適切に取捨選択できず、取引先同士で外部不経済を出し合い、ポートフォリオが全体として低い成長率にとどまっている可能性がある。また、経済成長率が低迷するもう1つの理由は、ポジティブインパクトを生み出す技術革新やビジネスモデルのイノベーションを促すエコシステムがわが国で未成熟であることだろう。イノベーションを伴わないサステナビリティ（インパクト）の追求はコストの上昇をもたらし、それは企業価値や長期的なリターンの低下となって表れる。金融機関の企業価値向上のためには外部不経済の削減と経済全体におけるイノベーションの向上が必要である。

　したがって、金融機関は、金融のもつ潜在力を究極的な資金提供者に訴求し、預金者、年金・保険加入者などの究極的アセットオーナーや個人投資家の期待と信頼を得て、市場に溢れる外部不経済を削減し、イノベーションを

促して社会課題解決を担える事業の目利きをすることで社会に貢献し、自らの企業価値も高めていく成長軌道への回帰が求められている。低迷したままの金融機関の企業価値の向上の可否がインパクト創出を通じて試されているともいえるのである。

さて、国際サステナビリティ基準審議会（ISSB）はすでに設立され、2022年7月には追加4人の理事の任期も始まる。国内でもさまざまな報道や議論はあるが、非財務情報データの巨大インフラが構築されることの金融機関にとっての本来の意義に関する議論はわが国ではほとんど聞かれない。金融機関はこの巨大な情報インフラを利用するべきと想定される受益者である。金融機関は、財務情報に加えてサステナビリティ情報を含めて、統合的に投融資判断することが今後求められている。つまり、投融資先のネガティブインパクトとポジティブインパクトをふまえた総合的な投資判断が求められており、投融資のポートフォリオにおけるネットのインパクトの推進が金融機関の価値創造の重要な目標となる。

ここで問われるのは、金融機関は、企業により莫大な開示コストをかけて供給される情報をどう利用し、それに伴い投融資破断の軸をどのようにつくり変えるつもりかである。投融資判断の根拠が変わるため、判断の結果も変わり、金融機関によりもたらされるべき価値創造プロセスも変わり、そこでマネタイズされるべき価値の内容も変わるはず、変わるべきである。

はたして日本の金融機関経営者はこのような重大な変化が求められていることに気がついているだろうか。この変化は、50〜100年単位で起きる大きな変化である。金融機関が企業価値を引き上げるためには、ISSBが設立されたことの背景、ISSBがもたらす貴重な情報を整理・分析・統合判断することの重要性、従来の信用格付にかわる取引先格付の構築、統合リスク管理ならぬ統合インパクト管理、インパクトアナリストの雇用・育成などの大きな変革に対応していかなければならないだろう。金融の変革が始まる。

＊本稿は、筆者の個人的な見解であり、社会変革推進財団やその他の勤務先の意見ではない。なお、本稿は、証券アナリストジャーナル（公益社団法人日

本証券アナリスト協会）の2022年5月号に掲載された拙稿「インパクト投資の意義と課題」を大幅に加筆修正したものである。

**【参考文献】**

金融庁サステナブルファイナンス有識者会議。
　https://www.fsa.go.jp/singi/sustainable_finance/index.html
須藤奈応（2021）『インパクト投資入門』日経文庫。
内閣府『経済財政運営と改革の基本方針2022』2022年6月7日公表。
　https://www5.cao.go.jp/keizai-shimon/kaigi/cabinet/2022/2022_basicpolicies_
　ja.pdf
三木隆二郎（2022）「インパクト投資と受託者責任　GPIFがインパクト投資に取
　組む為の法的環境についての考察」。
　https://www.nensoken.or.jp/wp-content/uploads/rr_r04_02.pdf
GIIN. *Core Characteristics of Impact Investing.*
　https://thegiin.org/assets/Core%20Characteristics_webfile.pdf
GIIN（2020）. *Annual Impact Investor Survey 2020.*
　https://thegiin.org/research/publication/impinv-survey-2020
GSG国内諮問委員会（2021）「インパクト投資におけるインパクト測定・マネジメ
　ント実践ガイドブック」。
　https://impactinvestment.jp/user/media/resources-pdf/Guidebook_for_
　Impact_Measurement_and_Management.pdf
GSG国内諮問委員会（2022）「インパクト投資の現状と課題」（2021年度）。
　https://impactinvestment.jp/resources/report/20220426.html
IFC（2019）「インパクト投資運用原則（*Operating Principles for Impact Man-
　agement*）」。 https://www.ifc.org/wps/wcm/connect/fe499630-792d-434f-8dd2-f
　5d06da4c1ed/Impact+Investing+Principles_+FINAL.pdf?MOD=AJPERES&
　CVID=mSUxyEd
Impact Management Project, *Five Dimensions of Impact.*
　https://impactmanagementproject.com/impact-management/impact-
　management-norms/
IRIS+, https://iris.thegiin.org/metrics/
UNEP FI, PRI, General Foundation（2021）. *A legal framework for considering
　sustainability impact in investor decision making.*
　https://www.unepfi.org/legal-framework-for-impact/

# 第 12 章

# 企業と株主・投資家との
# 新しい関係を探る

西山 賢吾

## 12.1　コーポレートガバナンス改革「成果」と「課題」

### 12.1.1　日本におけるコーポレートガバナンス議論の変遷

　解題でも触れたように、日本では成長戦略の柱として「コーポレートガバナンス改革」、すなわちESGの「G」にまず焦点が当たった。過去を振り返ると、日本においてここ15年ほどの間にコーポレートガバナンスに関する議論が積極的に行われた時期を4期に分けることができるが、各期とも中心となる論点は異なっている（図表12－1）[1]。

　現在はコーポレートガバナンス改革の「第4期」といえる。2015年9月に国連でSDGs（持続可能な開発目標）が採択されるとほぼ軌を一にして、これまで欧州を中心に議論されてきた、世界各地で発生する自然災害に代表され

図表12－1　日本における過去15年のコーポレートガバナンス議論の変遷

○第1期：2005年〜08年頃→「株主アクティビズム」、「会社はだれのもの」論
　・ファンド代表者などが証取法違反で逮捕、「株主が短期的、かつ、自分たちのことだけを考えて企業に「もの言い」をしている→株式持ち合いの「復活」、買収防衛策の導入
○第2期：2009年〜12年頃→「企業不祥事」、「コンプライアンス」
　・1部上場企業で経営トップの関連した企業不祥事→日本企業は「ローリスク」という見方に揺らぎ→コンプライアンスの観点から社外取締役の設置等が議論
○第3期：2013年〜18年頃→「成長戦略の中の重要施策」
　・「日本再興戦略」でコーポレートガバナンス関連の施策が成長戦略として取り上げられる→「新鮮」さが国内外で注目を集める
○第4期：2019年〜現在→「G」中心から「E」、「S」、さらに「サステナビティ」への関心も高まる
　・公的年金（ユニバーサルオーナー）によるESG推進、企業は「株主第一主義」から「マルチステークホルダー主権」へ転換？

出所：野村資本市場研究所作成。

---

1　特に、第1期〜第3期の詳細に関しては西山（2016）を参照。

る環境「E」課題や、人権問題に代表される社会「S」課題、さらにこれら
の課題を解決して「サステナビリティ（持続可能性）」を実現することが世界
的な課題として広がった。日本でもこうした流れを受け、サステナビリティ
への関心が急速に強まっている。

　また、第4期の特徴として、GPIF（年金積立金管理運用独立行政法人）に
代表される「ユニバーサル・オーナー[2]」が、ESG、サステナビリティに対
する投資家の関心を高めるうえで重要な役割を果たしていることがあげられ
る。GPIFは2015年9月に国連がサポートする責任投資原則（PRI）に署名し
て以降、基金の運用委託先である運用機関に対し、運用プロセスにおける
ESG要素の考慮を求めるようになった。そして、2019年頃からは、GPIFが
環境や社会といったサステナビリティ課題に対する関心を強めており、それ
に伴って投資家の意識も高くなってきた。

　ESGは社会的課題の解決、持続的成長が長期的な運用収益の向上にもつ
ながるという面を重視しており、どちらかといえば投資家側の概念である。
一方企業側からは、従来より社会的課題の解決や持続的成長という面に重き
を置くCSR（企業の社会的責任）という考え方があったが、投資家のESGを
考慮した投資に対応し、中長期的な企業価値の向上を図る必要性が高まり、
その目的を果たすためにSDGsに積極的に取り組み、サステナビリティを経
営の課題に取り入れていくことがカギとなっている。

　環境や社会に配慮し、それらの課題を解決することは、企業にとっては中
長期的な企業価値の維持向上や価値毀損リスクの軽減（あるいは回避）を図
ることに、そして、投資家にとっては自分たちのポートフォリオの価値毀損
リスクの低下とリターンの向上を通じて受託者責任を果たすことにつなが
る。このようにしてサステナビリティは、投資家と企業の双方にとって重要
な考え方となるとともに、現状の企業や金融資本市場からのトランスフォー
メーション（変革）に関する活発な議論につながっている。

---

2　年金基金など広範なポートフォリオをもつ大規模な投資家。環境や社会の問題などネ
　ガティブな外部性を最小化することを通じ、ポートフォリオの最大化を目指すことは合
　理的との考えに基づき行動する。

さらに、このような一連の動きは、「経済価値の追求」に比べ「社会的価値の追求」がより強く意識されており、これにあわせ「社会的価値」への貢献をどのように計測していくのか、そしてそれらをどのように開示、説明するかといった議論にも結びついている。

## 12.1.2 社外取締役の選任や総還元額の拡大などは「成果」

図表12-2では、日本でのコーポレートガバナンス改革における「成果」と「課題」についてみてみるために指標をいくつか取り上げ、2時点比較を

図表12-2 日本のコーポレートガバナンス改革「主な成果」と「残る課題」

| | コーポレートガバナンス改革前 | | 現状 | |
|---|---|---|---|---|
| 主な「成果」 | | | | |
| 社外取締役3人以上選任比率（東証1部：％） | 9.9 | 07年8月 | 86.6 | 22年8月 |
| 政策保有投資家比率（％） | 40.0 | 07年度末 | 31.7 | 21年度末 |
| 総還元額（全上場企業：兆円） | 12.3 | 07年度末 | 22.6 | 21年度末 |
| 買収防衛策導入企業数（社） | 569 | 08年12月末 | 266 | 22年6月末 |
| 親子上場企業数（社） | 417 | 06年度末 | 219 | 21年度末 |
| 株主総会「集中率」（％） | 52.9 | 07年6月総会 | 26.0 | 22年6月総会 |
| 残る「課題」 | | | | |
| ROE（TOPIX構成企業：％） | 8.9 | 07年末 | 8.9 | 21年末 |
| 現金・預金残高（法人企業統計，全産業ベース：兆円） | 145.2 | 07年4～6月 | 244.6 | 22年1～3月 |

注：政策保有投資家比率は、政府・地方公共団体、事業法人、金融機関（信託銀行のうち、推定信託業務分を除く）、保有比率10％以上の個人投資家の保有する株式の時価総額の、市場全体の時価総額に対する比率。
出所：Bloomberg、東京証券取引所、財務省および各社開示資料より野村資本市場研究所作成。

行った。コーポレートガバナンス改革前としての比較対象時期は、世界金融危機（2007年）の発生による影響が現れる前、小泉純一郎元首相による「小泉改革」の実行で日本経済が比較的堅調であった2006～2008年とした。

　まず、成果としてあげられるのは社外取締役の選任である。東京証券取引所第一部上場企業で社外取締役を3人以上選任している企業は、2007年は10%弱であったが、2022年7月現在で86.6%まで上昇した。政策保有株式も着実に減少し、2021年度は31.7%と、いわゆる「拒否権[3]」の水準を下回っている。これはキャピタルゲイン（値上り益）や配当などのインカムゲインの獲得を投資目的とする「純投資家」にとって非常に大きな変化であるため、後ほど12.2で言及する。さらに、総還元額[4]が増える一方、買収防衛策を導入している企業や親子上場の企業数は減り、株主総会開催の分散化が進んできた。

## 12.1.3　保有現預金とROEは引き続き「課題」

　一方で課題としてあげられるのは、保有現預金とROE（自己資本利益率）であろう。まず、図表12－3にあるように、企業の現預金の保有は2007年当時と比べさらに増加している。成長戦略のなかでは「稼ぐ力を取り戻す」として、企業が稼得した利益を設備投資や人的資本投資、技術開発経済システムに流し、お金のよい循環をつくることで、インベストメントチェーンの高度化を図ることを標榜している。しかし、現実には、株主還元が増えているにもかかわらず、それを上回って現金が積み上がっている。

　時系列でみていくと、2007年の世界金融危機のあたりから、現預金の実額、総資産に対する比率も上昇してきた。2018年頃にいったん横ばいになったものの、その後は新型コロナウイルス感染症拡大の影響もあり、保有比率・保有額とももう一段高い水準となった。これは、現預金を効率的に成長投資、そして企業価値向上につなげられていないことの示唆と考えられるが、日本企業のROE水準にもそのことが現れているといえるであろう。

---

3　12.2.1を参照。
4　配当金支払額と自己株式取得額との和。

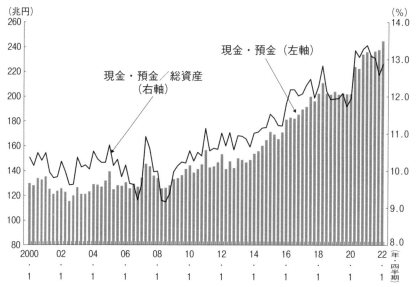

図表12－3　保有現預金額の推移

注：全産業ベース。
出所：財務省「法人企業統計」より野村資本市場研究所作成。

　ROEについてはいろいろ議論があるものの、株主にとっては出資に対するリターンの割合、すなわち資本収益性の水準がわかりやすいという特徴がある。TOPIX（東証株価指数）構成企業のROEをみていくと、2007年末も2021年末も8.9％と変わらない。もちろんその間の水準変動、特にここ２年程度は新型コロナウイルス感染症拡大に伴う収益への悪影響などもあったが、これらを考慮しても2007年当時と比べ数値が改善しているわけではない。

　図表12－4はROEの国際比較を行うために、日本（TOPIX500）と米国（S&P500）、欧州（Bloombergヨーロッパ500）と比較した。日本では成長戦略の遂行とともにROEの回復はみられるものの、欧米と比較すれば傾向的に低く、また2000年から2021年の間で１度もROEが10％を超えていない。欧州や米国でも、ROEの推移は日本と大きな差はないが、ROEの水準は日本を上回り、おおむね10％を超えている。

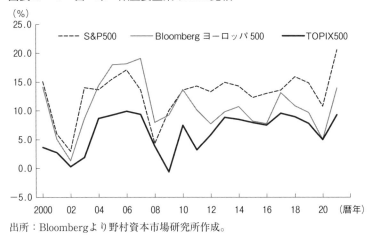

図表12-4　日・米・欧主要企業のROE比較

(%)

出所：Bloombergより野村資本市場研究所作成。

　また、図表12-4をみると、ROEが何度か8％後半から9％程度まで上昇しているものの、その後は、10％付近に何かみえない天井があるかのように、その水準を超えることができず低下している。今回に関しても、新型コロナウイルス感染症拡大の影響も手伝って、これまでと同様「ROE10％」の天井にぶつかって低下しているようにみえる。この天井を破り、ROEが10％を超えて定着するかどうかは引き続き課題であると考える。

## 12.1.4　株主主権とマルチステークホルダー主権との「両立」

　ところで、日本の企業経営者からは、日本企業のROEが欧米企業に比べ低位にとどまっている要因として、従来よりマルチステークホルダーに配慮しているためであるという声を耳にすることがある。そして、2019年8月の米国ビジネス・ラウンドテーブルによる声明を受けて、「マルチステークホルダー主権というのは自分たちが従前から実践してきたもので、やっと世界が自分たちに追い付いてきた」という声も聞かれる。

　しかし、マルチステークホルダーに対して高いリターンを分配していくためには、その原資である収益性が高くなくてはならない。したがって、「マルチステークホルダー主権」は日本企業の課題とされる、ROEに代表され

る低資本生産性を正当化するものではなく、企業はリターンを高めることで企業価値を高めることが重要であるということには大きな揺らぎがないのではないと考える。すなわち、株主主権とマルチステークホルダー主権は相反するものではなく、両立させるべきものであろう。

　実際に、フィデリティ投信で企業との対話を長く担当し、現在はアストナリング・アドバイザーLLC代表である三瓶裕喜氏が、近江商人である中井家の「中井家資本増殖表」から計算した61年間の自己資本利益率（以下、ROE）は18.8％と、現代の日本企業よりも長期で高い実績を残した事例が存在したとのことである[5]。これは、近江商人は株主主権とステークホルダー主権、すなわち、経済価値と社会価値の両立に努めてきたことの証左といえる。この点からも、日本企業の相対的に低いROEが「マルチステークホルダー主権」で正当化されるわけではないといえる。

## 12.2　株式所有構造の変化がもたらす企業と株主との新しい関係

### 12.2.1　必要となる企業と株主との新しい関係構築

　図表12-2で示したように、ROEの相対的な低水準や、積み上がる現預金がコーポレートガバナンス改革の課題である。その一方、コーポレートガバナンス改革の成果のうち、今後を考えるうえで影響の大きなものとして、株式持合いの解消や政策保有株式の圧縮に伴う安定株主の株式保有比率低下をあげることができる[6,7]。

　株式持合いは、株式を保有することでキャピタルゲイン（値上り益）やイ

---

5　『ある近江商人の高ROE経営』（日本経済新聞2019年9月3日朝刊「一目均衡」）や、金融庁「スチュワードシップ・コード及びコーポレートガバナンス・コードのフォローアップ会議（第20回）」（2020年10月20日）での事務局説明資料を参照。
6　日本の株式持合いの歴史については江夏・西山（2021）378-381頁を参照。
7　持合いは複数者間で相互に株式を保有するイメージであるが、政策保有は相互保有であるかを問わず、企業間の関係性をベースにした株式の保有形態ということができる。ただし、確立した定義があるわけではなく、両者はほぼ同じ意味で使われている。

ンカムゲイン（配当）の獲得を目指す純投資とは異なり、保有先との長期・安定的な関係の維持、発展を目指すという政策的な意図をもった株式保有、すなわち政策保有の一形態といえるであろう。

　図表12−5は、日本の株式保有主体をキャピタルゲインやインカムゲインの獲得を主眼に株式を保有する「純投資家」と、安定した取引関係の構築や発展を主目的とする「政策保有投資家」に分け、その保有割合の推移を示したものである。1990年度は純投資家比率が30.2％、政策保有投資家比率が69.8％であった。しかし、その後は持合い解消、政策保有株式の圧縮により政策保有投資家比率は低下を続け、2000年度には純投資家比率が政策保有投資家比率を上回った。その後も政策保有投資家比率はほぼ一貫して低下を続

図表12−5　純投資家保有比率が３分の２を超える

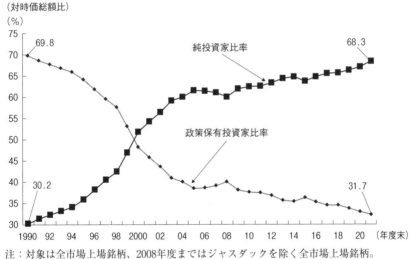

（対時価総額比）

注：対象は全市場上場銘柄、2008年度まではジャスダックを除く全市場上場銘柄。
　　政策保有投資家＝政府・地方公共団体＋事業法人＋金融機関（信託銀行のうち、推定
　　　　　　　　信託業務分を除く）＋保有比率10％以上の個人投資家
　　純投資家＝信託銀行のうち推定信託業務分（投資信託、年金信託など）＋個人投資家
　　　　　　（保有比率10％未満）＋外国人投資家
　　推定信託業務分＝信託銀行保有分（株式分布調査ベース）−主要信託銀行保有株式
　　　　　　　　（その他有価証券）
　　主要信託銀行＝三菱UFJ信託銀行、三井住友信託銀行、みずほ信託銀行
出所：株式分布調査報告（全国証券取引所）、および有価証券報告書などより野村資本市
　　　場研究所作成。

け、2021年度末には31.7％（純投資家比率は68.3％）となった。すなわち、純投資家と政策保有投資家の比率がほぼ入れ替わったかたちとなっており、この30年余りで日本の株式所有構造が大きく変化したことがわかる（図表12－5）[8]。

　上述のように、政策保有株式の保有動機と純投資家の保有動機とは必ずしも一致しない。政策保有の株主は、保有される企業からみれば企業側の経営方針に賛同してくれる「物言わぬ株主＝安定株主」と考えられる。一方、純投資家からみれば、安定株主の多い企業は彼らの「声」が届きにくい企業となる。

　また、日本においては、1社当りの株式保有が相対的に少ない政策保有目的の株主が多く存在する事例が比較的よくみられる。しかし、たとえば1社当りの保有が発行済株式の0.5％程度であっても、20社集まれば0.5％×20＝10％となり、主要株主に匹敵する事実上の安定株主となり、純投資目的の株主（一般株主）と利害が対立する可能性がある。

　ところで、株式会社の意思決定機関である株主総会における議案には、議決権ベースで過半の賛成で可決される普通決議と、3分の2以上の賛成で可決される「特別決議」がある。特に後者は会社の経営に重大な影響がある定款変更や事業の譲渡などが対象になる。反対に、3分の1超の反対があれば特別決議の議案を否決させることができるため、3分の1の保有比率を「拒否権」ということがある。

　よって、事実上の安定株主である政策保有株主を、可能であれば過半数、少なくとも3分の1以上確保したいと考える企業は少なくないと推察されるが、2020年度末時点の政策保有投資家比率は32.9％と3分の1を下回り、2021年度はさらに低下して31.7％となった。これは時価総額ベースであり、議決権ベースとは厳密にいえば異なる。しかし、日本の上場企業の平均的な姿として政策保有株主の保有比率が事実上の拒否権の水準を下回ってきたことは、特別決議の会社提案議案の否決、株主提案議案の可決可能性の高ま

---

8　詳細は西山（2022）を参照。

り、すなわち純投資目的の株主の「声」が企業経営に届きやすくなってきたことを意味し、コーポレートガバナンスの観点からは非常に重要な変化と考えられる。そして、この変化は、株式保有を通じた投資家・株主と企業との新しい関係の構築といった議論につながると考えられる。

### 12.2.2 「経営陣への健全な「リスクテイク」の後押し」から考えられること

12.1で指摘したとおり、第二次安倍政権下で打ち出された「成長戦略としてのコーポレートガバナンス改革」において、ROEの伸び悩みや現預金の積上りといった課題が残存している。すなわち「稼ぐ力を取り戻す」ためにとるべき健全なリスクを多くの日本企業ではとれていないように見受けられる。こうした状況を脱するには、投資家（株主）が企業経営陣によるリスクテイクへの後押しをすることが有用であり、これが、「株式保有を通じた投資家（株主）と企業との新しい関係」であると考える。12.2.1で示した株式保有構造の変化を考えると、「純投資家による後押し」と、「従来安定株主と考えられていた主体からの後押し」の2つの道筋が考えられるであろう。

### 12.2.3 会社側上程議案の否決は「普通」のことに

まず、「純投資家による後押し」について考える。上述のように、株式保有構造をみると安定株主の保有比率は「拒否権」の水準である3分の1を下回り、純投資家主体に大きく変化した。一方、実際の株主総会では、その株式保有主体によって想定される議決権行使割合は異なるし、また、潜在的に議案に反対する割合も異なるであろう。そこで、それらを考慮した、株主総会で会社側議案に対し投じられる可能性のある「潜在反対比率」を試算してみた（図表12 - 6）[9]。

試算の結果、会社側議案に対する推定潜在反対比率は50.3～53.0%となった。すなわち、各主体の議決権行使比率や潜在反対比率を考慮すると、取締

---

9　試算方法は西山（2022）を参照。

図表12－6 「潜在反対比率」の推計

(単位：%)

| | 保有比率 (2021年度末：a) | 推定議決権行使比率 (b) | 各保有主体の推定潜在反対割合 (C) | | 議案への推定潜在反対割合 (d) = [(a)×(b)×(c)]÷(b) | |
|---|---|---|---|---|---|---|
| | | | 低 | 高 | 低 | 高 |
| 政策保有 | 31.7 | 31.7 | | | 0.0 | 0.0 |
| 金融機関（除く信託業務分） | 7.2 | 100.0 | 0.0 | 0.0 | 0.0 | 0.0 |
| 事業法人 | 20.0 | 100.0 | 0.0 | 0.0 | 0.0 | 0.0 |
| 個人株主（保有比率10%以上） | 1.6 | 100.0 | 0.0 | 0.0 | 0.0 | 0.0 |
| その他（政府保有分など） | 2.9 | 100.0 | 0.0 | 0.0 | 0.0 | 0.0 |
| 純投資 | 68.3 | 53.2 | 42.7 | 45.0 | 50.3 | 53.0 |
| 金融機関（信託業務分） | 22.9 | 90.0 | 90.0 | 95.0 | 21.8 | 23.0 |
| 外国人 | 30.4 | 85.0 | 85.0 | 90.0 | 25.9 | 27.4 |
| 個人株主（除く保有比率10%以上） | 15.0 | 44.7 | 31.8 | 31.8 | 2.5 | 2.5 |
| 計 | 100.0 | 84.9 | 42.7 | 45.0 | 50.3 | 53.0 |

出所：株式分布調査（全国証券取引所）、各社有価証券報告書、および「ノムラ個人投資家サーベイ」（野村證券）等より野村資本市場研究所作成。

役選任議案等、出席者の過半の賛成が必要である普通決議については、「否決されても特別なことではない」水準で潜在的な否決リスクが存在していることがわかる。

このような状況のなかで、「投資家との建設的な対話を中心に据えて持続的な成長と中長期的な企業価値の向上にコミットする」企業が増えている。純投資家、特に中長期の機関投資家が中心となって、企業とのエンゲージメントの場において、経営戦略やESG課題への取組みなどについて深く議論することで企業側（経営陣）へ「適切なリスクテイクの後押し」を行い、企業側もそれを受け入れる素地が整ってきたといえるであろう[10]。

## 12.2.4 政策保有株主側での変化

一方、安定株主が保有企業の健全なリスクテイクを促すようになることも考えられる。小林（2022）は、政策保有株式をもつ金融機関にその企業の経営に関与する余裕がない場合、株主の意見を取りまとめるリーダー役としての「リード株主」を置くことが効率的であるという。リード株主は、他の株主から議決権などの株主権を委託されて行使するわけではなく、発行体企業と株主集団の対話を緩やかに主導する取りまとめを行うという。

また、楠木（2022）も金融機関の保有する政策保有株式を再定義し、長期的エンゲージメントに適する企業だけに政策保有株式を集中させ、長期エンゲージメントを通じたエクイティガバナンスの担い手になることを提案している。

小林（2022）、楠木（2022）の考え方は、金融機関だけではなく、事業会社にも類似の考え方を援用できるのではないかと考える。持合いや政策保有に対する株式市場における目が厳しくなるなかで、「事業提携や関係強化」「戦略的提携」を謳い、提携時に株式を（相互に）保有する事例がみられる。もし、そのような「戦略的提携」を目的に株式を保有するのであれば、その保

---

10 英オックスフォード大学のコリン・メイヤー教授は、日本ではGPIFが機関投資家に投資を委託する条件として、「長期的に相互の信頼関係をもつこと」を義務づけることができるとして、投資先の監視役をすべきと論じている。

有した株式は事業資産の一部であり、そこで求められるのは、純投資家が求めるような配当利回りや値上り益ではなく、保有株式を含めた「投資資産の収益率向上」である。これを達成するためには事業提携の成果を常に精査するなど、株式の保有関係と株主としてのモニタリング機能を相互に働かせる、「緊張感を孕んだ相互信頼関係」とする必要があろう。

　仮に、こうした「新しい株式保有関係」を構築することができるのであれば、保有先企業によるシナジー効果の獲得や企業価値の向上の実現も可能と考えられる。しかし、「安定株主の維持は結局敵対的買収防止目的」という懐疑的な見方に対し、株式保有を伴った戦略提携の進捗や成果についてしっかりと説明する必要がある。

## 12.2.5　Board3.0とは

　最近取締役（会）の実効性の発揮、機能強化の文脈で「Board（取締役会）3.0」という新しい取締役会のモデルが注目されている。Board3.0はGilson, R. J. and Gordon, J. N.（2020）で提示された、長期視点の機関投資家などの「プロフェッショナル」な投資家が取締役会の構成者として入ることにより、経営陣による戦略の策定や遂行を効果的に監督できるとするモデルである。これは、株式保有を通じた投資家（株主）と企業との新しい関係構築を考えるうえでの１つのかたちとなるだろう。

### ⑴　Board1.0

　Gilson, R. J. and Gordon, J. N.（2020）によれば、米国上場企業の取締役会の形態の変遷を振り返ると、まず、1950年代〜1960年代はアドバイザリーボードであった。ここでは、取締役はCEOチームの一員、すなわち監督機能ではなく業務執行機能を担っており、他の企業の執行役員やCEOの信頼する友人、法律事務所や取引銀行、投資銀行と結びついた「関係者」がその職に就いていた。これをBoard1.0と呼ぶ。

　しかし、Board1.0には以下の３点により経営上の不正行為を抑制できない点が批判の対象となった。まず、当時優良とみられていた企業の倒産をきっかけに、取締役が企業のビジネス上の課題を認識できず、自社の業務に対

する関心が薄れていることが明らかになった。2点目は、当時多くなっていたコングロマリット化を抑制できなかったのに加え、コングロマリットに起こりやすい不正会計を見過ごすことにもなった。3点目は、違法な政治献金や海外での賄賂といった経営陣の違法行為を、取締役が抑制するどころか責任の自覚すらできなかった。

⑵　**Board2.0**

このようなBoard1.0への反省から、新たな形態の取締役会の必要性が生じ、1970年代から現在まで続く、監督機能を有したモニタリングボード型のモデル、Board2.0が生まれた。Board2.0はCEOから独立した取締役が過半を占め、独立性の基準が厳格化した。そして、監督機能を集中、強化するために取締役会の下部に少なくとも監査、報酬、指名／ガバナンス委員会を2000年代の終わりまでに置くようになった。

Board2.0への形態変化を促した要因として、まず、独立社外取締役で構成される社外取締役の承認を受けていれば買収防衛策の発動が裁判所で承認される可能性が高くなったことがあげられる。2点目は、機関投資家が自分たちの利益保護を強化するため厳格な取締役会の法制化をねらったロビー活動を展開したことである。そして、3点目はEnronなど2000年代に発生した会計不正に伴い、規制およびコンプライアンスをめぐる要求が増えたため、各種委員会の導入と独立基準の強化につながったことである。

Board2.0は現在も続くモデルであるが、Gilson, R. J. and Gordon, J. N.（2020）によれば、企業戦略や業務遂行実績の監督という点では成果をあげていない。その理由として以下の4点をあげる。

1点目は、情報不足である。取締役会は通常隔月（または四半期ごと）に開かれるが、会議の場において経営陣からの説明を批判的に検討するような情報の提供を受けていない。2点目としては、情報の入手に関し、代替的な入手経路も持ち合わせていないし、非常勤であるために時間的な制約が存在することである。そのため、Board2.0の取締役にとって、経営を監督するための情報源および監督装置としての株価への依存度が大きくなってしまった。3点目は、取締役の意欲をめぐる問題、すなわち報酬の問題である。取

締役の報酬の絶対的水準は高くはなく、実績に応じて報酬が変化することもない。4点目は、大手上場企業の社外取締役はこれまでの輝かしい経歴に傷をつけたくないため、リスク回避傾向をもちやすいことである。このため、コンプライアンス面での監督機能を高める可能性はあるが、事業におけるリスクテイクを後押しするようなインセンティブも持ち合わせていない。

### ⑶ Board2.1

一方で、Board2.0モデルが何の変化も起こさなかったわけではない。時とともに取締役会の自主独立性が全般的に強化された。たとえば、CEO（最高経営責任者）と取締役会議長を兼務するケースに備え「筆頭社外取締役」を置く事例が増えたり、取締役候補者を評価する際にCEOの発言権とともに、指名・ガバナンス委員会の果たす役割などが大きくなったりしている。また、会計監査人などの第三者も企業の不正行為を特定する役割によりコミットしたり、適応したりするようになった。こうした最近の進化したモニタリングボードは「Board2.1」と考えてよいかもしれない。しかし、社外取締役に情報面や時間的な制約があり、その企業のリスクテイクを後押しする意欲が限定されている点は変わらない。

### ⑷ Board3.0

さて、こうした状況をふまえてGilson, R. J. and Gordon, J. N.（2020）が提示する「Board3.0」とはどのようなモデルであろうか。彼らはPE（プライベートエクイティ）ファンドの投資ポートフォリオに含まれる未公開企業において一般的な取締役会モデル[11]を参考に、このモデルを上場企業が採用、導入できるように検討を加えた。

この取締役会モデルとは、現在のBoard2.0モデルの社外取締役（2.0取締役）と、経営陣の戦略と業務遂行実績の監督を専門的に担当する「エンパワード（empowered：権限を与えられた）取締役（3.0取締役）」が混在する取締役会である。3.0取締役には、ファンド業界における中堅投資プロフェッショナルを想定している。2.0取締役の役割は現在とほぼ同じであるが、3.0

---

11 詳細はGilson and Gordon（2020）の邦訳11‒14頁を参照。

取締役は新設される「戦略検証委員会」に参加する。同委員会は、3.0取締役と経営陣との協業をサポートする社内の「戦略的分析室」によるバックアップを受ける。人的支援が必要であれば、3.0取締役が外部コンサルタントを雇う方法もある。3.0取締役の報酬体系は、主に株式で構成された長期的報酬となる。また、3.0取締役については、特定の企業に拘束され続けるリスクを最小限にするとともに、3.0取締役としてのレビュテーション（評判）機能を有効活用するためにも、任期を限定することが推奨されている。

## 12.2.6　日本の状況を考慮したBoard3.0の考え方

12.2.5で述べた「Board3.0」は、米国における取締役会の状況から構築されたモデルであるため、日本の取締役会の現状と米国との異同を意識しつつ、日本での有用性を検討する必要がある。

特に日本ではBoard2.0に該当する指名委員会等設置会社、任意の指名報酬委員会等を設置する監査等委員会設置会社や監査役設置会社まで含めても、モニタリング型の取締役会が多くを占めているわけではないなかで、さらに次のモデルであるBoard3.0をどう位置づけるか、検討を要する項目が多いと思われる。

米国においても、Board3.0、すなわちPEファンド（さらにいえばアクティビスト）から取締役を招聘することに関しては、PEファンドが成功しているのは財務レバレッジを利かせているからであり、戦略面での寄与による企業価値向上のエビデンスは必ずしも確認されない。PEファンドの投資先は大部分が中小規模の上場会社であり、大規模上場会社の企業価値向上を請け負うことができるガバナンスモデルが開発されているわけではないなどの批判があるという[12]。

この点について、太田洋（2022）では、Board3.0をめぐる議論において重要なことは、アクティビストから取締役を受け入れることそのものではなく、PEファンドのマネジャーのもつスキルを備えた人材を迎え入れるとい

---

12　詳細は倉橋（2022）6頁を参照。

う点であることや、米国では上場会社がアクティビストから取締役を受け入れる場合には、スタンドスティル契約[13]を結んでアクティビスト側に法的な拘束を課すのが通例であるということなどが指摘されている。

## 12.2.7　CGS研究会での議論と見解

Board3.0については、経済産業省のCGS（コーポレート・ガバナンス・システム）研究会の第3期（2021年11月〜2022年7月）において議論された。ここでの議論は、Board3.0が提案する内容、および米国での議論も参照しつつ、わが国の法制度や経済社会環境をふまえ、取締役会がモニタリングに特化してこなかった日本において、どのように考えるかという観点から整理を行うことを目的とした。同研究会での議論の結果、2022年7月19日に公表されたコーポレート・ガバナンス・システムに関する実務指針（CGSガイドライン）の再改訂では「会社の抱える課題を踏まえた取締役の選任」という項目が新設された。

ここでは、まず、「CEO（最高経営責任者）・CFO（最高財務責任者）の資本市場への理解度を高めることや、経営トップや社外取締役が投資家との対話に応じることに加え、資本市場を意識した経営に関する知識・経験・能力を備えた者を取締役として選任することも、選択肢の一つになり得る」として、これを目的として取締役を選任する場合、具体的な候補者として、他社で戦略的なCFO業務を経験した者、アセットマネジャーやアセットオーナーの経験者、自社業種に詳しいアナリスト、投資家との対話と企業内部での意思決定の両面に精通したIR経験者等を想定している。

次いで、「取締役会が経営陣による戦略の策定・遂行を監督する仕組みの強化や、経営改革の推進を図ること等を目的に、「投資家株主の関係者」を取締役として選任する事例がある」としている。この「投資家株主の関係者」が、Board3.0で想定している「長期視点の機関投資家などのプロフェッショナル投資家」に該当する。しかし、彼らを取締役として選任する

---

13　株主その他の第三者と会社との間で一定の期間、当該会社の株式を一定の保有割合を超えて買い増さないことを約すこと。詳細は太田（2022）を参照。

ことについては、「利益相反、情報管理、独立性・社外性、開示の問題など
に留意する必要がある」として、「投資家株主から取締役を選任する際の視
点」という別紙において、以下のような点をあげるとともに、それらについ
て留意すべき事項に言及している[14]。

・一般株主との利害の不一致の問題：ファンドが短期利益を目指しているな
　ど、一般株主と投資のタイムホライズンが異なる場合、一般株主との利害
　の不一致が問題になりうる。
・会社との利益相反の問題：当該取締役と会社との間で利益相反が生じる場
　合、当該取締役が関与しないなどの配慮が必要となる。
・情報管理の問題：規制対象となる重要な情報を必然的に知ることになるた
　め、情報管理に特別の配慮が必要な点がある。
・独立性・社外性の問題：ファンドの出資比率や経営への関与の仕方によっ
　ては、独立性・社外性がなくなる場合もありうる。
・重要な契約に関する開示の問題：和解契約（Settlement Agreement）[15]に関
　する開示について考慮が必要。

　そして、「投資家株主の関係者を株主総会に付議する取締役の候補者とす
ることが適切か否かの判断は、その会社の取締役会や指名委員が、自社の経
営戦略、取締役候補者の資質、投資家株主のトラックレコード等を総合的に
考慮して行うが、その際は、上記の利益相反、情報管理、独立性・社外性、
開示などに留意する必要がある」、「また、最終的に取締役を選任するのは株
主総会であり、なぜそのスキルを持った者を（外部アドバイザーとしての起用
ではなく）取締役の候補者とするのかという理由や、各種の留意点について
の検討結果について株主に十分説明し、それらを踏まえて株主が取締役の選
任について判断するという仕組みを適切に機能させることが重要である」と

---

14　詳細は、経済産業省CGS研究会（2022）の別紙3「投資家株主から取締役を選任する
　　際の諸点」を参照。
15　経済産業省CGS研究会（2022）によれば、米国では、投資家株主が提案した取締役候
　　補者を会社（取締役会や経営陣）が受け入れる場合、投資家株主による取締役候補者の
　　指名権や、スタンドスティル（脚注13参照）条項、相互非難禁止等を規定した和解契約
　　を結ぶことが一般的である。

している。

## 12.3 「アカウンタビリティとディスクロージャー」の重要性

　株式所有構造が純投資家主体となり、経営に対する健全なリスクテイクを後押しすることを主眼とした企業と株主・投資家との新しい関係を構築するにあたり、企業は、株主（最近ではステークホルダーも含められるであろう）に対する十分な説得力をもった納得感の高いアカウンタビリティ（説明責任）やディスクロージャー（情報開示）が一段と重要となる。

　金融資本市場においてアカウンタビリティとは、経営者が株主や投資家に対し自社の状況等について報告・説明することである。アカウンタビリティは一般に「説明責任」と訳されるが、その意味は単なる事項の説明ではないことには留意が必要である。実質的には企業経営において経営者が遂行したことの正当性を証明する責務、いわゆる立証責任に近い考え方がより適切と考えられる。また、アカウンタビリティは株主と企業間のコミュニケーションに関連するが、従業員や顧客といったステークホルダー（利害関係者）に会社の状況等を説明することが「ディスクロージャー」である。しかし、株主が一般的に広範囲に分散している現代では、アカウンタビリティにおいてもディスクロージャーにおいても、企業経営者に求められるものは実質的に同じといえるであろう。

　企業と株主・投資家間の新しい関係構築という観点から、企業経営者に対して健全なリスクテイクを求めるための方策に関する真摯な検討や議論が進むことにより、中長期的に企業価値、そして国際競争力を高めていくことができれば、コーポレートガバナンス改革の主目的であるインベストメントチェーンの高度化を通じ、日本企業や日本の株式、金融資本市場のプレゼンス（存在感）の向上にもつながるであろう。

【参考文献】

江夏あかね・西山賢吾（2021）『ESG/SDGs　キーワード130』金融財政事情研究会。

太田洋（2022）「アクティビストからの取締役受け入れと「Board3.0」の議論」旬刊商事法務No. 2295（2022年5月25日号）。

経済産業省CGS研究会（2022）「コーポレート・ガバナンス・システムに関する実務指針（CGSガイドライン）」（2022年7月19日）。

小林慶一郎（2022）「リード株主を創設せよ」再考・政策保有株、経済教室、日本経済新聞（2022年5月2日朝刊）。

コリン・メイヤー（2020）「日本では「ハイブリッドシステム」でガバナンス強化を」日経ビジネス2020年7月8日号。

コリン・メイヤー（2021）『株式会社規範のコペルニクス的転回－脱株主ファーストの生存戦略』、宮島英明監訳、清水真人、河西卓弥訳、東洋経済新報社。

楠木建（2022）「厄介者を「白鳥」にする」再考・政策保有株、経済教室、日本経済新聞（2022年5月3日朝刊）。

倉橋雄作（2022）「Board3.0議論の本質－取締役会の自律的進化に向けて－」旬刊商事法務No. 2293（2022年4月25日号）。

西山賢吾（2016）「日本の企業統治改革の進捗と今後の注目点」財界観測2016年春号、野村證券・野村資本市場研究所4－29頁。

西山賢吾（2022）「株式保有構造の変化が促す「企業と株主・投資家との新しい関係」構築」金融・資本市場動向レポートNo. 22-21　野村資本市場研究所。

Gilson, R. J. and Gordon, J. N.（2020）. *Board 3.0: What the Private-Equity Governance Model Can Offer to Public Companies*, Journal of Applied Corporate Finance Volume 32 Number 3（宍戸善一監訳、佐藤浩章、槙野尚、中神康議訳『Board 3.0（取締役会3.0）：上場企業がプライベート・エクイティ（以下「PE投資」）のガバナンスモデルから学ぶべきもの』https://www.rieti.go.jp/jp/projects/trinity_management/data/column_03_paper_ja.pdf）。

Schoenmaker D. and Schromade W.（2019）. *Principles of Sustainable Finance*, Oxford University Press（加藤晃監訳『サステナブルファイナンス原論』金融財政事情研究会、2020年）。

# 編著者あとがき

　本研究会は、「資本主義」を「サステナブルファイナンス（略称、SF)」の視点でとらえ直すことで、きたるべき「新しい資本主義（新キャピタリズム)」を展望することを目的として発足した。キーワードである「SF3.0」は、筆者が監訳した『サステナブルファイナンス原論』（金融財政事情研究会、2020年）に由来する。同書が提唱するフレームワークの類型欄では順に、通常の財務、SF1.0、SF2.0、SF3.0が発展段階として紹介されている。通常の財務とは、株主価値の最大化を目指す経営財務理論に基づいた考え方で、SF3.0に至ると財務的リターンより環境・社会的インパクトが優先される。

　時間はさかのぼるが、日本では1950～1960年代の高度経済成長期に深刻な公害被害を引き起こしたことが契機となり、企業は社会的責任を問われるようになった。1980年代になると、愛他精神を示す「フィランソロピー」が入ってきた。2003年は、CSR経営元年といわれる。もっとも、CSRは企業倫理的な側面が強く、本業とは無関係な「陰徳」、広報活動におけるイメージ戦略の一環としてとらえられたきらいがある。これでは担当部署が設立されても、実質性・永続性は期待できない。鳴り物入りで市場に投入されたSRIファンドが、日本では成功しなかったのも頷ける。

　それでは、企業に投融資を行う銀行・年金基金・投資ファンド等（以下、投資家）は類型のどこに位置するのであろうか。私見では、そのほとんどはSF1.0～SF1.5の段階にあると考える。ただし、ここで注意しなければならないことは、発展段階とはいっても、従前からSF3.0を志向する投資家は存在したし、将来的にも財務的価値を最優先する投資家もなくなりはしないだろう。

　実際、環境・社会的問題の解決は、取り組むべき時間軸が長く多岐にわたる。もとより網羅的とはいえないが、第一線の研究者・実務家の方々に研究会にご参加いただき、その発表をもとに執筆をお願いした。本書の編集方針

は、見解の統一性よりも、各専門分野の動向に基づく尖った知見を大切にしている。まずは、読者の方々と各章のハイライトを俯瞰してみたい。

そもそも株式会社は何のために存在するのか、そのパーパス（存在意義・志）から再検討する動きが広がっている。経営においてパーパスを利益にどう結びつけるかが事業を継続するうえではきわめて重要であり、新SDGs（Sustainability, Digital, Globals：地経学）の視点でとらえ直す意義は大きい（第4章）。サステナブル経営と株主主権との関係は、法学的観点からも吟味しなければならない。もし、株主ではなく経営者が会社を支配しており、基本的に自社の利益にしか関心をもたないなら、環境対応のための費用支出は過小となる。ゆえに、気候変動のような世界規模の環境問題に対処するためには、株主のコントロール権をむしろ強めることが効果的と示唆している（第3章）。関連する事例として、オムロンの経営は参考になる。長期的な視座に立ったサステナブル経営を追求するバックキャスティング的発想への転換、エンゲージメント、社外取締役の自律、役員報酬ガバナンスから具体的なKPIまで解説している（第5章）。

次に、SF3.0を前提とする法制を用意している海外の状況を紹介したい。米国州法に基づくベネフィット・コーポレーションは、社会的使命を追求する企業としての認知度が高まり、共感する人材や消費者の獲得が期待でき、社会的責任投資を志向する投資家の増加は、資金調達に寄与すると考えられている。カナダおよびイタリアでも法制化されている（第3章補論）。また、フランスではPACTE法によって民法に会社の活動が社会と環境に及ぼす影響について考慮する義務が明記され、会社が定款でその存在意義を示すことができるようになり、会社法で「使命を果たす会社」形態の会社を設立することができるようになった[1]。わが国においても、「公益重視」の新しい会社形態の検討が始まった。

日本の過去15年間のガバナンス議論は4期に分けられ、その論点は異な

---

1　林順一（2021）「フランスにおける「会社の目的」に関する最新の動向—PACTE法による「使命を果たす会社」の新設とダノンの対応—」『国際マネジメント研究』第10巻青山学院大学大学院国際マネジメント学会。

る。成果（社外取締役の選任比率、政策保有投資家比率、総還元額、買収防衛策導入企業数、親子上場企業数、株主総会集中率）があげられる一方、課題（低ROE、現預金残高の積上り）も残っている。企業と投資家間の新しい関係構築の観点から、純投資家による「経営陣への健全なリスクテイクの後押し」提案、戦略的提携による「投資資産の収益率向上」、それらを可能とする「緊張感を孕んだ相互信頼関係」は、今後着目すべき事項である（第12章）。

　「人的資本」に、学界・実業界、政界からも熱い視線が注がれている。ISO30414などのガイドラインが開発され、情報開示の動きが世界各地で進んでいる。環境・社会問題のみならず、グローバル化、デジタル化に柔軟に対応できる人財が求められていることが背景にある。他方、人への投資は、これまで会計上は費用に計上されてきた。無形性がゆえに、企業価値向上への貢献の可視化・定量化に困難を伴うからである。そのようななかで、人への投資を費用（フロー）としてではなく、人的資産（ストック）としてとらえる「柳モデル」、従業員・顧客・環境等に対する企業の正と負のインパクトを財務的に可視化する「インパクト加重会計」など、実証的な研究がアカデミアを中心に行われている（第6章、第6章補論）。人的資本の情報開示要求にどう応え、価値創出のシナリオを描くのかデジタル時代の中枢的機能として「ピープルアナリティクス」と呼ばれる人事の新たな分析手法は検討に値する（第8章）。また、企業が従業員のファイナンシャル・ウェルネス向上を支援することは、健康維持・増進の支援と同様の観点から一定の合理性がある（第8章補論）。

　さて、本書のテーマである資本市場に目を転じよう。資本市場においては、サステナビリティ問題はさまざまなかたちで生起し企業経営に影響する。ガバナンスにおけるダブルコードの進展は、将来的に上場会社の多くを指名委員会等設置会社へ移行させ、既存の3委員会にサステナビリティ委員会・イノベーション委員会を加えることになると大胆な予測をしている。新たな金融プロフェッション（ESG債券格付アナリスト、統合報告コンサルタント、TCFD開示コンサルタント等、さらにスーパーアナリスト・データアナリスト）の登場は、情報開示・分析・モニタリング機能を充実させ、その相互作

用は企業価値評価に影響を与えうる（第1章）。それでは実際、機関投資家は何を考えて運用に携わっているのか。りそなアセットマネジメントでは、第三の軸として時間軸を加え、サステナビリティトランスフォーメーションを進むべき方策としており、責任投資における評価で因果性検証を重視している。なお、モニタリング等の費用負担を課題としてあげている（第7章）。

日本企業のESG評価は総じて高いが、分野・規模によって開示の状況および改善度は異なる（第7章補論1）。情報開示は誰のためのものか、なぜ求められる水準とのギャップが生じるのか、情報開示担当者としてのジレンマもある（第7章補論2）。グリーンウォッシュ、サステナビリティウォッシュというバズワードがある。見せかけだけの経営が横行するようでは、環境・社会的課題が改善されることはなく、むしろ真に貢献する企業やプロジェクトに資金が回らなくなる可能性すらありうる。外部からはみえづらい第三者保証機関（監査・報告）が適用する保証基準ISAE3000（保証業務の前提条件、保証水準と許容する保証リスク、実施者の独立性、能力要件、品質管理体制等）およびEERガイダンスは、押さえるべき基準である（第9章）。

社会・環境の課題解決そのものを目指す「インパクト投資」の最新動向が紹介されている。2021年は、日本の投資残高も急増した。他方、その測定・管理実務、日本における発展に向けては、受託者責任論をめぐる解釈・金融機関が新たな価値創造プロセスを構築できるかなど課題もある（第11章）。歴史的視点では、SFの源流を「罪ある株式」に求め、社会的責任投資、環境銀行、官民連携金融（優遇融資・非課税メリット）、米国コミュニティ再投資法と地域開発金融機関プログラムへの展開。情報開示では米国スーパーファンド法、EUの非財務情報開示指令、ESG債、タクソノミー、カーボンプライシングまで読み応えがある（第2章）。

脱炭素化は単なる温室効果ガスの排出削減問題にとどまらず、産業構造転換を通じて日本経済がどのように新たな成長モデルを獲得するかという課題ととらえられる。価値の源泉はもはやハードではなく「手で触れられない無形資産」（情報化資産、研究開発投資、人的資本・組織資本・ブランドなどの企業特殊的資産）にその中心が移行しつつある。無形資産経済において「何に投

資すべきか」の問い直しを怠ったことが日本企業の投資停滞、生産性でみた国際順位低下の大きな原因である。「環境か経済か」の二項対立的な議論から脱却し、カーボンプライシングをうまく活用して新しい経済発展にどう導くか、建設的な議論を開始すべき時期にきている（第10章）。

　それでは、時代を先取りしたSF3.0は、サステナブルファイナンスの主流となりうるのか。時間軸も含めたこの問いに答えることは容易なことではない。第一に、過渡期といえる昨今、目前に大きな障害や変化が次々と現れるカオス状態にあること[2]、第二に、SF3.0を促進する技術革新の進展に大きく依存し、国の産業・労働政策に左右されること、第三に、より根本的な問題として、人間の欲望と倫理観との相克があること、があげられる。続いて、「資本主義」という経済体制とその背後にある人間の「倫理・価値観」を、先達による歴史的な知見をふまえて考えてみたい。

　資本主義は、歴史的には商人資本主義に始まり、農業資本主義、工業資本主義（オーナー資本主義から規模の拡大に伴い経営者資本主義へ）、株主資本主義、グローバル資本主義……と、成長分野あるいは経営主体の名称が冠されてきた。近年では、情報（データ）資本主義、社会正義に目覚めた（Woke）資本主義等の呼称も聞かれる。その根幹は、資金提供者である個人・会社・団体等に所有権があり、投資という意思決定によって生じる利益、そして損失も帰する制度にある。それを担う組織体は、貨幣に対する人間の欲望、より大きな資金需要を満たしリスクを分散するために、パートナーシップ制、合名会社、合資会社、（有限会社）、株式会社……と発展してきた。時代ごとの成長分野を嗅ぎ分けて投資することで、イノベーションを創出し、社会を揺り動かし前進させる原動力となってきたのである。国連SDGsでは、環境問題（温室効果ガス、海洋汚染、オゾン層破壊、生物多様性、砂漠化……）、社会問題（貧困問題、衛生問題、児童労働、性差別、マイノリティ擁護……）な

---

2　たとえば、ロシアによるウクライナ侵攻が化石燃料（石油・天然ガス）需要を高め、その価格が高騰。石油関連株の高騰、排出量取引価格の急騰。忌避されてきた武器製造企業への投融資再開と人気銘柄化。古いカーボンクレジットの信頼性問題。風力発電量2割減（大西洋の弱い風）、GHGプロトコルSCOPE3の下流をめぐる議論……。

ど、企業活動によって生じる「負の外部性（外部不経済）」の克服が期待されている。

　経営学における古くて新しい企業ガバナンス問題に、株主資本主義を唱えたM.フリードマン[3]と、より広いステークホルダー資本主義を唱えたE.フリーマンは、どちらが優れているかという長年の議論がある。B. Roche and J. Jakubは、『Completing Capitalism』（Berrett-Koehler Publishers, Inc., 2017 未邦訳）のなかで、「ソビエト・マルクス主義の70年にわたる実験が崩壊し、1970年代に始まった現在の支配的な金融資本主義モデルがますます機能不全に陥ったことを考えると、フリードマンのアプローチ（株主利益の最大化）は自然法則なのかイデオロギーの結果なのかという問題は、今日的にも重要である。もしそれが自然法則なら、時折ぶつかることはあっても、それは続くことだろう。しかし、もしそれがイデオロギーの結果であるならば、他のイデオロギーと同様に、いずれは妥当性を失い、広く否定されるに違いない。シカゴ学派が出現した1970年代には、金融資本は不足していたが、天然資源や労働力は不足していなかった。従って、フリードマンの金融資本主義モデルは、この特定の形の資本不足に具体的に対処するための論理的な解決策と考えることができる。しかし、今日の世界は、もはやそのような状況にはない。……一方、環境資源（自然資本）や労働力（人的資本、社会関係資本）については、現代の仕事に必要な高度なスキルが、働く人々の訓練や能力を上回っているため、別の形の希少性が出現している」。

　日本では、堺屋太一氏が『知価革命』（PHP研究所、1985）のなかで、技術、資源環境および人口の変化と、それによって生じる人々の倫理観と美意識の急激な変化全体がもたらす社会の大変革を生む媒介を、人間の「やさしい情知」と表現している。これは歴史研究をライフワークとした同氏が、古今東西・老若男女を問わず普遍的な真理は何かを探求した末の「答え」であり、相通じるものを感じるのは筆者だけではないであろう。

　J.コッカ名誉教授は、著書『資本主義の歴史　起源・拡大・現在』（人文書

---

3　『資本主義と自由』（村井章子訳）日経BPクラシックス、2008年を参照。

院、2018）のなかで、「資本主義は数百年におよぶ発展のなかで、その姿を大きく変えうることを示してきた。……それは、社会、文化、政治にきわめて深い影響をおよぼす。しかし逆にそれは、政治の介入、社会的諸行為によって影響され、姿を変えうる」。また、奴隷制やその他不自由な諸形態との関係についての文脈では、「資本主義は非人道的な行為に抗するものを自身のうちにほとんどもっていないということ、しかし同時に、法的・政治的な制限や指導があれば、そうした抵抗の側に立つ能力はある」。「ある意味では、すべての時代、すべての地域、すべての文明が、それぞれにふさわしい資本主義をもっている。現時点では、資本主義に対して優位に立つオルタナティブの存在を確認することはできない」と断言している。

　R.ライシュは『暴走する資本主義』（東洋経済新報社、2008）のなかで、人間の欲望と倫理観について、「私たちは現代資本主義がもたらす別の影響、例えば環境問題や自分たちの地域社会、社会の良識などに与える影響に対しても、二面性を持っている。……市民としては地球温暖化に切実な関心を寄せているのに、消費者や投資家としてはせっせと地球の温度を上げているのである。……お買い得な取引から手を引く消費者が自分だけだとしたら、私たちはおそらく自らを犠牲にはしないだろう」と述べている。筆者なりに言い換えると、一部には損を覚悟で行動する人はいても、ほとんどの人はそうはしない。企業年金の運用担当者も例外ではない。したがって、人々の倫理観や良識に過度な期待をしても大きな流れにはなりえない（フリーライド問題）。現実的な対策として、ライシュは「私たちの内なる市民が、内なる消費者・投資家に打ち勝つ唯一の道は、購入や投資を個人的な選択ではなく社会的な選択にする法律や規制をつくることである」と述べている。

　また、企業・産業界レベルでは、R.ヘンダーソンも『資本主義の再構築』（日経BP日本経済新聞出版本部、2020）のなかで、「世界の産業界を動員し、集団的な共有価値の創造を後押しする上で、自主規制は強力な手段になりうる。……それによって政府の介入を求める声が強まるからだ」と主張している。以上の議論をふまえると、資本主義は、社会を動かす原動力であり、時代・その地における人々のニーズや社会規範を反映しながら変化してきた。

ただし、投資家の利益追求が根底にある以上、投資家および経営者の倫理観に過度に期待することは現実的ではなく、「共通善／公益（common good）」のためには、一定の法的・政治的な制限はやむをえないと考えられる。

　ロシアによるウクライナ侵攻は、化石燃料の需要を高め、その価格は高騰（＝国富の海外流出）、排出量取引価格も急騰した。脱炭素の動きに逆行するようにみえるが、国家の安全保障上、エネルギー源を他国に依存するリスクを私たちに再認識させてくれた。一時的な痛みはあっても、日本の気候条件に適したクリーンエネルギーの技術開発・社会実装を加速させる必要がある。それを資金面でサポートするのがサステナブルファイナンスである。

　最後に、日本は資本主義の非物質化（無形資産経済）の潮流に残念ながら乗り遅れた。諸施策を動員することで産業構造転換を進めつつあるが、新陳代謝による業界内、産業間における労働者（人的資本）の移動はいまだ緩慢である。資本主義を支える金融資本市場は、最も生産的な用途へ資源を配分する重要な役割を担っており、機関投資家は、エンゲージメント・議決権行使、ダイベストメント（投資の引揚げ）を通して、投融資先の企業活動に影響を与えられる特別な立場にある。資本主義は、数百年に及ぶ発展の歴史のなかで、その姿を大きく変わりうることを示してきた。環境・社会的観点から最も生産的な用途とは何か。それを方向づけ、推進するのが人間の「やさしい情知」であるならば、多少回り道をしても、渦中のカオス状態から抜け出せるのではないだろうか。本書が、新キャピタリズム時代への道標となれば、執筆者一同望外の喜びである。

執筆者を代表して

加　藤　　晃

# 編著者紹介 （2022年10月１日現在）

## 【編著者、サステナブルファイナンス3.0研究会座長】

### 加藤　晃（かとう　あきら：編者、編著者あとがき）

東京理科大学大学院経営学研究科技術経営専攻教授。経済産業省ISO/TC322国内委員、同ISO/TC207環境ファイナンス関連企画検討委員会委員。日本価値創造ERM学会理事。青山学院大学大学院国際マネジメント研究科博士後期課程修了／博士（経営管理）。貿易商社、AIU保険会社（AIG）、愛知産業大学を経て2020年より現職。主な著書に、『CFO視点で考えるリスクファイナンス』（保険毎日新聞社）、『サステナブル経営と資本市場』（共著、日本経済新聞社）、監訳書に『サステナブルファイナンス原論』（金融財政事情研究会）、『社会を変えるインパクト投資』（同文舘出版社）。

## 【著者】 （五十音順）

### 安藤　聡（あんどう　さとし：第５章）

オムロン取締役。1977年慶應義塾大学法学部卒業、東京銀行（現三菱UFJ銀行）入行、資産運用業務や米国・インドネシアにおける海外勤務に従事した後、2007年同行退職。同年オムロンに入社、常勤監査役、2011年執行役員経営IR室長、2015年執行役員常務グローバルIR・コーポレートコミュニケーション本部長を経て、2017年６月取締役に就任し、現在に至る。同社社長指名諮問委員会、人事諮問委員会、報酬諮問委員会各副委員長。

### 安間　匡明（あんま　まさあき：第11章）

社会変革推進財団エグゼクティブアドバイザー（非常勤）。1982年現・国際協力銀行入行。世界銀行日本理事室出向、開発金融研究所副所長、業務企画室長、経営企画部長、執行役員企画管理部門長などを経て取締役（2017年退任）。大和証券顧問を経て、2022年７月よりPwCサステナビリティ執行役員常務。一橋大学・福井県立大学にて客員教授を兼職。京都大学経済学部卒業、英国LSE・Diploma（経済学）東京大学博士（工学）。

**飯山　俊康**（いいやま　としやす：はじめに）

1987年早稲田大学卒業後、野村證券入社。2012年野村證券執行役員、2015年野村ホールディングス執行役員アジア地域ヘッドおよびチェアマン、2017年同中国委員会主席（現任）、2019年野村證券専務、野村資本市場研究所代表取締役社長（現任）。2020年4月より野村證券代表取締役副社長、野村サステナビリティ研究センター理事長等を兼務（現任）。2021年4月より野村ホールディングス執行役（政策・規制エンゲージメント担当）。

**江夏　あかね**（えなつ　あかね：第6章補論）

野村資本市場研究所野村サステナビリティ研究センター長。オックスフォード大学経営大学院修了、博士（経済学、埼玉大学）。証券会社勤務を経て2012年に野村資本市場研究所入社、2019年より現職。研究分野は国家・地方財政、信用分析および格付、ESG。政府、地方公共団体等の委員を歴任。著書に『地方債投資ハンドブック』（単著、財経詳報社）、『サステナブルファイナンスの時代―ESG/SDGsと債券市場』（共著、金融財政事情研究会）等。

**小澤　ひろこ**（おざわ　ひろこ：第8章）

日本シェアホルダーサービスESG／責任投資リサーチセンター長。アーサー・アンダーセン、EY新日本有限責任監査法人を経て、2018年10月より現職にてSR/IRコンサルティングに従事、現在に至る。2020年10月よりピープルアナリティクス＆HRテクノロジー協会にてHuman Capital Reportingの研究を担当。米国公認会計士（イリノイ州）。

**加藤　茂博**（かとう　しげひろ：第8章）

リクルートDivision統括部ビジネスプロデューサー。ミシガン大学HRコース、MIT People Analyticsコースをそれぞれ修了。ピープルアナリティクス＆HRテクノロジー協会の設立に携わり、2017年より副代表理事。世界メッシュ研究所事務局長／横浜市立大学データサイエンス学部客員研究員、公益社団法人全国老人福祉施設協議会外部理事も務める。

**北川　哲雄**（きたがわ　てつお：第1章）

　青山学院大学名誉教授・東京都立大学特任教授。早稲田大学商学部卒業、同大学院商学研究科修士課程修了、中央大学大学院商学研究科博士課程修了。博士（経済学）。シンクタンク研究員、運用機関リサーチャー等を経て、2005年より青山学院大学大学院国際マネジメント研究科教授。2019年より現職。編著に、『ESGカオスを超えて』（中央経済社）ほか多数。

**久禮　由敬**（くれ　よしゆき：第9章）

　PwCあらた有限責任監査法人パートナー。経営コンサルティング会社を経て、現職。財務諸表監査、内部統制監査、コーポレートガバナンスの強化支援、グローバル内部監査支援、CAAT等によるデータ監査支援、不正調査支援、BCP／BCM高度化支援、IFRS対応支援、統合報告をはじめとするコーポレートレポーティングに関する調査・助言などに幅広く従事。

**田中　亘**（たなか　わたる：第3章）

　東京大学社会科学研究所教授。博士（法学、東京大学）。東京大学法学部卒業後、同大学大学院政治学研究所助手、成蹊大学法学部准教授、東京大学社会科学研究所准教授等を経て2015年4月より現職。専門は、商法、会社法、法と経済学。過去に、法制審議会会社法制（企業統治等関連）部会幹事、スチュワードシップ・コードに関する有識者検討会メンバー等を務める。主著に『企業買収と防衛策』（商事法務）、『会社法〔第3版〕』（東京大学出版会）等。

**富永　健司**（とみなが　けんじ：第7章補論1）

　野村資本市場研究所主任研究員。2006年野村證券に入社。債券関連の業務に従事した後2014年より現職。研究分野は金融・証券制度、アジアの金融・資本市場動向。早稲田大学大学院ファイナンス研究科修了。

**名和　高司**（なわ　たかし：第4章）

　京都先端科学大学教授、一橋大学ビジネススクール客員教授。東京大学法学部卒、ハーバード・ビジネス・スクールにてMBA取得。三菱商事を経て、2010年までマッキンゼーのディレクターとして約20年間コンサルティングに従事。現在はファーストリテイリング、味の素、SOMPOホールディングスなどの社外取締役、アクセンチュア、インターブランドなどのシニアアドバイザーを兼任。近著に『パーパス経営』『企業変革の教科書』（ともに東洋経済新報社）。

## 西山　賢吾（にしやま　けんご：解題、第12章）

野村資本市場研究所主任研究員。1991年野村総合研究所入社。野村證券転籍を経て2018年より現職。ESG、株式保有構造、資本政策等の分析、調査に従事。早稲田大学大学院ファイナンス研究科修了、ファイナンス修士（専門職）。著書に『自己資本利益率（ROE）の分析』（別冊商事法務425）、『ESG/SDGsキーワード130』（共著、金融財政事情研究会）等。

## 野村　亜紀子（のむら　あきこ：第8章補論）

野村資本市場研究所研究部長。1991年野村総合研究所入社。NRI米国・ワシントン支店、野村総合研究所資本市場研究部などを経て、2004年4月の野村資本市場研究所発足に伴い転籍。2021年より野村資産形成研究センターセンター長を兼務。年金制度、資産運用業界、証券市場制度等の調査研究を手がける。著書に『進化する確定拠出年金』（金融財政事情研究会）等。

## 橋口　達（はしぐち　たつる：第3章補論）

野村資本市場研究所研究員。2017年4月野村證券入社、同新潟支店に配属。個人・法人営業に従事し、2020年10月より現職。研究分野は金融機関動向、金融経済教育等。

## 藤井　良広（ふじい　よしひろ：第2章）

一般社団法人環境金融研究機構代表理事。大阪市立大学卒。日本経済新聞社編集委員を経て、上智大学地球環境研究科教授。現在、一般社団法人環境金融研究機構代表理事、CBIアドバイザー等を兼務。主な著書に、『サステナブルファイナンス攻防－理念の追求と市場の覇権』（金融財政事情研究会）、『環境金融論』（青土社）、『EUの知識〔第16版〕（日経文庫）』（日本経済新聞社）等多数。

## 松原　稔（まつばら　みのる：第7章）

りそなアセットマネジメント執行役員責任投資部担当。1991年りそな銀行入行、以降一貫して運用業務に従事。投資開発室および公的資金運用部、年金信託運用部、信託財産運用部、運用統括部で運用管理、企画を担当。2017年4月責任投資グループグループリーダー。2020年1月りそなアセットマネジメント責任投資部長、2020年7月より現職。

**盛　浩之**（もり　ひろゆき：第9章）
PwCあらた有限責任監査法人パートナー。中央青山監査法人に入所後、製造・流通・サービスのさまざまな業種の日本基準・米国基準・国際基準のさまざまな監査業務に従事し、PwC米国法人（Boston事務所）への出向を経て、現職。現在は、品質管理本部において、PwCグローバルと連携し、法人内における監査メソドロジーの周知および監査プラクティスのサポートを担当。

**諸富　徹**（もろとみ　とおる：第10章）
京都大学大学院経済学研究科教授。1998年京都大学大学院経済学研究科博士課程修了。横浜国立大学経済学部助教授などを経て現職。専門は財政学・環境経済学。著書に『資本主義の新しい形』（岩波書店）、『グローバル・タックス　国境を超える課税権力』（岩波新書）、『持続可能性とWell-Being　世代を超えた人間・社会・生態系の最適な関係を探る』（共著、日本評論社）等。

**柳　良平**（やなぎ　りょうへい：第6章）
エーザイシニアアドバイザー、アビームコンサルティングエグゼクティブアドバイザー、早稲田大学大学院会計研究科客員教授。博士（経済学、京都大学）。米国公認管理会計士、米国公認財務管理士。銀行支店長、メーカーIR・財務部長、UBS証券エグゼクティブディレクター等を経て2009年9月エーザイに入社。2022年6月まで同社専務執行役CFO（最高財務責任者）を務めた後現職。著書に『CFOポリシー〔第2版〕』（中央経済社）等多数。

**山本　裕子**（やまもと　ひろこ：第7章補論2）
野村ホールディングスサステナビリティ推進室企画課長。2006年野村證券入社。3年半の営業店勤務の後、法務部、野村信託銀行コンプライアンス統括部、野村證券コンプライアンス統括部等法務、コンプライアンス部門を経験した後、2021年10月より現職。

# 事 項 索 引

362

新キャピタリズム時代の企業と金融資本市場『変革』
―「サステナビリティ」と「インパクト」への途―

2022年12月15日　第1刷発行

編著者　加藤　　晃
　　　　野村資本市場研究所サステナブル
　　　　ファイナンス3.0研究会
発行者　加藤　一浩

〒160-8520　東京都新宿区南元町19
発　行　所　一般社団法人 金融財政事情研究会
企画・制作・販売　株式会社きんざい
出　版　部　TEL 03(3355)2251　FAX 03(3357)7416
販売受付　TEL 03(3358)2891　FAX 03(3358)0037
URL https://www.kinzai.jp/

校正:株式会社友人社／印刷:株式会社太平印刷社

ISBN978-4-322-14190-0